Lebensberatung – Weisheit – Lebenskunst

Lebensberatung – Weisheit – Lebenskunst

Herausgegeben von Isolde Karle

EVANGELISCHE VERLAGSANSTALT
Leipzig

Die Deutsche Bibliothek verzeichnet diese Publikation in der Deutschen Nationalbibliographie; detaillierte bibliographische Daten sind im Internet über ‹http://dnb.ddb.de› abrufbar.

Printed in Germany · H 7474

Das Buch wurde auf alterungsbeständigem Papier gedruckt.

Cover: Kai-Michael Gustmann, Leipzig
Satz: Steffi Glauche, Leipzig
Druck und Binden: Hubert & Co., Göttingen

ISBN 978-3-374-02896-2
www.eva-leipzig.de

Inhalt

Lebensberatung – Weisheit – Lebenskunst. Herausforderungen für die Theologie

Isolde Karle

Wir leben in einer Beratungsgesellschaft. Auf allen Ebenen des täglichen Lebens suchen Menschen heute nach professionellem Coaching, nach Expertise und Rat: in Erziehungsfragen, beim Zeitmanagement, bei Fragen der gesunden Ernährung, der Partnerschaft oder auch ganz grundsätzlich auf der Suche nach ihrem Lebensglück. Offensichtlich erzeugt die Vielfalt individueller Lebensgestaltung eine Unübersichtlichkeit, die intensiv nach Gestaltungsratschlägen suchen lässt. Die boomende Ratgeberliteratur, aber auch der engagiert geführte wissenschaftliche Lebenskunstdiskurs sind anschauliche Belege dafür. Vor diesem Hintergrund hat die Evangelisch-Theologische Fakultät der Ruhr-Universität Bochum im Sommersemester 2011 eine interdisziplinäre Ringvorlesung zu den Themen »Lebensberatung – Weisheit – Lebenskunst« durchgeführt, die hier in überarbeiteter Form vorliegt.

Bei der Suche nach dem Zusammenhang von Religion und Rat oder Weisheit geht es nicht um eine abstrakte Schreibtischtheologie, sondern um ein alltagsnahes und menschenfreundliches theologisches Nachdenken, das die existentiellen Fragen menschlicher Lebensführung zu reflektieren und zu bearbeiten sucht, das die Sorgen und Nöte der Menschen wahr- und ernstnimmt und Perspektiven in und aus individuellen und kulturellen Sackgassen eröffnen möchte. Es ist die Konkretheit, Fragmenthaftigkeit und Buntheit des Lebens, in dessen Kontext Religion hier verortet und thematisch wird.

Auffällig war im Laufe der Vortragsreihe, dass das Genre »Lebensberatung, Weisheit, Lebenskunst« durchgängig die leibliche Dimension menschlichen Lebens in den Blick nimmt und dies in sehr viel wertschätzenderer Form, als dies in der christlichen Tradition sonst die Regel war und vielfach heute noch ist. Hier kommt der Mensch gewissermaßen als »ganzer« in den Blick, nicht nur als geistiges oder geistliches Wesen, sondern auch als ein Mensch mit leiblichen Bedürfnissen: mit einem Körper, der (auch sexuelle)

Lust empfindet, der Gesundheit, aber auch Krankheit und Schmerz kennt, einem Körper, der sich ästhetisch und sozial anschlussfähig darstellen muss, der aber auch altert und auf den Tod zugeht.

Wie ein roter Faden durchziehen die Beiträge überdies folgende Fragen: Wie kann christlicher Glaube auf die Herausforderung individueller Selbstbezüglichkeit im säkularen Lebenskunst- und Glücksdiskurs reagieren, ohne rein moralisierend ein Weltgestaltungsethos oder sauertöpfisch puren Altruismus einzufordern? Wie geht das Christentum mit den zentralen menschlichen Bedürfnissen nach Freundschaft und Glück um? Inwiefern sind die Ratschläge und Orientierungsangebote moderner Ratgeberliteratur hilfreiche Lösungen oder verstärken sie am Ende womöglich sogar die Probleme? Und ist die Komplexität menschlichen Lebens tatsächlich zu steuern und auf den Begriff zu bringen? Wo liegen die Paradoxien und Fallen in diesem Diskurs und wie sind sie zu vermeiden? Wie kann die christliche Kirche auf den damit einhergehenden, hoch individualistischen Spiritualitätsboom reagieren – in ihrer Ratgeberpraxis und -literatur, in ihren Praxisvollzügen und last but not least in und mit ihrer Botschaft? Ist die Kirche eine Gegenwelt zur allgemeinen Glückssuche oder ist sie ein Ort, an dem über Glück im Kontext einer hoch beschleunigten, nie im Jetzt verweilenden Gesellschaft neu nachgedacht werden muss?

Zu dieser Vortragsreihe inspiriert wurde die Fakultät nicht zuletzt durch die Verleihung der Honorarprofessur an Margot Käßmann im Jahr 2010 und ihre Gastprofessur 2011/12 an der Ruhr-Universität Bochum. Käßmanns Bücher (»In der Mitte des Lebens« und »Sehnsucht nach Leben«), viele Monate unter den »Top Ten« der Sachbuchbestsellerlisten, werden als christliche Ratgeber gelesen und erfahren als solche eine hohe Resonanz. Sie sind anschaulich, autobiografisch orientiert und reflektieren die Ambivalenz des Lebens, seine Höhen und Tiefen, Sehnsüchte und unerfüllte Hoffnungen in einem christlichen Horizont. Für viele Menschen werden Käßmanns autobiografische Erzählungen zu Identifikationsflächen für das eigene Erleben, für die eigenen Brüche und Krisen und deren Bewältigung.

Auf unsere Bitte hin reflektiert *Margot Käßmann* im ersten Beitrag des Bandes darüber, warum ihr Buch »In der Mitte des Lebens« eine so große Resonanz auslöste. Dabei geht sie insbesondere den Fragen nach, was Älterwerden in unserer Gesellschaft bedeutet, wie die Lebensmitte und das Leben jenseits von ihr gestaltet werden können, wie sie von Frauen und Männern unterschiedlich wahrgenommen und erlebt werden und welche Herausforderungen sich für beide Geschlechter im Hinblick auf ihren jeweiligen Geschlechtshabitus stellen. Insbesondere im Zusammenhang der Themen Endlichkeit, Sterben und Tod wird deutlich, dass christliche Grundüberzeugungen im säkularisierten Europa nach wie vor eine wichtige Rolle spielen und Trost, Orientierung und Hoffnung vermitteln können.

Inspiration bekommen Theologie und Kirche nicht nur aus der (soziologisch informierten) Auseinandersetzung mit der Gegenwart, sondern auch durch den Rückbezug auf ihre eigenen Traditionen, die freilich neu gedeutet und interpretiert werden wollen. Dabei zeigt sich, dass die Themen Lebensberatung und Weisheit keinesfalls erst in der Moderne virulent werden. Sowohl die exegetischen als auch die kirchengeschichtlichen Beiträge führen dies plastisch vor Augen.

Jan-Dirk Döhling zeigt, dass die Kritik an der vermeintlichen Banalität der alttestamentlichen Spruchweisheit eher ein Lektüreproblem des 20. Jahrhunderts darstellt, als dass sie sachlich gerechtfertigt wäre. Die Weisheit paraphrasiert die Welt, eröffnet plurale Wahrnehmungsmöglichkeiten und reduziert zugleich Komplexität, indem sie ein Netz von Sinn- und Strukturminiaturen über die Wirklichkeit legt. Sie versucht mithin, der Welt Strukturen und Regeln abzuhorchen, weiß aber gleichzeitig, dass die Wirklichkeit nicht in Formeln aufgeht. Dass sie das Strukturlose und Absurde dabei nur am Rande thematisiert, ist gewissermaßen ihr blinder Fleck, den sie aber in der Betonung ihrer eigenen Begrenztheit zumindest erahnt. Die Lehrerzählungen schaffen Ordnung hingegen nicht durch Anordnung, sondern durch Zeit, in dem sie die Paradoxien und Spannungen des Lebens erzählerisch entfalten, ohne dass sie am Ende einer Lösung zugeführt werden müssten. Sie halten dem Unordentlichen und Absurden stand und sind damit zugleich Kritik und Weiterentwicklung der Spruchweisheit.

Im Anschluss daran fragt *Beate Ego*: Ist die Weisheit am Ende? Für die späte Weisheit in Kohelet oder Jesus Sirach ist offenkundig, dass der für die ältere Weisheit konstitutive Zusammenhang zwischen dem Tun und Ergehen der Menschen keinesfalls immer gegeben ist, ja, dass guten Menschen durchaus Böses widerfahren kann. Welche Ratschläge sind dann aber noch möglich? Kohelet verfällt auch angesichts der Obsoletheit einer gerechten Weltordnung nicht in Lethargie und Verzweiflung, sondern wendet sich mit vielen konkreten Ratschlägen an seine Adressaten und ruft diese angesichts der Begrenztheit menschlichen Lebens zu Lebensfreude und Genuss auf. Doch es ist nicht das schlichte Carpe-diem-Motiv, das sich darin ausspricht, vielmehr versteht das israelitische Denken, ganz im Gegensatz zu seiner Umwelt, auch die Lebensfreude als Gabe Gottes. Die Freude am Leben resultiert aus der Zuwendung Gottes zu seinen Geschöpfen. Insgesamt beeindruckt in der späten Weisheitsliteratur das Ernstnehmen der Ambivalenz des Lebens und eine große Menschenfreundlichkeit, die sich auch in dem Wort offenbart: »Gib dem Bruder und verwöhne dich selbst«. Nicht dem Hedonismus wird hier das Wort geredet, sondern einer gesunden und vernünftigen Liebe zu sich selbst.

Peter Wick befasst sich mit dem Jakobusbrief, der in der protestantischen Kirche ein Schattendasein führt, weil er ganz andere Akzente als Paulus setzt. Der Jakobusbrief will beraten und Lebenskunde in einem sozialen Horizont vermitteln. Interessant ist dabei, dass Jakobus sehr wohl weiß, dass das Ratgeben ambivalent und in seiner Reichweite begrenzt ist. Der Rat kann immer an der Übermacht der Sünde scheitern. Und doch nimmt Jakobus mit dem Rat die Mangelerfahrung und die Bruchstückhaftigkeit des Lebens ernst und hält trotz aller Macht der Sünde stets die Möglichkeit der Umkehr offen. Gute Ratgeberliteratur, so Wicks Schlussfolgerung, muss immer mit der Möglichkeit rechnen, dass Menschen guten Willens trotz gutem Rat scheitern können. Deshalb ist Bescheidenheit als Lebenshaltung angesagt und die Fähigkeit, heilsam zwischen dem, was der Mensch selbst tun kann, um sein Leben sinnvoll zu gestalten, und dem, was nicht in seiner Macht steht, zu unterscheiden.

Reinhard von Bendemann widmet sich der Erkundung frühchristlicher Freundschaftsethik. Er zeigt, wie das frühe Christentum die griechisch-römische Freundschaftsethik rezipiert, soteriologisch weiterführt und pointiert. Da die Ansprüche frühchristlicher Freundschaftsethik sehr hoch waren (gemeinsamer Besitz, Verzicht auf Reziprozität / auf Nützlichkeitskalküle, Prinzip der Egalität und die Bereitschaft, für den Freund zu sterben), bestand gerade in dieser Frage ein Bedürfnis nach Rat und Anweisung: Wie kann Freundschaft unter solch anspruchsvollen Bedingungen gelingen und dauerhaft praktiziert werden? Was ist überhaupt Freundschaft? Unser gegenwärtiges Freundschaftsverständnis ist zwar durch Innerlichkeits- und Authentizitätsvorstellungen deutlich vom frühchristlichen oder auch antiken Freundschaftsideal zu unterscheiden, es ist zugleich aber intensiv durch genau diese Tradition geprägt worden. Eindrucksvoll wird im Neuen Testament vor Augen geführt, wie voraussetzungsreich, gefährdet und gefährlich die Gestaltung intensiver menschlicher Beziehungen ist. Menschliches Zusammenleben bleibt hochgradig fragil und verletzlich.

Katharina Greschat zeigt an einem Ratgeber von Clemens von Alexandrien, dass das Christentum immer schon eine Tradition kannte, die im Gefolge der Inkarnationstheologie die Leiblichkeit des Menschen zu schätzen wusste. Clemens entwickelte im dritten Jahrhundert für die reiche christliche Oberschicht in Alexandrien einen Ratgeber, der zu einer menschenfreundlichen und maßvollen Lebensführung verhelfen sollte. Es ist verblüffend zu sehen, dass die Themen Körperpflege, Schmuck, gesunde Lebensweise, Erholung und Genuss, selbst die Frage einer gezielten Körpermanipulation, die die Spuren des Alterns tilgen sollte, bereits damals die Menschen intensiv beschäftigten. Clemens' Paidagogos ist von überraschender Lebensnähe. Vehement und engagiert wendet er sich gegen jede Verachtung des Leibes, er sieht in einem verantwortlichen Umgang mit dem eigenen Leib und in einer sorgfältigen Körperpflege vielmehr eine zentrale Christenpflicht. Denn der Körper ist das zentrale Ausdrucksmittel für die Seele, die sich nur über den Körper wahrnehmbar äußern kann.

Ute Gause befasst sich mit der Trost- und Ratgeberliteratur des 16. und 17. Jahrhunderts. Eine Fülle evangelischer Gebetsbücher suchte im 16. Jahrhundert für alle Widerfahrnisse des Lebens Trost und Anweisung zu geben. Besonders eindrucksvoll geschah dies im Hinblick auf Mütter, deren Kinder direkt nach der Geburt verstarben, aber auch im Hinblick auf nüchtern und pragmatisch behandelte Fragen des christlichen Ehe- und Familienlebens und den Trost beim Sterben. Dieser Literatur ging es, wie die Form des Gebets schon zeigt, in erster Linie um die Gottesbeziehung und ein vor Gott verantwortetes Leben, nicht wie in der Gegenwart um das Gefühlsleben des Individuums. Das 17. Jahrhundert brachte dann eine reiche Meditationsliteratur mit stark mystischem Einschlag hervor, die das Alltagspraktische außen vor lässt und sich aufgrund ihrer Exaltiertheit nicht durchsetzen konnte. Die historischen Beobachtungen von Gause zeigen zugleich, dass sich der Protestantismus aufgrund seiner Verinnerlichungstendenzen nie leichtgetan hat mit Anleitungen zu einer konkreten Frömmigkeits- und Lebensführungspraxis.

Traugott Jähnichen geht der Popularität der Engel in einer Gesellschaft nach, die den Einzelnen auf sich selbst und sein Innenleben fixiert. Eine Folge der spätmodernen Selbstbezüglichkeit ist die Suche nach Lebenskunst, die bei der Gestaltung des eigenen Selbst / der eigenen Biografie Orientierung verspricht. Im Zuge dieser Entwicklung geraten auch religiöse Symbole und Kommunikationsformen unter das Regime der Selbstsorge. Dies ist vor allem bei der Engelspiritualität beobachtbar, die als Projektionsfläche eigener Wünsche und Sehnsüchte dient. Engel werden hierbei weitgehend vom biblischen Ursprung abgelöst. Diese hoch individualisierte Form von Spiritualität ist zum einen zu würdigen, insofern sie neue Freiheitsräume eröffnet und auf offensichtliche Bedürfnisse der Gegenwart reagiert, zum anderen werden Fragen sozialer Verantwortung in ihr nicht reflektiert und ist die Engelspiritualität tendenziell antiinstitutionell, konsumistisch und inhaltlich unterbestimmt. Es stellt sich die Frage, ob und wie Theologie und Kirche an diesen Spiritualitätstrend kritisch und konstruktiv zugleich anschließen können.

Günter Thomas stellt seine Beobachtungen zum Boom der Beratungsliteratur in den Kontext der theologischen Diskussion des Gesetzes. Er stellt fest, dass die Theologie des Gesetzes in der Krise ist, weil ihre Einheit aus Naturrecht, biblischem Gebot und positivem Recht mit der Ausdifferenzierung der Gesellschaft in der Moderne zerbrochen ist. Der Entleerung der Gesetzestheologie steht die lebensnahe Ratgeberliteratur mit ihrer demokratisierenden Tendenz, ihrer therapeutischen Qualität und ihrer Anerkennung einer Vielfalt von Lebens- und Erfahrungswelten gegenüber. Gleichzeitig stellen sich von einer biblisch inspirierten Gesetzestheologie her kritische Anfragen an die Beratungsliteratur. So droht die beratungsinduzierte Dauerbeobachtung des Lebens dieses eher zu blockieren, statt es tatsächlich zu verbessern. Damit wird die biblische Kritik an einem Gesetz, dem die Menschen dienen, statt dass das Gesetz dem Leben dient, aufgenommen. Tendenziell unterschätzt Beratungsliteratur die Komplexität des Lebens und unterstellt zu viel Regelhaftigkeit. So rechnet sie das Scheitern in der Regel nicht sich selbst zu, sondern den Anwendern, die nicht konsequent genug agierten. Deshalb hat sie auch – wie das Gesetz – mit paradoxen Wirkungen zu kämpfen und scheint die Probleme nicht selten eher zu verstärken, statt sie zu lösen. In jedem Fall fordert die Beratungsliteratur dazu heraus, die Theologie des Gesetzes unter spätmodernen Bedingungen weiterzuentwickeln und theologisch qualifiziert und empirisch verankert über die Ohnmacht und Missbrauchbarkeit des Gesetzes nachzudenken.

In der funktional differenzierten Gesellschaft stürmen auf das Individuum unendlich viele und widersprüchliche Reize, Ansprüche und Kommunikationsangebote ein. Mein Beitrag (*Isolde Karle*) geht der daraus resultierenden Verunsicherung und Erschöpfung, die die große Nachfrage nach Ratgebern aller Art erklären, nach. Das Problem ist, dass die Mehrzahl der Ratgeber von einer sehr weitreichenden Gestaltbarkeit und Steuerbarkeit des Lebens ausgeht. Individuen sollen für sich selbst kalkulier- und handhabbar gemacht werden. Dass sich viele Einflussfaktoren dem Individuum entziehen, kommt dabei nicht in den Blick. Es stellt sich die Frage, wie die Kirche auf diese Bedürfnis- und Problemlage konstruktiv reagieren kann. In diesem Kontext wird über den strukturgebenden Sinn von Ritualen nachgedacht, die von der Dauerreflexion des Lebens heilsam entlasten, aber auch darüber, wie in der Seelsorge der nicht-autoritäre Rat neu zu entdecken ist und schließlich, wie in der Predigt das seit Ernst Lange noch nicht eingelöste Versprechen, »ein Gespräch mit dem Hörer über sein Leben« zu führen, eingelöst werden könnte. Der Beitrag schließt mit Überlegungen, wie christlicher Glaube die Suche nach Glück theologisch deuten und bereichern kann.

Die These des katholischen Pastoraltheologen *Matthias Sellmann* ist, dass sich der Boom der Lebenskunst der funktionalen Differenzierung der Gesellschaft verdankt, die auf den Einzelnen nur noch selektiv zugreift und dem Individuum damit die Erfahrung der Vollinklusion – die Erfahrung seiner Ganzheit – verweigert. Sich als Ganzheit wahrzunehmen wird zu einer individuellen Aufgabe, die über die Praxis der Lebenskunst und dabei vor allem über das Erzählen der Lebensgeschichte, das die fragmentierten Selbstanteile zu einer konsistenten Einheit zusammenzuführen versucht, gelöst werden soll. Kritisch reflektiert Sellmann, dass der Lebenskunstdiskurs die Moderne, die ihn hervorgebracht hat, fast ausschließlich verfallssemantisch interpretiert. Nun spielt Religion zweifellos eine wichtige Rolle, wenn es um eine identitätsstiftende Selbstthematisierung jenseits gesellschaftlicher Rollenerwartungen geht. Sellmann betont in diesem Zusammenhang, dass Glück oder gelingendes Leben im Christentum nie direkt (und selbstbezüglich) angestrebt wird, sondern immer nur über den »Umweg« des Bezogenseins auf den Nächsten und auf Gott. Damit widersteht der christliche Glaube dem Drang, das eigene Lebensglück prioritär zu behandeln und andere zu Erfüllungsgehilfen des eigenen Glücks zu machen.

Franz-Heinrich Beyer geht der Frage nach, warum mit dem Besuch von Kirchengebäuden gegenwärtig besondere Gefühlsqualitäten verbunden werden. Die zunehmende Attraktivität von Sakralbauten ist zunächst überraschend, ist doch die Kirchenmitgliedschaft insgesamt rückläufig. Kirchengebäude sind offensichtlich nicht nur Orte für die gemeindliche Feier des Gottesdienstes, sondern werden zunehmend individuell genutzt. Die Schönheit und Erhabenheit eines Sakralraums lädt dazu ein, den hektischen Alltag zu unterbrechen, sich eine Auszeit von der Zweckrationalität der Funktionssysteme zu nehmen und sich seinen eigenen Sehnsüchten und Hoffnungen zu stellen. Oft ist schon das stille Verweilen in einem Kirchenraum eine Art Gebet und vermittelt eine Nähe zur eigenen Existenz. Der heilige Raum kann insofern heilsame, selbst-distanzierende Wirkungen in einer hoch beschleunigten Gesellschaft entfalten.

Die vielfältigen Forschungserträge aus den unterschiedlichen theologischen Disziplinen zeigen, dass die Themen Lebensberatung – Weisheit – Lebenskunst ein äußerst anregendes Potential für die theologische Reflexion bergen. Die enge Verbindung von Religion und Biographie/Lebensführung übt eine Faszination aus und fordert die Theologie dazu heraus, neu über die lebensförderliche Qualität des Glaubens im Kontext der späten Moderne nachzudenken. Zugleich durchzieht alle Beiträge die Erkenntnis, dass die Theologie in den modernen Lebenskunst- und Glücksdiskurs weiterführende, erhellende Perspektiven und vielfach bewährte, kritisch-konstruktive Deutungsangebote einzubringen hat.

Herzlich danken möchte ich den Kolleginnen und Kollegen der Fakultät für die umgehende Überarbeitung der Vortragsmanuskripte für die Publikation, Herrn Dominik Severing für eine sehr sorgfältige Redaktion und Frau Annette Weidhas von der Evangelischen Verlagsanstalt für eine sehr unkomplizierte und umsichtige Betreuung.

August 2011 Isolde Karle

Lebensmitte – Herausforderungen des Älterwerdens

Margot Käßmann

Zusammenfassung:

Die hohe Resonanz des Buches »In der Mitte des Lebens« lässt sich zum einen daraus erklären, dass sich die Lebenserwartung und Lebensrealität gerade von Frauen jenseits der 50 deutlich verändert hat. Aber auch Männer sind auf der Suche nach tragfähigen Lebenskonzepten für die letzte Lebensphase. Eigene Biografie wird bevorzugt im Dialog mit anderer Biografie reflektiert. Mit Blick auf Altern und eigene Sterblichkeit wird zudem neu gefragt, ob christliche Grundüberzeugungen auch heute noch Orientierung leisten können.

1 Vorbemerkung

Im Jahr 2002 war ich eingeladen, beim Deutschen Psychotherapeutenkongress in Aachen einen Vortrag zum Thema »Die Mitte des Lebens« zu halten. Mich hatte das interessiert, weil ich gebeten wurde, neben einem Mediziner und einem Psychotherapeuten die christliche Sicht auf das Thema zu entfalten. Spontan fielen mir biblische Gestalten von Sarah bis Simeon ein und ebenso systematisch-theologische Themen wie Rechtfertigung und Vergewisserung bis hin zu Themen der Praktischen Theologie wie Lebensbegleitung, Seelsorge, Älterwerden, Trauer, Sterben und Tod. Der Kongress war spannend, das Interesse und die Diskussionslust groß. Es löste geradezu Überraschung aus, dass es möglich ist, ein solches Thema aus theologischer Perspektive zu reflektieren. Was bedeutet Altern aus christlicher Sicht – Lebensweisheit, Gottvertrauen, Glaubenserfahrung? Und ist die Mitte des Lebens aus Glaubensperspektive vielleicht geradezu, kühn formuliert, der Tod, der ja den Übergang zwischen diesem Leben und dem kommenden darstellt?

Der Humanmediziner und Theologe Manfred Lütz hat in einem Beitrag für Deutschlandradio Berlin darüber reflektiert, wie Gesundheit zur neuen Religion geworden ist. Er schreibt: »Unmerklich ist in letzter Zeit die Lebenszeit des Menschen drastisch zusammengeschmolzen. Während der mittelalterliche Mensch seine diesseitige Lebenszeit plus ewiges Leben vor sich hatte, sind die Altreligionen in den westlichen Gesellschaften zunehmend abhanden gekommen. Dem heutigen Menschen bleibt nur noch unendlich weniger Lebenszeit übrig: sein begrenztes Leben auf dieser Welt.« Den Verlust an Auferstehungsglauben bringt er mit dem Gesundheitswahn in unmittelbare Verbindung: »Man muss etwas tun, um gesund zu bleiben, zu werden, wieder zu werden. Und die Inbrunst, mit der man sich darum bemüht, sich dafür aufopfert und andere dazu animiert, erinnert an Religion.«[1]

So blieben Thema und Diskussionen in eindrücklicher Erinnerung für mich. Der Kongress war ein interessantes Konglomerat aus Wissenschaft, Lebensgefühl, Spiritualität und Suchbewegung. Ich habe in der Folgezeit immer wieder darüber nachgedacht, ob es nicht sinnvoll sein könnte, Gedanken zur Mitte des Lebens aus theologischer Sicht zu systematisieren und zu publizieren. Im Jahr 2009 entschied ich mich, ein solches Buch zu veröffentlichen. Mein 50. Geburtstag lag hinter mir und in der Tat zeigte sich, dass dieser Tag, ob bewusst oder unbewusst, zusätzliche und vertiefende biografische Überlegungen zur »Mitte des Lebens« ausgelöst hatte.

Die Resonanz des Buches »In der Mitte des Lebens« war und ist immer noch erstaunlich. Seit mehr als einem Jahr befindet es sich auf der Bestsellerliste des SPIEGEL im Bereich Sachbuch. Das ist für ein Buch aus dem religiösen Umfeld überraschend. Was mögen die Gründe für das große Interesse an Fragen der Lebensmitte sein? Sie sind schließlich bei weitem nicht zum ersten Mal in meinem Buch reflektiert worden. Denken wir etwa an den Theologen und Mystiker Johannes Tauler, Dominikaner (1300–1361), den ich als den ersten »Lebensmitte-Betrachter der Kirchenwelt« bezeichnen möchte. Seine Texte sind wahrhaftig »Longseller«.[2] Die Lebensmitte interessierte offenbar schon vor Jahrhunderten die Menschen. Tauler schreibt: »Der Mensch tue, was er wolle, und fange an, wie er wolle, er kommt niemals zu wahrem Frieden, noch wird er dem Wesen nach ein Mensch des Himmels, bevor er an sein 40. Lebensjahr kommt. Bis dahin ist der Mensch mit so vielerlei be-

---

1 Gesundheitswahn, Deutschland Radio Berlin, 24. Mai 2004.

2 Vgl. Johannes Tauler, Gott in Dir. Taulers spirituelles Programm. Ausgewählte Texte übertragen und eingeleitet von Eugen Rucker, Bonn 2005.

schäftigt, und die Natur treibt ihn hierhin und dorthin, und manches ist, was die Natur in ihm oft beherrscht, während man wähnt, es sei ganz und gar Gott, und er kann nicht zu wahrem, vollkommenem Frieden kommen noch ganz des Himmels werden vor jener Zeit. Dann soll der Mensch noch 10 Jahre warten, ehe ihm der Heilige Geist, der Tröster, in Wahrheit zuteil werde, der Geist, der alle Dinge lehret.«[3]

Aber auch in der Literatur der Gegenwart wird das Thema diskutiert. Ich denke beispielsweise an den Erfolgsroman von Luise Rinser »Mitte des Lebens«[4], der in der zweiten Hälfte des letzten Jahrhunderts in vielen Auflagen erschien. Rinser reflektiert explizit Frauenleben ihrer Zeit mit allen Chancen und Einengungen, Fragen und Entscheidungen und hat damit ganz offensichtlich für viele einen Resonanzboden zur Reflexion der eigenen Lebenserfahrungen geboten.

In jüngerer Zeit hat in Deutschland ein Genre den Buchmarkt erreicht, das dem amerikanischen Vorbild entspricht: die Reflexion der eigenen Lebensphase im Dialog mit der Zeitgeschichte und gesellschaftlichen Fragen. Exemplarisch zu nennen ist etwa Petra Gersters »Reifeprüfung. Die Frau von 50 Jahren«[5] oder Miriam Meckels »Brief an mein Leben. Erfahrungen mit einem Burnout«[6]. Beide Bücher führen auf eine erste Spur: Frauen um die 50 oder über 50 sehen sich nicht am Lebensende, sondern in einer neuen kreativen Phase.

So heißt es in einer Orientierungshilfe des Rates der EKD zum Altern heute: »Zu Beginn des 20. Jahrhunderts hatten Neugeborene in Deutschland eine Lebenserwartung von weniger als 50 Jahren. Für Mädchen lag sie bei etwas mehr als 48 Jahren, für Jungen bei knapp 45 Jahren. Bis heute hat sich die Lebenserwartung für neugeborene Mädchen auf über 83 Jahre, für neugeborene Jungen auf fast 79 Jahre erhöht [...]. Dieses Mehr an Lebenszeit ist ein Geschenk, für das wir als Christinnen und Christen dankbar sein können, zumal wir im Vergleich zu früheren Generationen nicht nur älter, sondern anders alt werden.«[7] Relevant ist das Thema damit auch für den kirchlichen Alltag und die Praktische Theologie. Das zeigt etwa der Sammelband von Tho-

---

3 Johannes Tauler, Predigten, Freiburg 1961, 136f.

4 Luise Rinser, Mitte des Lebens, Frankfurt 1950.

5 Petra Gerster, Reifeprüfung. Die Frau von 50 Jahren, Berlin 2007.

6 Miriam Meckel, Brief an mein Leben. Erfahrungen mit einem Burnout, Hamburg 2010.

7 Im Alter neu werden können. Evangelische Perspektiven für Individuum, Gesellschaft und Kirche. Eine Orientierungshilfe des Rates der EKD, Gütersloh 2010, 12.

mas Klie, Martina Kumlehn und Ralph Kunz zu einer »Praktischen Theologie des Alterns«.[8]

2 Die neuen Alten

Petra Gerster schreibt: »Zwar habe ich keine Frau getroffen, die jubelte, weil sie endlich fünfzig wurde, aber ich kenne auch keine, die sich deshalb aus dem Fenster stürzen würde. Und nicht nur das: Unterm Strich waren alle, die ich befragt habe, zufriedener als in jüngeren Jahren.«[9] Das ist in dieser Generation sicherlich neu: mit 50 als Frau nach vorn zu schauen, positiv die Lebenserfahrung zu deuten, um ganz eigene, neue, kreative Wege zu gehen. Das Alter ist nicht eine Zeit des unabänderlichen Stillstandes, sondern wird als Gestaltungsmöglichkeit erlebt.

Andererseits wird das Alter gesamtgesellschaftlich negativ gesehen. Alle wollen zwar alt werden, niemand will aber alt aussehen oder gar die Lasten des Alters tragen. Und es gibt durchaus berechtigte Angst vor dem Alter. Alle, die zur Gruppe der über 50-Jährigen gehören, erleben es als unausweichlich: die körperlichen Prozesse verlangsamen sich, die Perspektiven verengen sich. Doch Alzheimer, Demenz, Inkontinenz, Gebrechlichkeit, Pflegebedürftigkeit, Sterben – das sind Themen, vor denen die meisten sich »drücken«. Unsere Gesellschaft schaut nicht gern hin, wenn es um Schwäche geht. Die Leistungsstarken und Schönen, die »Macher« und die Durchsetzungsfähigen stehen im Vordergrund. Das ist theologisch hochproblematisch. Denn jeder Mensch ist in seinem Leben auf Unterstützung angewiesen. Die Starken, die momentan keine Hilfe zur Bewältigung ihres Lebens brauchen, gilt es darauf anzusprechen, dass auch sie nicht immer im Vollbesitz ihrer körperlichen und geistigen Kräfte gewesen sind – und es auch nicht immer bleiben werden. Als Säuglinge und als Kinder waren wir alle der Erfahrung ausgesetzt, Pflege, Annahme und Unterstützung zu benötigen. Und schnell kann es kommen, dass wir es wieder sind, gerade wenn wir die Lebensmitte überschritten haben. Die Verletzbarkeit des Lebens gilt es in jeder Phase wahrzunehmen, dadurch kann Solidarität mit denen wachsen, die auf Unterstützung angewiesen sind.

---

[8] Vgl. Thomas Klie / Martina Kumlehn / Ralph Kunz (Hrsg.), Praktische Theologie des Alterns, Berlin 2009.

[9] Gerster, Reifeprüfung, 285 f.

Das Alter dankbar anzunehmen und zu gestalten, fällt in einer Gesellschaft nicht leicht, die für Entschleunigung, Verlangsamung, Verletzbarkeit keine Zeit und keine Deutungsmuster mehr hat. Viele alte Menschen vereinsamen. Besonders erschreckend ist in diesem Zusammenhang die Zahl der Alterssuizide. Mehr als die Hälfte aller Suizide entfallen auf Menschen, die über 65 Jahre alt sind.[10] Altersdepression und Selbstmordgedanken betagter Patienten werden leicht übersehen und von Ärzten nicht ausreichend behandelt.

Und so gibt es eine Sehnsucht danach, bewusst altern zu können, Erfahrung und Lebensweisheit einzubringen in die Kommunikation mit den nachwachsenden Generationen. Im Alter trotz aller Begrenzungen ein erfülltes Leben zu leben, dazu werden Anleitungen gesucht. Es geht um die Reflexion des eigenen Lebens in einer Phase, die noch gestaltbare Zeit vor sich sieht. So schreibt Miriam Meckel: »Der Blick auf den großen Lebensbogen ist uns häufig verstellt. Auch bei den zarten Verweisen schauen wir oft genug weg. Und so wundern wir uns eines Tages, dass Zeit und Raum eben nicht endlos dehnbar sind. Und wenn es dann nicht zu spät ist und wir unsere ignorante und überhebliche Haltung zu ändern vermögen, dann eröffnet sich eine ganz neue Erfahrungs- und Lebenswelt.«[11] Auch im säkularen Bereich sind Endlichkeitserfahrungen auf neue Weise relevant und lösen Nachdenken aus.

Eine Gesellschaft, die Mobilität zum höchsten Gut erklärt, findet kaum noch Räume, um Kinder zu erziehen und Alte zu pflegen, sie findet kaum noch Zeit für Muße, um Poesie zu verfassen, Freundschaften zu pflegen. Dafür haben Menschen in der Mitte des Lebens offenbar ein besonderes Gespür. Sie erleben, erfahren, nehmen wahr, dass Lebenszeit in hohem Tempo verbraucht wird, ohne verankert zu sein.

Es ist ein Irrweg, nostalgisch zu meinen, früher sei alles besser gewesen. Wir sollten vielmehr in Ruhe und gelassen unsere heutige Situation analysieren und fragen, welche zukunftsweisenden Konzepte es geben kann. Wie können wir verbindlich zusammenleben in einer Gesellschaft, die Menschen beheimatet und ihnen verlässliche Strukturen aufzeigt?

In der Tat, es gibt einen Verlust an Bindungen. Und das schmerzt, gerade in der Mitte des Lebens, wenn viele Optionen, für Frauen vor allem die, Mutter zu werden, nicht mehr gegeben sind. Viele Menschen leben heute allein. Das macht den »Single« an sich nicht zum bemitleidenswerten Schreckge-

---

10 Vgl. http://www.schmitzscherzer.ch/gerontology/dokumente/Alterssuizid.htm

11 Meckel, Brief, 45 f.

spenst. Allein leben ist nicht an sich defizitär und mancher Mensch, der in Ehe und Familie lebt, ist durchaus einsam. Wie ordnen wir uns neu ein mit unseren Lebensentwürfen? Wo gehören wir hin? Es gibt eine Suche nach Zugehörigkeit. Gleichzeitig werden Menschen in der Mitte des Lebens offenbar achtsamer, wacher, vorsichtiger im Urteil wie in der Zustimmung zu anderen. Es wird schwieriger, spontan neue Beziehungen zu knüpfen.

Andererseits bringt die Mitte des Lebens vielen eine innere Ruhe und Ausgeglichenheit. Ich muss nicht mehr beweisen, wer ich bin. Die Kinderfrage ist entschieden, die Karrierefrage auch – Primaballerina oder Nationaltorhüter werde ich nicht mehr. Einige deprimiert das, sie weichen der Erkenntnis aus, dass sie gewisse Grenzen überschritten haben, Abzweigungen genommen haben, die unrevidierbar sind. Solche Menschen wirken in der Mitte des Lebens eher anstrengend. Sie suchen immer noch sich selbst, sie wollen beweisen, dass sie jung sind, sie kämpfen gegen die Erkenntnis an, dass auch sie alt werden.

Wer die Grenzen angenommen hat, sich einlässt auf Begrenzungen, kann neues Glück erleben und die neue Lebensphase bewusst gestalten. Ich denke an Paare, die sich in diesem Alter neu finden und dankbar sind für Partnerschaft, die nicht Kampf und Konkurrenz ist, sondern von gegenseitigem Respekt und auch erfüllter Sexualität getragen. Ich denke an Männer, die aufhören, Potenz, Durchsetzungsvermögen und Kraft in den Vordergrund zu stellen und damit eine neue Autorität durch Weisheit, Erfahrung, innere Ruhe gewinnen. Ich denke an Frauen, die nicht mehr den von Botox und Magersucht diktierten Schönheitsidealen hinterherlaufen, sondern ihren Körper annehmen mit allen Mängeln des Älterwerdens und dadurch neue Schönheit ausstrahlen. Die Mitte des Lebens kann eine bemerkenswerte neue Lebenslust in Gelassenheit mit sich bringen.

Alt-Werden ist somit ein auf überraschend neue Weise aktuelles Thema. Dementsprechend werden biografische Reflexionen der Lebensmitte ergänzt durch vielfältige Ratgeberliteratur. Durch die erhöhte Lebenserwartung stellen sich neue Fragen. Stellvertretend sei Christine Eichel genannt, die solche Fragen reflektiert: »Die Liebespflicht: Zwischen hilfsbedürftigen Eltern und noch nicht erwachsenen Kindern. Wege aus der Überforderung«[12]. Eichel greift eines der entscheidenden Themen auf: Überforderung in der Rushhour des Lebens, Ansprüche an Menschen durch Beruf, Eltern, Kinder

---

12 Christine Eichel, Die Liebespflicht. Zwischen hilfsbedürftigen Eltern und noch nicht erwachsenen Kindern. Wege aus der Überforderung, München 2010.

und den Versuch, inmitten all dieser Ansprüche eine Balance, eine Mitte zu finden.[13]

So scheint ein erster Hinweis auf das Interesse an der Lebensmitte die veränderte Lebenserwartung und insbesondere ein verändertes Lebensgefühl von Frauen jenseits der 50 zu sein. Es geht um die Suche nach Lebensbalance angesichts des abgeschlossenen Kinderwunsches, dem Flügge-werden der Kinder, angesichts der alten Eltern, für die nun zu sorgen ist, angesichts der Frage der Existenz jenseits der Berufstätigkeit.

3 Männer und die Lebensmitte

Auch Männer kennen solche Erfahrungen, auch sie sind auf der Suche in einer Lebensphase, in der die Kräfte langsam abnehmen. Religiöse Fragen, Endlichkeit, Sinnfragen, Orientierungssuche – all diese Themen, die in der Mitte des Lebens besonders virulent werden, machen auch nicht Halt vor Männern. Da ich selbst aus der Perspektive einer Frau die Lebensmitte reflektiert habe, müsste das ergänzt werden durch die Perspektive eines Mannes.

Am 18. März 2009 wurde in Berlin von Bundesministerin Ursula von der Leyen, dem Ratsvorsitzenden der Evangelischen Kirche in Deutschland, Bischof Wolfgang Huber, und dem Erzbischof von Bamberg, Ludwig Schick eine Studie unter dem Titel: »Männer in Bewegung. Zehn Jahre Männerentwicklung in Deutschland«[14] vorgestellt. Der Düsseldorfer Sozialwissenschaftler Rainer Volz und der Wiener Pastoraltheologe und -soziologe Paul Michael Zulehner haben sie im Auftrag der Gemeinschaft der Katholischen Männer Deutschlands (GKMD) und der Männerarbeit der Evangelischen Kirche in Deutschland (EKD) erstellt. Finanziert wurde die Studie vom Bundesministerium für Familie, Senioren, Frauen und Jugend.

Die Studie identifiziert vier unterschiedliche Männertypen:

- 27 Prozent der Befragten lassen sich dem »*teiltraditionellen*« Typus zuordnen. Er galt vor zehn Jahren noch als traditionell und hat sich mittlerweile

---

[13] Vgl. aus theologischer Perspektive zur Bilanzierung des Lebens in und jenseits der Lebensmitte: Karl Heinz Bierlein, Lebensbilanz. Krisen des Älterwerdens meistern – kreativ auf das Leben zurückblicken – Zukunftspotenziale ausschöpfen, München 1994.

[14] Vgl. Rainer Volz / Paul Michael Zulehner, Männer in Bewegung. Zehn Jahre Männerbewegung in Deutschland (Hrsg. BMFSFJ), Forschungsreihe Band 6, Baden-Baden 2009.

in seinen Einstellungen modernisiert. Außerdem wird diese Gruppe stetig kleiner (1998: 30 Prozent). Sah sich dieser Männertyp vor zehn Jahren noch als alleinigen Ernährer der Familie, erkennt er jetzt die Berufstätigkeit von Frauen und Müttern eher an und betrachtet sie nicht als etwas Negatives.

- Der »*moderne*« Mann, der für eine gleichberechtigte partnerschaftliche Arbeitsteilung von beruflichen und familiären Aufgaben ist, engagiert sich besonders in seiner Vaterrolle. Dieser Typus stellt nach wie vor die kleinste Gruppe (19 Prozent) dar, er ist im Vergleich zu 1998 um zwei Prozentpunkte gewachsen.
- Außerdem gibt es einen »*balancierenden*« Männertyp (24 Prozent), der sich aus den traditionellen und modernen Werten das herausfiltert, was in sein Lebenskonzept passt.
- Die größte Gruppe (30 Prozent) bildet schließlich der sogenannte »*suchende*« Mann: Er hat seinen festen Platz in der Gesellschaft, in Familie und Beruf noch nicht gefunden, ist unsicher, ob er eher traditionellen oder eher modernen Vorstellungen folgen soll.

Die Studie zeigt, dass »Männer in Bewegung« sind, wie der Titel nahelegt. Laut Untersuchung sind nur noch 54 Prozent der Männer der Meinung, dass Frauen von Natur aus besser geeignet sind Kinder zu erziehen als Männer, 1998 waren es noch 65 Prozent. Außerdem befürworten mittlerweile 58 Prozent der Männer, dass Mann und Frau zum Haushaltseinkommen beitragen sollten, 1998 waren es noch 54 Prozent. Gerade die Männer mit modernem Familienbild halten die Ehe für eine Institution mit Zukunft. So sind nur 13 Prozent des modernen Männertyps der Meinung, dass die Ehe eine überholte Einrichtung sei. Dagegen glauben 35 Prozent der teiltraditionellen Männer nicht an die Zukunftsfähigkeit der Ehe. Die Aussage »Für einen Mann ist es eine Zumutung, zur Betreuung seines kleinen Kindes zu Haus zu bleiben« fand 1998 bei 27 Prozent aller Männer Zustimmung, zehn Jahre später sind es noch 25 Prozent.

Es zeigt sich, dass auch Männer auf der Suche nach einer neuen Identität sind, dass sie Neuorientierung in der Lebensmitte brauchen, weil die Lebensumstände sich verändert haben. Bei Verabschiedungen in den Ruhestand heißt es oft, der in den Ruhestand gehende Mann werde nun mehr Zeit für die Familie haben. Dieser muss aber oft feststellen, dass die Familie diese Zeit nun gar nicht mehr braucht. Wie will er aber ohne Berufstätigkeit, noch agil und aktiv eine neue Rolle finden? Und welche Rolle kann Religion hier spielen? Ganz offensichtlich sind nicht nur Frauen in der Mitte des Lebens auf der Suche nach Orientierung und Lebenssinn, sondern auch Männer.

In den USA gab es vor einigen Jahren eine sehr erfolgreiche religiöse Männerbewegung, die »promise keepers«. Sie ist 1990 in den USA entstanden und hat seither in einigen anderen Ländern Fuß gefasst. Männer suchen hier mit der Bibel in der Hand nach einer Rolle, die sich mit Verlässlichkeit in familiären und religiösen Fragen verbindet. Dabei knüpfen sie an alte, vermeintlich christliche Geschlechterrollenvorstellungen an: der Mann ist das Oberhaupt der Familie, die Frau ist ihm asymmetrisch zugeordnet und hat ihre klar abgegrenzten Bereiche. Vielleicht ist dieser Rückgriff auf die Geschlechterstereotype des 19. Jahrhunderts der Grund dafür, dass die Bewegung nicht langfristig wirken konnte. 2004 wurde sie in Deutschland beendet, in den USA ist sie heute weithin unbekannt. Doch immerhin stellte die Bewegung einen Versuch von Männern dar, sich mit der eigenen Rolle auseinanderzusetzen. Sie nahm die Frage suchender Männer ernst: Was ist meine Rolle? Woran orientiere ich mich? Wie definiere ich meine Identität in der mobilen Mediengesellschaft? Und wie reflektiere ich mein Leben als Mann vor dem Hintergrund des christlichen Glaubens?

4 Vom Umgang mit eigener Sterblichkeit

In der Lebensmitte beginnen Menschen, der Endlichkeit des Lebens, die in dieser Phase unausweichlich vor Augen tritt, offen ins Gesicht zu schauen. Gerade die beiden Kapitel in »In der Mitte des Lebens« zu meiner eigenen Krebserkrankung und dem Tod eines guten Freundes haben viele Reaktionen ausgelöst. In Mails, Briefen und bei Signierstunden wurde ich immer wieder darauf angesprochen. Liegt das vielleicht daran, dass es zu wenig Raum gibt, über solche Themen zu sprechen? Viele erleben ihre Erkrankung als Gottverlassenheit: »Wie kann Gott das zulassen?« »Warum gerade ich?« Eines Tages kommt unweigerlich die Konfrontation mit dem Tod, mit dem naher Angehöriger oder mit dem eigenen. Wer Sterbende und Trauernde begleitet, begegnet dabei unausweichlich der Frage nach dem »Warum?« Warum dieses Leiden, warum der Tod? Manche Menschen sterben in großem Frieden, andere haben auch am Ende noch ihr »Warum« auf den Lippen, weil sie keinen Weg des Sich-Abfindens, des Friedens mit einem oft zu frühen Ende finden können. Deshalb ist es so wichtig, das Thema Sterben nicht auszuklammern. »Lehre uns bedenken, dass wir sterben müssen, auf dass wir klug werden« – diese Psalmbitte erscheint auch wie ein Leitwort für die Frage nach einem sinnvollen, erfüllten und klugen Leben, das das Sterben nicht ausklammert.

Eine Frau schrieb mir über ihre Mutter: »Vor einigen Monaten musste sie erfahren, dass sie Krebs hat, der bereits sehr weit fortgeschritten war. Im Gespräch mit der Ärztin sagte sie, ›Ich kann nicht tiefer fallen, als in Gottes Hand‹. Ich war zutiefst beeindruckt und gerührt zugleich, denn das ist ein sehr großer Satz. Ich habe eine völlig andere Vorstellung des Begriffes Gott als meine Mutter, aber ihr inniges Gottvertrauen ließ mich eine Form von Ehrfurcht spüren, die ich so zuvor nie erlebt hatte. Nun liegt meine Mama im Sterben und hatte den dringenden Wunsch, dass ich Ihnen schreibe, wie viel uns dieser Satz bedeutet. Sie möchte so gerne, dass Sie wissen, wie sehr Sie das Zentrum ihres Glaubens damit erreicht haben, denn von Ihnen hat sie ihn das erste Mal gehört. Es ist ihr der größte Trost in dieser schweren Zeit, die sie mit Fassung und glasklarem Verstand trägt.«

Dass jemand mein Schreiben und Reden auf solche Weise für sich deutet, berührt mich sehr. Für mich selbst waren zur eigenen Reflexion drei große Persönlichkeiten des Protestantismus wichtig, die die Mitte überschritten hatten und sehr persönlich aus dem Alter heraus biografisch reflektierten: Marga Bührig[15], Heinz Zahrnt[16] und Dorothee Sölle[17]. Alle drei sind inzwischen verstorben, haben aber am Lebensende eben dieses auf der Grundlage ihres Glaubens reflektiert. Für mich sind es eindrückliche biografische Zeugnisse und Fährten der Lebenshilfe, zumal ich alle drei, die sehr unterschiedliche Menschen waren und sehr verschiedene theologische wie spirituelle Zugänge zum Glauben hatten, kennenlernen durfte. Bei aller Unterschiedlichkeit findet sich in den Überlegungen von Marga Bührig, Heinz Zahrnt und Dorothee Sölle so etwas wie eine Glaubensheiterkeit. Der Tod hat hier nie die letzte Macht, so sehr er auch verabscheut wird.

Marga Bührig sagte mir einmal: »Es ist einfach scheußlich, alt zu werden!« – und doch genoss sie es, im Alter geehrt zu werden als weise Frau der ökumenischen Bewegung. Sie schrieb über ihren langen Weg hin zu der Entdeckung des Feminismus in der Kirche: »›Wir Frauen *sind* Kirche – nicht *die* Kirche aber auch Kirche‹. Wo und wie wir dieses Kirche-Sein immer besser leben können und wie lange es dauern wird, bis unsere ›getrennten Brüder‹ unser Denken, Fühlen und Glauben wirklich ernst nehmen, weiß ich nicht. Daß ich aber als alte Frau aktiv an diesem Prozeß auf Zukunft hin beteiligt

---

15 Marga Bührig, Spät habe ich gelernt, gerne Frau zu sein. Eine feministische Autobiographie, Stuttgart 1987.

16 Heinz Zahrnt, Glaube unter leerem Himmel, München 2000.

17 Dorothee Sölle, Mystik des Todes, Stuttgart 2003.

bin, macht mein Leben reich. Es trägt dazu bei, daß ich jetzt wirklich gerne eine Frau bin.«[18] Für sie war es am Ende der entscheidende und versöhnliche Ertrag ihres Lebens, dass sie ihre eigenen Erfahrungen als Frau in der Kirche des 20. Jahrhunderts in aktuelle Veränderungsprozesse einbringen konnte.

Heinz Zahrnt konnte sich mit meiner theologischen Verortung in der ökumenischen Bewegung schwer abfinden und sagte immer betont: »Liebe Frau Doktor!«, bis er anrief und fragte: »Liebes, ich würde gern über meinen Tod sprechen, würden Sie mich beerdigen?« Im November 2003 habe ich das dann tatsächlich getan. Für mich war eindrücklich, wie Zahrnt den eigenen Tod reflektieren konnte. Er schrieb: »Leben und Sterben des Menschen hängen eng zusammen; sie liegen in ein und derselben Fluchtlinie. In der Todessituation wird die Lebenshaltung des Menschen offenbar: woraus und woraufhin er gelebt hat. Entsprechend ist die Todesangst des Menschen keine andere als die, die ihn sein Leben lang beherrscht hat, und umgekehrt ist die Lebensangst des Menschen dieselbe, die ihn auch im Tode überfällt.«[19] So ist für Zahrnt der Tod der »Ernstfall des Glaubens«[20]. Im Sterben bewährt sich, ob mein Glaube das Hier und Jetzt als Horizont überschreiten kann.

Dorothee Sölle schließlich hat es fertiggebracht, über die Mystik des Todes zu schreiben und darüber zu sterben und sie unvollendet zurückzulassen. Das war wohl ihr ganz eigener Humor, wie ich ihn immer wieder erlebt habe. Sie beginnt ihr Buch mit folgenden Worten: »Dear Mr. Death, Sehr geehrter Herr Tod, ich kenne Ihre Adresse nicht, weiß aber, dass Sie über eine ungeheure Anzahl von Angestellten, Bediensteten und gutbezahlten Beratern in Ihrem erfolgreichen Unternehmen verfügen.«[21] Wer das liest, dem scheint es, als hätten Christinnen und Christen, die die Mitte des Lebens überschritten haben, in der Tat einen ganz eigenen Mut, das eigene Sterben zu reflektieren. Sölle konnte das eindrücklich schildern: »Das Einswerden mit Gott tilgt die Angst vor dem Tod. Der Mensch, der sich auf Gott bezieht, ist sich selbst entzogen, auch sich selbst als einem Sterbenden kann er entkommen. [...] Ein an Leukämie sterbendes Kind sagte zu seinen Eltern: ›Ihr könnt noch nicht mit, ich geh schon vor.‹ Es war sich selbst gnädig entzogen. Das ist der Weg, vom *terror mortis* freizukommen.«[22]

---

18 Bührig, Spät habe ich gelernt, 225.

19 Zahrnt, Glaube, 251f.

20 A. a. O., 252.

21 Sölle, Mystik, 13.

22 A. a. O., 21.

In der Mitte des Lebens wird die Frage nach der eigenen Endlichkeit relevant. Menschen suchen nach Möglichkeiten, darüber nachzudenken und sich mit der Bedrohlichkeit des Sterbens konstruktiv auseinanderzusetzen. Die biografische Reflexion anderer gibt ihnen dazu Raum und Gelegenheit.

5 Glaubensfragen

In Europa hat eine deutliche Distanzierung vieler Menschen von den christlichen Kirchen stattgefunden. Die Selbstverständlichkeit, mit der Menschen zur Kirche gehörten, im christlichen Glauben erzogen wurden, christliche Rituale praktizierten, scheint verloren gegangen zu sein. Damit unterscheidet sich Europa deutlich von Afrika, Asien und Lateinamerika, wo die christlichen Gemeinden wachsen, und auch von den USA, wo Religiosität zur Normalität gehört. In Deutschland gibt es schon Diskussionen, wenn der Bundespräsident sagt: »Gott segne unser Land«, in Europa laufen die Laizisten schon Sturm, wenn ein Gottesbezug oder der Verweis auf die jüdisch-christlichen Wurzeln Europas in die Präambel der Verfassung aufgenommen werden soll. Das ist außerhalb Europas anders.

Die Kirchen versuchen, die Säkularisierung in Europa konstruktiv und offensiv aufzunehmen, eine neue Balance zwischen Innovation und Tradition zu finden, deutlicher und klarer von dem zu reden, was sie glauben. Zugleich ist erkennbar, dass viele Menschen, anders als noch vor wenigen Jahrzehnten, in unserem Land neu nach Orientierung, Werten und Spiritualität suchen. Zwar erklärt die Mehrheit der Jugendlichen in Deutschland, sie glaube an Gott, aber diese Religiosität ist tendenziell antiinstitutionell. Im Zeitalter der Individualität in der Konsumgesellschaft basteln sich viele Menschen lieber ihre eigene Religion zusammen, statt sich auf Gemeinschaft und eine anstrengende Konsenssuche einzulassen. Ein bisschen Buddhismus ist dann schick. Ein bisschen Islam wirkt streng. Ein bisschen Kabalah – Madonna zeigt, wie man es macht. Religion ist in gewisser Weise »in«. Cat Stevens singt jetzt wieder unter dem Namen Jusuf Islam. Tom Cruise und Katie Holmes haben nach Scientology-Ritus geheiratet. Was das für eine Trauung sein soll, weiß niemand, aber medial macht es sich gut. Die Vermarktung von Religion und die mit ihr einhergehende Patchwork-Religiosität scheint respektabel in einer Welt, in der die, die sich alles kaufen und selbst zusammenstellen können, die wahren Helden sind.

Angesichts dieser Unübersichtlichkeit fragen aber auch viele, ob nicht doch auch das Christentum eine Orientierungsleistung geben kann. Hier sollten Kirche und Theologie Mut zeigen und ihre reflektierten Deutungsangebote einbringen. Jesus Christus ist keine Naturgottheit, die mir auf einem Waldweg erscheint. Christlicher Glaube bindet sich an die Bibel. Viele Menschen kennen die Bibel zwar nicht mehr, doch zugleich scheint es ein neues Interesse an Religion zu geben, religiöse Literatur findet sich wieder auf den Bestsellerlisten der Verlage. Kann Glaube eine Antwort auf meine Lebensfragen sein? Hat das Christentum etwas zu bieten an Tradition, Kultur, Gemeinschaft, das mir hilft, Identität und Balance zu finden? Dass kirchliche Institutionen hier nicht stereotype, sondern individuell relevante Antworten geben, ist für viele sehr wichtig und hilfreich.

In den Reaktionen auf das Buch »In der Mitte des Lebens« nahm ich viel von der Suche nach Glauben, nach Sprachformen für christliche Existenz wahr. Es gibt offenbar ein Bedürfnis danach, das eigene Leben einzuordnen in einen überindividuellen Kontext des Glaubens. In der Mitte des Lebens erhalten Glaubensfragen eine neue Relevanz. Viele Menschen sehnen sich danach, das eigene Leben einordnen zu können und am Ende des Lebens mit Heinz Zahrnt sagen zu können: »Der Tod ist kein hoffnungsloser Fall. Ich bleibe auch im Tod in Gott geborgen und kann darum vom Leben lassen.«[23]

Stellvertretend für viele andere, die mir geschrieben haben, möchte ich aus dem Brief einer Frau zitieren, der erst kürzlich eintraf: »Aber vor allem empfinde ich zunehmend, dass es wunderbar ist, alt zu werden. Wenn sich auch mancherlei Beschwerden einstellen, Grenzen erkannt und angenommen werden müssen: Was diese Phase besonders prägt, jedenfalls bei mir, ist, dass ich immer deutlicher den goldenen Faden erkenne, der sich von Beginn an durch mein Leben zieht. Wie viel Bewahrung, Führung, Segen liegt darin. Vieles, was ich in der akuten Situation nicht verstand, erhellt sich plötzlich und der Sinn wird deutlich. Manches ›Warum‹ findet eine Antwort.«

Auch diese Zeilen haben mich bewegt. Sie zeigen, dass die eigene Lebensgeschichte nicht einfach vorliegt, sondern immer wieder neu gedeutet und interpretiert werden will. Dafür suchen Menschen Anlässe, Anregungen, Dialogmöglichkeiten. Auch in säkularer Zeit gibt es Sehnsucht nach Religion und Tradition, in die Menschen ihr Leben einordnen können.

---

[23] Zahrnt, Glaube, 254.

6 Schlussbemerkungen

Die Suche nach Identität, die Frage nach dem Sinn des Lebens, die flügge werdenden Kinder bzw. die endgültig entschiedene Kinderfrage, der Abschied von den alten Eltern bzw. das Erleben ihres Altwerdens und damit die Frage nach der eigenen Endlichkeit, die gewonnene Erfahrung und die Hoffnung auf ein intensives Leben in der zweiten Hälfte – all diese Erfahrungen und Wünsche bestimmen die Mitte des Lebens. Menschen suchen dabei nach Möglichkeiten der Identifikation, um ihre eigene Erfahrung zwischen Altwerden und Altsein zu reflektieren und über die Gestaltung der letzten Lebensphase und die Endlichkeit des eigenen Lebens nachzudenken. Dabei gibt es auch eine Suche nach der Sprache und den Antworten der Religion. In einer Zeit, in der der christliche Glaube nicht mehr selbstverständlich ist, kann er für manche überraschend neu zugänglich werden.

Ich möchte noch einmal auf Johannes Tauler mit einem Rat verweisen, den er den Menschen in der Lebensmitte gibt: Nach der Lebensmitten-Krise wird Gott auf neue und überraschende Weise ins Leben treten. Tauler schreibt: »Es komme, was nur kommen mag, von außen oder innen: lass alles ausschwären und suche keinen Trost, so löst dich sicher Gott, und dafür halte dich frei und überlass es ihm ganz.«

Literaturverzeichnis

Bierlein, Karl Heinz: Lebensbilanz. Krisen des Älterwerdens meistern – kreativ auf das Leben zurückblicken – Zukunftspotenziale ausschöpfen, München 1994

Bührig, Marga: Spät habe ich gelernt, gerne Frau zu sein. Eine feministische Autobiographie, Stuttgart 1987

Eichel, Christine: Die Liebespflicht. Zwischen hilfsbedürftigen Eltern und noch nicht erwachsenen Kindern. Wege aus der Überforderung, München 2010

Gerster, Petra: Reifeprüfung. Die Frau von 50 Jahren, Berlin 2007

Gesundheitswahn, DeutschlandRadio Berlin, 24. Mai 2004

Kirchenamt der EKD (Hrsg.): Im Alter neu werden können. Evangelische Perspektiven für Individuum, Gesellschaft und Kirche. Eine Orientierungshilfe des Rates der EKD, Gütersloh 2010

Klie, Thomas / Kumlehn, Martina / Kunz, Ralph: Praktische Theologie des Alterns, Berlin 2009

Meckel, Miriam: Brief an mein Leben. Erfahrungen mit einem Burnout, Hamburg 2010

Rinser, Luise: Mitte des Lebens, Frankfurt 1950

Sölle, Dorothee: Mystik des Todes, Stuttgart 2003

Tauler, Johannes: Gott in Dir. Taulers spirituelles Programm. Ausgewählte Texte übertragen und eingeleitet von Eugen Rucker, Bonn 2005

Tauler, Johannes: Predigten, Freiburg 1961

Volz, Rainer / Zulehner, Paul Michael: Männer in Bewegung. Zehn Jahre Männerbewegung in Deutschland (Hrsg. BMFSFJ), Forschungsreihe Band 6, Baden-Baden 2009

Zahrnt, Heinz: Glaube unter leerem Himmel, München 2000

Von Ratschlägen und Lebensgeschichten. Zum Verhältnis von Spruchweisheit und weisheitlichem Erzählen

Jan-Dirk Döhling

Zusammenfassung:
Weisheitsspruch und Weisheitserzählung sind geprägt von sprachlich komplementären Weltzugängen. Der Weisheitsspruch als Form der Poesie stellt Ordnung durch *An*ordnen und Kontrastieren der Phänomene her. Erzählen schafft als Ordnung *mit der Zeit* auch dem Kontigenten und Ungeordneten Raum. Entsprechend zeigen sich die sogenannten weisheitlichen Lehrerzählungen Josef, Rut und Achiqar als Problemerzählungen an den Grenzen der Spruchweisheit.

»Zwei Arten von Büchern«, so eine Verlegerin im Radiointerview zur Buchmesse, »verkaufen sich wie geschnitten Brot: Ratgeber und Biographien«. Trifft dies zu, so zeigt sich hier ein womöglich spezifisch spätmodernes Doppelbedürfnis nach Lebensberatung einerseits, nach authentisch erzählten und erzählbaren Lebensgeschichten andererseits.

Wer sich raten lässt, denkt prospektiv-präskriptiv, baut auf die Regelhaftigkeit wichtiger Lebensbereiche, glaubt oder will glauben, dass es grundlegend verlässliche Zusammenhänge von Verhalten und Ergehen gibt. Doch wer Rat sucht, lebt auch in Zeiten und Verhältnissen, die ihre Regeln nicht ohne weiteres preisgeben.

Wer Biographien liest, verhält sich deskriptiv-retrospektiv, nimmt gelebtes Leben wahr, sieht fremdes Leben als Identifikationsfläche für eigenes Erleben, eigene Brüche und Krisen. Er oder sie weiß, ›Irren ist menschlich‹, ›Pläne scheitern‹, und hofft doch auf die ›Erzählbarkeit von Lebensgeschichten‹,[1] da Erzählen selbst ein Verarbeiten, Integrieren und Ordnen des Unverhofften, des Schmerz- und Schuldhaften ist.

---

1 Vgl. zu diesem Begriff: Albrecht Grözinger, Die Kirche – ist sie noch zu retten? An-

Dass sich beide Haltungen formal widersprechen, liegt auf der Hand, ebenso, dass sie sich existentiell ergänzen. Wenn Ratschläge erprobt und bewährt sein sollen, wenn erzähltes Leben nolens volens auch modellhaft ist, als wiedererkennbar auch nachahmbar, als abbildlich auch vorbildlich ist, berührt sich beides zudem inhaltlich.

Wie aber kommen Ratschläge und gelebtes Leben zusammen? Wo ist *Vor*sicht geboten, wo *Rück*schau zu halten? Wozu hält man *Nach*lese, wann helfen *Vor*schriften?

Die folgenden Überlegungen wenden sich mit diesen Fragen an die Bibel Israels, das Alte Testament. Sie erkunden das Spannungsfeld von Spruchweisheit und weisheitlichem Erzählen.

1 Was ist Weisheit und was ist sie wert? – Zu Kontur und Kritik alttestamentlicher Weisheit

›Weisheit‹, das mittlere Wort in der Titeltrias dieser Vorlesungsreihe, steht *zwischen* Beratung und Lebenskunst. Falls diese Position eine Vermittlungsfunktion anzeigt, so trifft dies für das Alte Testament insofern zu, als die Weisheitsbücher Proverbien, Kohelet und das Hohelied personal bzw. biographisch auf Salomo bezogen sind. Auch bei Hiob liegt ein biographisch-erzählender Rahmen um das poetische Ringen um die Theodizee, das Tobitbuch erzählt eine Lebensgeschichte, die Sprüche lassen eine Art Biographie der Weisheit anklingen (vgl. bes. Spr 8).[2] Schon die Oberfläche biblischer Weisheitsbücher legt also nahe, den Bezug von Ratschlägen und Lebensgeschichten, *sophia* und *biographia*, zu bedenken.

Zuvor aber soll das biblisch-altorientalische Phänomen ›Weisheit‹ skizziert werden, wobei es »alles andere als weise [wäre], zu definieren was Weisheit ist«[3], denn sie ist nicht identisch mit definitorischer Wissenschaft,

---

stiftungen für das Christentum in postmoderner Gesellschaft, 2. Aufl. Gütersloh 1998, 123–133.

2 Vgl. Sylvia Schroer, Die Weisheit hat ihr Haus gebaut, Ostfildern 1996; Gerlinde Baumann, Die Weisheitsgestalt in Proverbien 1–9 (FAT 16), Tübingen 1996.

3 Rüdiger Lux, Die Weisen Israels, Leipzig 1992, 7; vgl. Aleida Assmann, Was ist Weisheit? Wegmarken in einem weiten Feld, in: Dies. (Hrsg.), Weisheit. Archäologie der literarischen Kommunikation III, München 1991, 15–43, 15: »Allgemeine Definitionen gehen an dieser Sache vorbei, die sich okkasionell zeigt […]«.

Spezialkenntnissen und Intellektualität, kann all dies aber sehr wohl enthalten.[4]

Weisheit ist im Alten Orient durch ihren konstitutiven Erfahrungs- und Handlungsbezug geprägt.[5] Die Wurzel חכם-»weise sein« beschreibt biblisch zunächst die Fähigkeit von Handwerkern (Ex 35,10). Salomo gilt auch daher als weise, weil er alle Tiere und Pflanzen kennt (1Kön 5,11–13). Weisheit wohnt, wie Salomos Bittgebet zeigt, in Verstand, Wille und Urteilskraft, wörtlich in einem »*hörend Herz,* [...] zu scheiden gut und böse« (1Kön 3,19). Als weise gilt Josef, der Pharaos Träume deutet[6] (Gen 41,8). Er sieht das Offensichtliche: Sieben Kühe sind sieben Jahre, denn die Worte Jahr und Kuh sind im Ägyptischen fast identisch.[7] Weisheit, so ließe sich verallgemeinern, ist Vertrautheit mit, Wachheit für und Kompetenz an den Phänomenen. So aber ist sie, wie Pharao Josef bescheinigt, eine Gottesgabe (41,39 vgl. Spr 2,6 u.ö).

Theologie und Exegese haben diese Gabe lange geschmäht und mit spitzen Fingern behandelt, denn Israels Weise reden wenig von Gott, viel vom Menschen; sie sprechen *aus* Erfahrung statt *von* Offenbarung, vom Einzelnen statt vom Volk, im Diesseits statt vom Jenseits. Die Weisheit lernt und zitiert frei aus Israels Umwelt, ist weltoffen, interreligiös. Was die Weisheit einst verdächtig machte, erscheint heute attraktiv.

Ein Vorwurf aber geht tiefer: Es heißt, die Weisheit verträte ein unhaltbares, positiv-positivistisches Weltbild. Es gründe auf dem Glauben an einen von Gott geschaffenen, gewährten oder garantierten Automatismus von Tat und Folge, Investition und Ertrag. Diese buchstäblich fixe Idee aber widerspräche nicht nur dem christlichen Gottesbild, sie scheitere auch an der Erfahrung. Die Weisheit der Weisen liege höchstens darin, dieses Scheitern, ihre eigene ›Krise‹, selbst bemerkt zu haben.[8]

---

4 Zu Begriff und Phänomen vgl. Lux, Weisen, a.a.O.; Ilse Müllner, Das hörende Herz. Weisheit in der hebräischen Bibel, Stuttgart 2006; soziologisch fokussiert, Leo G. Perdue, Sages, Scribes and Seers in Israel and the Ancient Near East. An Introduction, in: Ders. (Hrsg.) Sages, Scribes and Seers. The Sage in the Eastern World (FRLANT 219), Göttingen 2008, 1–35.

5 Vgl. Müllner, Herz, 14f.

6 Gen 41,8 sagt *nicht* Pharaos Weise wüssten die Deutung nicht, vgl. Jürgen Ebach, Gen 37–50 (HThKAT), Freiburg i. Br. 2008, 234.

7 Vgl. a.a.O., 234f.

8 Vgl. Horst Dietrich Preuß, Einführung in die alttestamentliche Weisheit, Stuttgart 1987, 185 u.ö.; zur Kritik vgl. u.a. Jutta Hausmann, Weisheit im Kontext alttestamentli-

Dieses Urteil von H. D. Preuß aus dem Jahr 1987 ist pauschal, überheblich und en detail weitgehend widerlegt. Doch ahnt, wer etwa die Proverbien überfliegt, wie es entstand: Er liest von zankenden Weibern und tropfenden Dächern, vom Lob der Prügelstrafe und vom Faulen, der bei der Ameise Fleiß lernen solle. Er liest, wie leicht und sauber Weise von Toren, Frevler von Gerechten geschieden werden, wie jenen Erfolg und Ruhm, diesen Scheitern und Schande versprochen wird.

All dies scheint getragen von einem schlichten Vertrauen in den kosmisch-ethischen, fast physisch greifbaren Konnex von Tat und Folge, Tun und Ergehen, Untat und Strafe. Man meint, so B. Lang, »die Moralpredigten unserer Eltern und Lehrer« zu hören.[9] Lang sieht in der (frühen) Spruchweisheit den *common sense* von Bauern und Kleinstädtern, ihr ebenso nützliches wie triviales Anständigkeitsethos: »Es gibt eine sittliche Weltordnung. Sie besteht darin, daß der [...] böse Mensch keinen Lebenserfolg hat, während dem guten Menschen Erfolg beschieden ist. [...] Immer lohnt sich das Gute, stets bringt das Schlechte Unglück. Manchmal wird die Gottheit ins Spiel gebracht [...] oft folgen Lohn und Strafe [...] gleichsam automatisch.«[10] Wenn aber Weisheit mit *Tiefe* zu tun hat,[11] ist nicht die biblische Spruchweisheit eher breit und oft flach?

2 Sich einen Reim auf die Welt machen – Zum Prinzip der Spruchweisheit

Eine wichtige Gegenstimme zu solchen Positionen ist G. von Rads klassische Studie »Weisheit in Israel«. Folgt man ihr, so könnte das moderne Unbehagen weniger auf ein Defizit der alten Texte weisen, als darauf, dass der Gegenwart eine ganze Dimension von Weltwissen fehlt.[12] Dabei sieht von Rad, wo Lang zwar die kunstvolle Form der Sprüche würdigt, sie aber dem »oft banal[en]«

---

cher Theologie. Stand und Perspektiven gegenwärtiger Forschung, in: Bernd Janowski (Hrsg.), Weisheit außerhalb der kanonischen Weisheitsschriften (VwGTh), Gütersloh 1996, 9–19.

[9] Bernhard Lang, Klugheit als Ethos und Weisheit als Beruf, in: Aleida Assmann (Hrsg.) Weisheit, 177–192, 178f.

[10] A. a. O., 180.

[11] Vgl. Assmann, Weisheit, 16; zu Weisheitszuschreibungen allgemein Alois Hahn, Soziologie der Weisheit, in: Assmann (Hrsg.), Weisheit, 47–57.

[12] Vgl. Gerhard v. Rad, Weisheit in Israel, München 1971, 41.

Inhalt entgegensetzt,[13] den Kern weisheitlichen Weltzugangs gerade in der »poetisch-musischen Form« der »Erkenntnisbindung«.[14] Anders als moderne Wissenschaft, der die jeweilige Form des Wissens etwas Äußerliches sei, vollziehe sich *weisheitliches* Erkennen als »poetische Wahrnehmung«,[15] weshalb die Formen des Erkennens exegetisch ernst zu nehmen seien.[16]

Von Rad selbst stellt das Wechselspiel von Sprachform und Erkenntnis primär am Weisheits*spruch* dar.[17] Prägend für dessen erkenntnisbindende Form sei der sog. *parallelismus membrorum*. Der Begriff bezeichnet die Grundform althebräischer Poesie, die nach der klassischen Sicht eine Aussage in zwei inhaltlich korrespondierende, sich entsprechende, widersprechende oder fortführende Satzteile[18] fasst: »Wer eine Grube gräbt, hinein fällt er, / wer einen Stein hochwälzt, auf den rollt er hinab« (Spr 26,27).[19]

Für v. Rad ist diese Form darin präzise, dass sie, statt Begriffe *fest*zustellen, die Breite der Phänomene öffnet. Das Gegenüber der Halbsätze schaffe den Hörenden Raum, zwinge sich verstehend darin zu bewegen. So aber werde Sinn zugleich gebannt *und* geweckt, gebunden *und* freigesetzt. Was v. Rad hier für die Sprüche beschreibt, nennen Literaturtheoretiker das Paradox der Lyrik, wonach sich das Innovativ-Bemerkenswerte, das Ereignishaft-Sinnvolle *mit* der Strenge der Form, der Strukturiertheit der Sprache einstelle.[20] Spruchweisheit, so könnte man paraphrasieren, obwohl es biblisch

---

13 Lang, Klugheit, 178.

14 von Rad, Weisheit, 39.

15 A. a. O., 47: »Nur in dieser Form ist sie [sc., die Erkenntnis, JDD] da, oder sie ist überhaupt nicht da. […] Es geht nicht in erster Linie um ein brauchbares didaktisches Mittel […] die konstitutive Bedeutung, die hier dem Wort, der sprachlichen Prägung zukommt, weist auf viel elementarere noetische Vorgänge […]«.

16 Vgl. a. a. O., 41. Vgl. hierzu: Thomas Krüger, Erkenntnisbindung im Weisheitsspruch, in: David A. Clines (Hrsg.), Weisheit in Israel (ATM 12), Berlin 2003, 53–66, 54f.

17 Die »[s]onstige[n] Formen« listet v. Rad (Weisheit, 53ff.) dann eher auf, als ihre Erkenntnisbindung zu analysieren. Die Anfangsthese der Korrespondenz von Form und Inhalt (a. a. O., 39) wird dabei relativiert, wenn es heißt, Erkenntnis werde in Formen »gekleidet« (a. a. O., 53.57).

18 Vgl. a. a. O., 45. Zu Diskussion und Forschungsstand vgl. Jürg Luchsinger, Poetik der alttestamentlichen Spruchweisheit, Stuttgart 2010, 121–157; Andreas Wagner, Der Parallelismus membrorum zwischen poetischer Form und Denkfigur, in: Ders. (Hrsg.), Parallelismus Membrorum (OBO 224), 2007, 1–24.

19 Vgl. zu Spr 26,27 und den Rezeptionen: Lux, Weisen, 72ff.

20 Vgl. Jonathan Culler, Literaturtheorie. Eine Einführung, Stuttgart 2002, 114 und Northrop Frye, Anatomy of Criticism, Princeton 1965, 271f., für den Lyrik den hypothe-

kein Reimschema im Wortsinne gibt, macht sich einen *Reim* auf die Welt. Dies sei im Anschluss an Th. Krüger anhand von Spr 10,1 demonstriert:[21]

Ein weiser Sohn erfreut seinen Vater
aber ein törichter Sohn ist seiner Mutter Kummer

Dieser sog. antithetische Parallelismus korreliert zwei fast wortgleiche Glieder. In jedem erscheinen, im Hebräischen an Anfang und Ende, ein Sohn und ein Elternteil. Zwischen den Halbsätzen kontrastieren die Nomen *Vater* und *Mutter* und die Adjektive *weise* und *töricht*. Der erste Halbsatz formuliert verbal (*erfreut* den Vater), der zweite nominal (*ist* Kummer). Schon diese knappen Blicke zeigen, wie die Spruchweisheit Ordnung durch *An*ordnung herstellt, Sinn im Zu- und Gegeneinander hervorbringt, im Vor- und Nacheinander von Worten, in Konsonanz und Dissonanz, in Redundanz und Differenz. Aber was *besagt* der Spruch?

Abstrakt formuliert: die Erfahrungstatsache einer Rückkopplung des Verhaltens von (wohl erwachsenen) Kindern auf das Empfinden der Eltern. Man *kann* dies so deuten, als sollten Eltern die Bildung der Kinder pflegen, damit *ihnen* Kummer erspart bleibe. Doch der Spruch selbst beschreibt nur, schreibt (explizit) nichts vor. Falls er aber handlungsleitend sein will: Will er (nur) Eltern aufrütteln oder (auch) Kinder bewegen? Was ist mit Töchtern? Darf man das Wortpaar Vater – Mutter einfach zu ›Eltern‹ subsumieren? Oder klingt hier die (allzu vertraute) Arbeitsteilung an, die Väter für den Stolz und Mütter für die Sorge des Kinderhabens zuständig sein lässt? Und so könnte man, Krüger ergänzend, fragen: Welche Eltern-Kind-, welche Geschwister-Beziehungen klingen mit, wenn es heißt, ein weiser Sohn *mache* Freude, aber ein törichter *sei* Kummer?

Verstehen von Spruchweisheit, so zeigt sich, geschieht als Eintreten in *plurale* Wahrnehmungsbewegungen,[22] die der Spruch selbst anstößt, indem er komplexe Wort- und Sprachordnungen von Vergleichbarem und Verschiedenem stiftet. Erfahrungsbezug und Erkenntnisprozess kommen dabei so zusammen, dass Generelles wie der Konnex von Kinderverhalten und El-

---

tischen Charakter von Literatur überhaupt enthüllt, nämlich Bedeutung als Wort-Stellung und Wortstruktur zu generieren.

21 Vgl. Krüger, Erkenntnisbindung, 56–58.

22 So Wagner, Parallelismus, 23: Das »parataktisch additive Erfassen von Welt / Wahrheit / Wirklichkeit kann als kognitives Ordnungsschema […] als typisches kulturelles Epistem […]« gelten.

ternergehen transparent wird für »dahinterliegende [...] Ordnungen«, jedoch »ohne, dass diese [...] präzise fassbar [....] würden.«[23] Die Weisheit des Weisheitsspruchs liegt also darin, dass er »neue Einsichten an[bahnt]«, aber da, »wo sich hinter den Erfahrungen allgemeinere Regeln [...] abzuzeichnen beginnen [...], [stehen] bleibt und alle weiteren Schlussfolgerungen den Rezipienten überlässt.«[24]

Die Spruchweisheit also ist kaum so bevormundend-naiv, banal-dirigistisch wie oberflächliches Lesen meint. Sie weiß, so ließe sich in Anlehnung an den Phänomenologen B. Waldenfels formulieren: Es gibt Ordnungen, aber nicht *die* Ordnung.[25] Gewiss, sie glaubt, dass man der Welt Regeln ablauschen kann und formt dazu heuristische Modelle.[26] Doch sie weiß auch: Wirklichkeit geht nicht in Formeln auf.

Die Sprüche werfen ein Netz von Sinn- und Strukturminiaturen über die Wirklichkeit. Ihr Wirklichkeitsbezug, so eine jüngere Studie, ist »metaphorisch strukturiert«.[27] Die Sprüche deuten Welt, indem »sie Komplexität reduzieren und Einzelerfahrungen in übergreifende Zusammenhänge einordne[n].«[28]

Dies Einordnen und Reduzieren ist ihre Stärke *und* ihr Problem. Wie jede Suche nach Regeln hat die Spruchweisheit einen Hang zum Binären, zu Kontrasten und Oppositionen. Wie jede Metapher ist sie per se offen, präfiguriert, idealisiert und restringiert aber auch die Wahrnehmung.[29] Spr. 10,1 z. B. macht undenkbar, dass auch törichte Kinder Eltern (wenigstens) eine Freude machen könnten und lässt unsichtbar, was auch vorkommt, dass Eltern emotional gar nicht am Leben ihrer Kinder teilnehmen.

Spruchweisheit horcht der Welt Strukturen ab und traut ihrer Verstehbarkeit. Sie kann daher nicht in gleicher Prägnanz das Strukturlose, Unor-

---

23 Krüger, Erkenntnisbindung, 57.

24 A. a. O., 57 f.

25 Vgl. Bernhard Waldenfels, Ordnungen im Zwielicht, Frankfurt a. M. 1987, 173–203.

26 Leo G. Perdue, Cosmology and Social Order in Wisdom Tradition, in: Ders. / Gammie John (Hrsg.), The Sage in Israel and in the Ancient near East, Winona Lake 1990, 457–478, 459: »[The] paradigm of order served as hermeneutics by which the sages arranged and interpreted the data, events, and experiences of reality. Knowledge consisted of the search for and observation of the order underlying the cosmos, society, and human nature.«

27 Luchsinger, Poetik, 293: »Die Spruchweisheit insgesamt kann als Modell aus Einzelmetaphern [...] verstanden werden«.

28 Müllner, Herz, 38.

29 Vgl. Luchsinger, Poetik, 293 f., bes. Anm. 274.

dentliche und Absurde thematisieren. Dies ergibt sich epistemologisch zwingend als ›blinder Fleck‹ im Stiften von und Denken in Ordnungen.[30] Die Spruchweisheit ist sich dieser Grenzen wohl bewusst. Sie warnt, sich selbst für weise zu halten (Spr 3,7; 26,12), betont die Begrenztheit allen Erkennens; auch dies aber tut sie *in ihren* Grenzen und gießt so noch das Unregelmäßige ins Regelhafte.[31]

Worauf man sich keinen Reim machen kann, so ließe sich diese Sprach- und Sachgrenze der Spruchweisheit beschreiben, darauf lässt sich eben kein Reim machen; eben davon aber kann man immer noch und immerhin erzählen.

3 Josef, Rut und Achiqar – Zum kritisch-transformativen Potential weisheitlichen Erzählens

Dass Erzählen weisheitliche Erkenntnis birgt, betont auch v. Rad und schlägt u. a. für Josef und den Hiobrahmen den Begriff weisheitliche Lehrerzählung vor.[32] Gegenwärtig werden weisheitliche Fragen und Themen auch in Prophetie, Psalter und Tora[33] und in vielen Erzähltexten, etwa in Jona[34] oder in

---

30 Vgl. hierzu grundlegend Waldenfels, Verfremdung der Moderne. Phänomenologische Grenzgänge, Göttingen 2001, 23f.: »Da zumindest die Tatsache, daß wir uns auf allgemeine Gesetzmäßigkeiten berufen, nicht aus eben diesen folgt, öffnet sich eine Bresche, die durch keine ehernen Gesetze zu schließen ist [...] Die Stiftung von Ordnungen [...] ist weder absolut noch relativ gültig, sie ist überhaupt nicht gültig, da das Faktum, daß es binäre Maßstäbe gibt, nicht unter diese Maßstäbe fällt, es sei denn, deren Genese wird camoufliert und der jeweilige Gegensatz hypostasiert. Jede Ordnung hat ihren blinden Fleck in Gestalt eines Ungeordneten, das mehr darstellt als ein bloßes Defizit.« Ebenso ders., Ordnungen, 173ff.

31 In der Terminologie B. Waldenfels' ließe sich sagen, dass die Spruchweisheit die ›radikale Kontingenz‹ als ›moderate‹ Kontingenz ausdrückt. Vgl. Bernhard Waldenfels, Das Ordentliche und das Außerordentliche, in: Ders. / Maria Moog-Grünewald (Hrsg.), Kontingenz und Ordo, Heidelberg 2000, 1–14, 1ff.

32 Vgl. von Rad, Weisheit, 67ff.

33 Vgl. Bernd Janowski (Hrsg.), Weisheit außerhalb der kanonischen Weisheitsschriften (VwGTh), Gütersloh 1996, passim.

34 Vgl. Thomas Krüger, Kritische Weisheit. Studien zur weisheitlichen Traditionskritik im Alten Testament, Zürich 1997, 41–66; Hans Strauß, Weisheitliche Lehrerzählungen im und um das Alte Testament, in: ZAW 116 (2004), 379–395, 393ff.

Gen 2–3[35] erkannt. Nach der *Funktion* des Narrativen, gleichsam der Weisheit *des Erzählens*, wird dabei aber kaum gefragt.

Der lange Zeit einzige Versuch hierzu von H.-P. Müller sieht das Ziel weisheitlichen Erzählens darin, am Leben eines tugendhaften Helden das weisheitliche »Ordnungspostulat« zu beglaubigen.[36] Eine Musterbiographie mit dem Form- und Figurensetting: Held – Antiheld, Konflikt – Lösung, Bewährung – Lohn verifiziere die gottgewirkte Weltordnung. Müller zeigt offen, was er von diesem Ziel hält. Er wirft den Lehrerzählungen »pseudorationale Schematik, vereinfachende Monotonie, tendenziöse Vordergründigkeit« vor.[37]
Weisheitliches Erzählen also steht, wo man es als Beweis eines Weltordnungsdogmas sieht, unter ähnlichem Verdacht wie die Spruchweisheit. Aber, so ist zu fragen, will das Hiobbuch oder auch nur der Rahmen besagen, dass die Welt zuletzt doch in Ordnung ist? Und erschöpft sich die Kraft des Erzählens im Bestätigen fertiger Weltbilder?

Gewiss, auch narrative Weltzugänge konstruieren Ordnungen. Erzählen aber ordnet Phänomene nicht durch *An*ordnen, durch das Platzieren in spannungsvollen Sprachminiaturen. Erzählen schafft Ordnung buchstäblich *mit der Zeit.* Im Gestalten von Zeitlichkeit, im Raffen und Ausbreiten, im Vor-, Nach- und Nebeneinander öffnet und rundet es einen Erkenntniszeitraum.[38] Als Zeit-Haben und Zeit-Geben schafft das Erzählen dabei auch Raum dazu, dem Unordentlichen, Absurden standzuhalten, es wahr- und ernstzunehmen, ohne es zu *der* (oder gar der *ganzen*) Wahrheit zu machen.

Erzählen muss Ordnungen nicht *setzen*. Erzählen gibt *Zeit, dass* Dinge *in Ordnung kommen (können)*. Konkret gesagt: Es kann sein, dass Weisheit trügt; es kann sein, dass man damit leben muss und sich damit sogar leben lässt. Es kann aber auch sein, dass *mit der Zeit* Frevler gerecht und Toren weise werden. Weisheitliches Erzählen im AT und seiner Umwelt nutzt die-

---

35 Vgl. u. a. Konrad Schmid, Die Unteilbarkeit der Weisheit. Überlegungen zur sogenannten Paradieserzählung Gen 2 f. und ihrer theologischen Tendenz, in: ZAW 114 (2002), 21–39.

36 Hans-Peter Müller, Die weisheitliche Lehrerzählung im Alten Testament und seiner Umwelt, in: WO 9 (1978), 77–98, 97.

37 Ebd.

38 Zur Zeit als grundlegender Gabe und zur Fiktionalität des Erzähl(t)en als Gabegeschehen: Vgl. Jacques Derrida, Falschgeld. Zeit geben I, München 1993, 47.58 ff.; 115–126; zur Zeitlichkeit von Erzählungen, Paul Ricoeur, Zeit und Erzählung I und II, München 1988/1989.

ses Potential des Narrativen. Es trägt damit nicht nur formal, sondern inhaltlich zum Weisheitsdiskurs bei.[39]

Wie im Folgenden anhand der Josefsgeschichte, des Rutbuchs und der aramäischen Achiqar-Schrift skizziert werden soll, sind weisheitliche Erzählungen Teil dessen, was Th. Krüger als kritische Weisheit bezeichnet. Sie sind auch und gerade darin weisheitlich, dass und wie sie Axiome und Themen der Spruchweisheit an ihren Grenzen und jenseits dessen bearbeiten.[40]

3.1 ›Der Mensch denkt. Gott lenkt.‹ ? – Josefsgeschichte und weisheitliche Weltordnung

Die *Josefsgeschichte*, so v. Rad, zeige im Deuten der Träume, im Beraten Pharaos, in Josefs Tugend bei Potiphars Frau große Nähe zur Weisheit.[41] Josef verkörpere geradezu den idealen Weisen. Vor allem aber stimme der Bericht seiner Traumkarriere nebst den scheiternden Absichten der Brüder mit einem Dogma weisheitlicher Weltsicht überein, wonach, sprichwörtlich formuliert: ›der Mensch denkt und Gott lenkt‹.

Just diese Überzeugung, die u.a. Spr 16,9; 20,24 und 19,16.21 artikulierten, erklinge, narrativ angepasst, in Josefs Worten an die Brüder (Gen 50,20f.): »Ihr gedachtet es böse zu machen mit mir, Gott aber dachte es gut zu machen«. Jeweils liege ein Weltbild vor, das menschliches Denken und göttliches Wirken gedanklich unüberbrückbar kontrastiere. Von Rad staunt über die »Allgenugsamkeit der sich gegen alles durchsetzenden göttlichen Führung«; mahnt aber auch, hier werde menschliches Tun »zu einer Bedeutungslosigkeit herabgedrückt [...], die gefährlich« sei.[42]

---

39 Dies betont mit anderer Akzentsetzung jüngst auch Strauß, Lehrerzählung, 379. Ders., ebd. sieht die Lehrerzählungen in der Nähe der sog. *theologischen* Weisheit, die diachron auf die sog. frühe Spruchweisheit reagiere. Zur Kritik an einem schlichten Nacheinander von profaner und theologischer Weisheit vgl. Hausmann, Weisheit, 9f.

40 Thomas Krüger, Weisheit, V–VIII, ähnlich zu Gen 2–3 Schmid, Unteilbarkeit, 21–39.

41 Vgl. von Rad, Josefsgeschichte und ältere Chokma, 272–282, in: Ders., Gesammelte Studien zum Alten Testament I (hrsg. von Rudolf Smend), München 1965, 272–281; vgl. Rüdiger Lux, Josef. Der Auserwählte unter seinen Brüdern (Biblische Gestalten 1), Leipzig 2001, 29f., der für Gen 37–50 betont, dass gerade idealbiographisches Erzählen exemplarisch zeigen wolle, wie Lebenschaos in geordnete Bahnen komme.

42 von Rad, Josefsgeschichte, 282. Der Text von 1953 mag durchaus reflektieren, wie, von wem und wozu kurz zuvor notorisch ›die Vorsehung‹ beschworen wurde. Frisch dürfte auch die Erinnerung sein, wie viele ihr durchaus waches Gewissen damit beruhigten, es komme ja doch ›alles wie es soll‹.

Ich lasse offen, ob dies für die genannten Sprüche zutrifft.[43] Für Gen 50,21 aber wird immer deutlicher, dass der Vers *kein* starres Providenzdenken impliziert, das tiefstes Lebensleid für gottgewollt erklärt, wenn es im Wohlgefallen späteren Erfolgs aufgehoben ist. Wie etwa J. Ebach und Th. Naumann zeigen, argumentiert Josef subtiler. Naumann zeigt, dass Josef keineswegs ›an Gottes Stelle‹ (vgl. 50,19), also von oben herab, Gottes Allgüte konstatiert, sondern »als Gewaltopfer« »im Nachhinein« eine Deutung wagt, die er weniger *von* Gott hat, als »*vor* Gott verantwortet«.[44] Mit Ebach gilt, dass Josef in dem, was *gegen ihn* geplant wurde, Gottes Güte *für Dritte* am Werk sieht: »Ihr rechnetet Böses aus *gegen mich*, Gott hat es zum Guten summiert, *um [...] ein großes Volk* zum Leben zu bringen«, so Ebachs Verdeutschung.[45] Josef also sagt gerade nicht, *seine* Lebensrechnung sei aufgegangen, die Brüder hätten *ihm* ›letztlich‹ Gutes getan. Auch bei der weisheitlichen Traumkompetenz ist zu differenzieren:[46] Pharaos Hungerträume sind *darin* adäquat gedeutet, dass Josef erkennt, wo und wie sich das Schicksal abwenden lässt, sodass die dürren Jahre die fetten nicht verschlingen.[47] Seine eigenen Träume, die Brüder zu beherrschen, werden von Josef zwar gezielt umspielt, aber auch gezielt unterlaufen. Er selbst erwähnt sie in Ägypten nie und als sich die Brüder unterwerfen, lehnt er dies ab.[48]

Die Erzählung will also mehr als vorgängige Ideale bestätigen. Sie dynamisiert, wo sie Spruchweisheit aufgreift, deren feste Zuordnungen und lotet menschliche Spiel- und Deuteräume in Gottes Wirken aus. Sie verwirrt (wie in nuce auch Gen 38) die klaren Zuordnungen von Unrecht und Unheil, Gerechtigkeit und Schuld, wenn die Tat der Brüder große Völker rettet (45,8 f.). Sie ignoriert das weisheitliche Erziehungsideal, wenn der vom Vater verhätschelte, unsolidarische ›Schnösel‹ (37,2–4) oberster Wesir Ägyptens wird; sie

---

43 Vgl. hierzu die Kommentare zu Sprüche 16,9.

44 Thomas Naumann, Opfererfahrung für Täter. Das Drama der Versöhnung in der biblischen Josefsgeschichte, in: ÖR 52 (2003), 491–505, 501 [Hervorhebung JDD].

45 Vgl. Ebach, Genesis 37–50, 661 ff.

46 Vgl. Jan-Dirk Döhling, Die Herrschaft erträumen, die Träume beherrschen. Herrschaft, Traum und Wirklichkeit in den Josefsträumen (Gen 37,5–11) und in der Israel-Josefsgeschichte, in: BZ 50 (2006), 1–30, 28 ff.

47 Vgl. Ebach, Gen 37–50, 236 ff.; sowie ders., Josef und Josef. (BWANT 187), Stuttgart 2009, 69–96. Was Ebach (a. a. O.,70) zu Gen 40–41 bemerkt, dürfte auch darüber hinaus zutreffen: Die Träume führen »auf den Spielraum, der es ermöglicht, die Zukunft nicht nur hinzunehmen, sondern ihr angemessen zu begegnen«.

48 Vgl. Döhling, Herrschaft, 27 f.

lässt Josef die höfische Selbstkontrolle verlieren und öffentlich weinen;[49] sie löst den starren Dual von Frevlern und Gerechten auf, wenn einst mordlustige Brüder freiwillig Solidarität üben (41,13–34ff.). Kurzum: Die Erzählung erprobt Weisheit an den Grenzen der Spruchweisheit und jenseits von ihr.

3.2 ›Jhwh tue Güte an euch, wie ihr es getan habt …‹ – Das Ideal der Güte im Rutbuch

Auch das *Rutbuch* moduliert (begrifflich dezenter) Themen und Texte der Spruchweisheit. Mit den aktiven Frauen Rut und Naemi liest es sich teilweise wie die Fortsetzung von Spr 31, dem Lobpreis der *aeschaet chajil* (Rut 3,11), der selbstbewusst-zupackenden und starken Frau. Es folgt in einigen Fassungen des Hebräischen Kanons auf dieses Schlusskapitel der Proverbien.[50] Doch ist die Idealfigur aus Spr 31 wirtschaftlich erfolgreich, sozial anerkannt und ordentlich verheiratet. Rut und Naemi sind hingegen von Unglück und Hunger verfolgte Witwen, ethnische und soziale Außenseiterinnen; sie stellen also zu dem in Spr 31 zugrundeliegenden Konnex zwischen Schicksal und Geschick (zunächst) reine Kontrastfiguren dar.

Gleichwohl und eben darum lässt sich, etwa mit E. Zenger,[51] Rut als Weisheitsnovelle lesen, die das Ideal der *chaesaed*, der freien, wechselseitigen und lebensstiftend-zugewandten Güte in den Fokus rückt.[52]

Wo aber in den Sprüchen *chaesaed* fast nur als zwischenmenschliche Tat firmiert, ist bei Rut *Gott* explizit in menschliche *Güte* involviert, wobei sich auch hier wie oft im Rutbuch beider Handeln »bis zur Ununterscheidbarkeit« durchdringt.[53] Dass beides zusammen gehört, ist auch den Sprüchen klar (vgl. 3,3f.). Das Rutbuch aber macht es explizit, indem die Sprechenden stets ihre Güte mit Gottes Tun korrelieren (1,8; 2,11; 3,10).[54] Dies geschieht just da,

---

49 Vgl. Rainer Kessler, Männertränen, in: Ders., Gotteserdung (BWANT) Stuttgart 2006, 30–55, 33.

50 Vgl. u. a. Jutta Hausmann, Rut. Miteinander auf dem Weg (Biblische Gestalten 11), Leipzig 2005, 16.76.

51 Erich Zenger, Rut (ZBK AT 8), 2. Aufl. Zürich 1992, 22ff. Zum Leitthema ›Güte‹ vgl. Hausmann, Rut, 92–95.

52 Dabei lassen sich, was hier nicht ausgeführt werden kann, fast alle *Chaesaed*-Sprüche der Proverbien als intertextuelle Kommentare zum Rutbuch lesen; Vgl. Spr 11,17 (Rut 1, 11ff; 2,15f.); 14,24; 19,22 (Rut 3,10); 20,6 (Ruth 4,4f.); 20,28 (vgl. 4,16ff.) 21,21. Zum Hintergrund vgl. Hausmann, Rut, 17.76 sowie die Kommentare z. St.

53 Melanie Köhlmoos, Rut (ATD 9.3), Göttingen 2010, XVII.

54 Zenger, Rut, 39, weist darauf hin, dass schon in 1,8 dieser Konnex als ein offener, d. h.

wo Güte fraglich ist, wenn Rut (und Boas) sie an den Grenzen der Reziprozität und jenseits von ihr üben (2,20 vgl. 2,11; 3,10). In den Sprüchen kann es klingen, als sei *chaesaed* eine rational kalkulierbare Ressource (11,17);[55] das Rutbuch erprobt sie in der Extremsituation mittel- und heimatloser Frauen. Dabei wird klar, dass sich Gottes Güte *im* Geben und Nehmen menschlicher Solidarität vollzieht. Gerade Naemis Worte zeigen zudem, dass das Glücken dieses menschlichen Tuns eine Gottesgabe ist, wörtlich ein Segen (2,20; 3,10 vgl. 4,14).

Die Erzählung konkretisiert also die *chaesaed*-Logik aus Spr 10–22. Sie dynamisiert die Rollen, wenn auch Naemi für Rut aktiv wird und sie setzt statt bei der Regelhaftigkeit den Akzent bei der Unverfügbarkeit der Güte. Wenn ferner Rut vor Boas als fremde und verführerische Frau auftritt und *als solche* gütig ist, kombiniert auch dies subversiv Themen der Spruchweisheit (vgl. Spr 5,20). Dass Rut zur Stammmutter Davids wird, führt schließlich (weibliche Über-)Lebensweisheit und Volksgeschichte Israels narrativ zusammen.[56] Wieder gilt, dass weisheitliches Erzählen Themen der Sprüche aufnimmt, sie transformiert und – noch, wo sie sie bestärkt – über sich selbst hinaus führt.

3.3 ›Wenn dich der Frevler packt ...‹ – Weise Lehre und Leben des Weisen im Aramäischen Achiqar

Der *Aramäische Achiqar* Papyrus schließlich legt die produktive Spannung zwischen Spruchweisheit und Lebensgeschichte schon in der Struktur offen.[57] Diese 1906 bei Grabungen in der aramäisch-jüdischen Militärkolonie auf der Nilinsel Elephantine entdeckte Schrift ist das älteste Zeugnis der weit verbreiteten Achiqar-Tradition. Sie kommt mit ihren prägenden Themen, Topoi und auch geographisch der biblischen Spruchweisheit sehr nah.[58]

---

zur Zeit nicht bestehender dargestellt ist, da Ruts und Orpas Güte für Naemi bisher von Gott nicht vergolten wurde.

55 Hans-Joachim Zobel, [Art.] chaesaed, in: ThWAT III, Stuttgart 1982, 71–82, 52: »[D]as Tun des *haesaed* [wird] von dem Empfänger mit einem ähnlichen *haesaed*-Erweis beantwortet oder zumindest [hegt] der Täter des *haesaed* die begründete Erwartung auf geeignete Rückerstattung.«

56 Ähnliches gilt (Gen 38 eingeschlossen) auch für die Josefsgeschichte. Vgl. Strauß, Lehrerzählungen, 384.

57 Der Text ist ediert von Ingo Kottsieper, Aramäische Weisheit (TUAT III/2, 320–362) und Herbert Niehr, Aramäischer Ahiqar (JSHRZ NF II/2).

58 Vgl. zur Achiqar-Tradition grundsätzlich: Kottsieper, The Aramaic Tradition, in: Leo Perdue (Hrsg.) Scribes, 109–124.

Der sog. aramäische Achiqar kombiniert, ähnlich dem Hiobbuch, einen Erzählrahmen mit einer zentralen Spruchsammlung,[59] die Geschichte des Weisen Achiqar mit seiner Lehre. Die Aramaistik sieht den Text aus direkter nördlicher Nähe Israels stammen.

Die *Narratio* verortet Achiqar am Hof Sanheribs (bzw. Asarhaddons), d. h. im späten 8., frühen 7. Jhdt. v. Chr. Die *Sprüche* weisen auch historisch in diese Zeit, die Erzählung ist jünger. Spätestens seit 500 v. Chr. aber sind Erzählung und Spruchsammlung verbunden.[60] Die Sprüche sind thematisch bunt. Sie beobachten die Natur, sie lehren den absoluten Gehorsam gegenüber dem König und sie beschwören Familie, Erziehung, Fleiß und Sparsamkeit.[61] Wo sie von Gott bzw. den Göttern *El* und *Schamsch* reden, tun diese das, was Jhwh in den Sprüchen tut. Sie garantieren die Weltordnung, verteilen Lohn und Strafe nach vorigem Verhalten. Die Götter walten gerecht (XII, 13), doch teils rätselhaft. Dann gilt es geduldig und demütig zu sein; ohnehin ist, was »der Gott« will, nicht zu ändern (XII, 12 f.). Genau hier, bei einem Weltbild, in dem, wenn man das Rechte tut, alles mit rechten Dingen zugeht *und* falls nicht, sich ›eh nichts machen‹ lässt, fällt der *Erzähler* Achiqar dem *Spruchweisen* Achiqar ins Wort.

Der vordere Rahmen erzählt, wie Achiqar den von ihm selbst erzogenen, als Sohn adoptierten Neffen *Nadin* bei Hof als Nachfolger platziert. Der aber dankt dies schlecht, wie der hintere Rahmen zeigt: Er verleumdet den Onkel als Aufrührer, der daraufhin zum Tod verurteilt, aber vom Offizier des Exekutionskommandos versteckt wird. Denn Achiqar hatte ihn einst vor dem Zorn des Königs versteckt, als jenem, wie jetzt ihm, der Tod drohte. Der Verschonte dankt es und Achiqar wird zu guter Letzt rehabilitiert.

Die weise Geschichte, so ließe sich sagen, beweist, was sie soll: Barmherzigkeit lohnt, die Welt ist im Lot, zuletzt siegt der Gerechte.[62] Mit einem

---

59 Ich folge der von Kottsieper rekonstruierten Seitenfolge und der entsprechenden Verszählung. Eine paläographische Rekonstruktion, die die Sprüche nicht eingeschaltet, sondern der Narratio vorangestellt sieht, bietet Niehr, Ahiqar, 4–6. Auch sie höbe die hier gezeigten Spannungen nicht auf, böte aber eine Art narrativen Vorabkommentar, der die Sprüche, die quer zu Achiqars Geschick und Verhalten stehen, gleichsam einklammert. Die hier angenommene Mittelstellung der Sprüche liegt unbestreitbar für die syrischen Übersetzungen im 2. und 3. Jahrhundert vor. Vgl. Niehr, Ahiqar, 22.

60 Kottsieper, Aramäische Weisheit, 320–324.

61 Vgl. hierzu Andreas Scherer, Vielfalt und Ordnung. Komposition in den biblischen Proverbien und in den aramäischen Ahiqarsprüchen, in: BN 90 (1997), 28–45.

62 So auch Strauß, Lehrerzählungen, 387 mit Verweis auf V, 13 und XII, 13, ohne aber die konträren Sprüche zu bedenken.

der Sprüche formuliert: »Wenn der Frevler den Saum des Kleides packt [...], schließ dich an Gott (Schamsch) an; dieser [wird] das Seinige nehmen und dir geben« (VII, 13).

Doch fallen auch starke Spannungen zwischen den Sprüchen und Achiqars Geschick auf: Die Sprüche feiern die weisheitliche Pädagogik (IX,1–5); es ist sein Schüler und Adoptivsohn, der *Achiqar* betrügt; die Sprüche erklären den Gerechten für unverwundbar (VII,1), ihm droht unschuldig der Tod; die Sprüche fordern bei Hof striktesten Gehorsam (X, 9.10), den Weisen rettet doppelte Befehlsverweigerung. Die Sprüche predigen Demut vor Gottes Ratschlüssen (VII, 2; XII, 8), Achiqar überlebt durch beherzte menschliche Aktivität.

Auch wenn Sprüche und Erzählung getrennt entstanden,[63] liegt doch im 5. Jhdt. eine Komposition vor, die beide *trotz* der o. g. Spannungen verknüpft. Die Forschung muss sich fragen, worin die Logik, die Weisheit dieser Komposition liegt. Zweierlei scheint mir wichtig: Das Erste ist die literarische Gestalt als Ich-Erzählung Achiqars. Sie verknüpft Lehre und Leben aufs Engste. Achiqar erzählt, was er lehrte *und* dass sein *Schüler* ihn verriet. Achiqar kann nur erzählen, weil er überlebte; er überlebt (auch), weil er seiner Lehre zuwiderhandelte. Schon dies macht deutlich: Achiqars Lebensgeschichte verifiziert nicht nur die Weltweisheit seiner Sprüche, sie problematisiert sie auch. Ist Achiqar beide Male der Sprecher bzw. Erzähler, so *sollen* die Relativierungen, Zuspitzungen und Einsprüche als Teil *seiner* Weisheit gehört werden.

Dass die Komposition genau dies will, legt m. E. zweitens der Zeitpunkt nahe, an dem die Sprüche in die Erzählung eingeschaltet sind,[64] nämlich nach der Amtsübergabe an Nadin. Von ihm, dem künftigen Verräter, an den die Sprüche adressiert sind, hieß es zuvor, er habe des Onkels Lehre »wie Honig« (II, 10) verschlungen. Er verkörpert (zu diesem Zeitpunkt!) für die Leser als Nachfolger Achiqars gleichsam dessen gelungenes Leben. Dieser trägt als biographisch voll beglaubigter Weiser seine Sprüche vor – und erzählt dann weiter.[65]

---

[63] Zu Redaktionen und möglichen Trägerkreisen vgl. Kottsieper, Aramaic Tradition, 116f., sowie Niehr, Ahiqar, 22f. Beide thematisieren jedoch die Logik der Gesamtkomposition nicht.

[64] Vgl. Anm. 59.

[65] Die *affirmative* Anknüpfung der Lehre an den Erfolg des Lehrers entspricht dabei ganz dem Klassiker antiker Weisheitslehren, der Lehre Ptahhoteps (I, 4–6.36–46) (TUAT III/1, 197f.). Umso bedeutsamer ist der hier folgende Bruch mit der geweckten Leseerwartung.

Das Erzählte aber nötigt der Leserin einen neuen Blick auf die Sprüche und den eben noch klaren Konnex von Ratschlag und Lebensgeschichte ab. Durch Nadins Verrat ist zu Anfang des zweiten Erzählteils der Wert aller Sprüche fraglich. Am Ende wird, durch die Verschonung und Rehabilitierung, *mancher*, aber nicht jeder Spruch, neu, also *anders* gültig.

Die Erzählung widerlegt einige Sprüche – wie den, man erkenne den Toren, wenn er den Mund öffnet (VIII, 5; XII, 4). Sie relativiert andere – wie die über die Allwirksamkeit der Götter (XII, 10–13). Sie personalisiert viele Sprüche und codiert sie damit neu – wie den über familiäre Solidarität (V, 13–15, vgl. bes. V, 1) oder die scheiternde Erziehung des Sohnes (IX, 2–6), denn jetzt ist klar, dass Achiqar von sich selbst spricht. Wieder andere Sprüche – wie die über die Gehorsamspflicht gegenüber dem König (X, 6–10) – werden mit dem Wert der Barmherzigkeit (XVII, 10.17; XIX, 9), der in den Sprüchen nicht expliziert wird, korreliert und implizit kritisiert.

4 Fazit – Zur Weisheit des Erzählens

Bei aller Unterschiedlichkeit machen die skizzierten Erzählungen deutlich: So wenig die Spruchweisheit der Hebräischen Bibel naiven Ordnungspositivismus predigt, so wenig geht weisheitliches Erzählen im AT und seiner Umwelt im Bebildern vorgängiger Wahrheiten auf.

Die obigen Beispiele deuten darauf hin, dass die sogenannten Lehrerzählungen einen narrativ-*kritischen* Kommentar zur Weisheit der Sprüche bieten. Sie ›lehren‹ sie, indem sie sie problematisieren, gleichsam ihre zweite und dritte Lesung erzwingen, Geltung und Grenzen in gelebtem Leben ausleuchten. So aber hat weisheitliches Erzählen Teil an jener (selbst)kritischen Kraft der Weisheit, die wahrzunehmen die forschungsgeschichtlich gewohntere Kategorie der Krise kaum erlaubt.[66] Wie der Weisheits*spruch* Divergentes und Vergleichbares verknüpft, ohne die dabei aufscheinenden Ordnungen auf den Begriff zu bringen, so treten im Aramäischen Achiqar und in biblischer Erzählweisheit Biographie und Ratschlag, *Vor*schrift und *Rück*schau, *Fest*stellung und bewegtes Leben in multiple und *offene Relationen*. Diese Spannung wird im Erzählen buchstäblich *mit der Zeit* entfaltet und gestaltet. Die weise Erzählung aber bietet keine Metaregel zu ihrer Lösung. Eben dies ist ihre Weisheit. Worauf sich kein Reim machen lässt, davon kann man noch immer und muss man erst recht *erzählen*.

66 Vgl. hierzu Krüger, Weisheit, V–VIII.

Literaturverzeichnis

Assmann, Aleida: Was ist Weisheit? Wegmarken in einem weiten Feld, in: Dies. (Hrsg.), Weisheit. Archäologie der literarischen Kommunikation III, München 1991,15-43

Baumann, Gerlinde: Die Weisheitsgestalt in Proverbien 1-9 (FAT 16), Tübingen 1996

Culler, Jonathan: Literaturtheorie. Eine Einführung, Stuttgart 2002

Derrida, Jacques: Falschgeld. Zeit geben I, München 1993

Döhling, Jan-Dirk: Die Herrschaft erträumen, die Träume beherrschen. Herrschaft, Traum und Wirklichkeit in den Josefsträumen (Gen 37,5-11) und der Israel-Josefsgeschichte, in: BZ 50 (2006), 1-30

Ebach, Jürgen: HThKAT Gen 37-50, Freiburg i. Br. 2009

Frye, Northrop: Anatomy of Criticism. Four Essays, Princeton 1965

Grözinger, Albrecht: Die Kirche – ist sie noch zu retten? Anstiftungen für das Christentum in postmoderner Gesellschaft, 2. Aufl. Gütersloh 1998

Hahn, Alois: Soziologie der Weisheit, in: Aleida Assmann (Hrsg.), Weisheit. Archäologie der literarischen Kommunikation III, München 1991, 47-57

Hausmann, Jutta: Weisheit im Kontext alttestamentlicher Theologie. Stand und Perspektiven gegenwärtiger Forschung, in: Bernd Janowski (Hrsg.), Weisheit außerhalb der kanonischen Weisheitsschriften (VwGTh), Gütersloh 1996, 9-19

Hausmann, Jutta: Rut. Miteinander auf dem Weg (Biblische Gestalten 11), Leipzig 2005

Kessler, Rainer: Männertränen, in: Ders., Gotteserdung. Beiträge zur Hermeneutik und Exegese der Hebräischen Bibel (BWANT), Stuttgart 2006, 30-34

Köhlmoos, Melanie: Rut (ATD 9,3), Göttingen 2010

Kottsieper, Ingo: Aramäische Weisheit, in: Bernd Janowski (Hrsg.), Weisheit außerhalb der kanonischen Weisheitsschriften (VwGTh), Gütersloh, 128-162

Kottsieper, Ingo: Die Geschichte und die Sprüche des weisen Achiqar, in: TUAT III/2, Gütersloh 1991, 320-347

Kottsieper, Ingo: The Aramaic Tradition: Ahikar, in: Leo G. Perdue (Hrsg.), Scribes, Sages and Seers. The Sage in the Eastern Mediterranean World (FRLANT 219), Göttingen 2008, 109-124

Krüger, Thomas: Erkenntnisbindung im Weisheitsspruch. Überlegungen im Anschluß an Gerhard von Rad, in: David Clines, Hermann Lichtenberger, Hans-Peter Müller (Hrsg.), Weisheit in Israel (ATM 12), Münster 2003, 53-66

Krüger, Thomas: Kritische Weisheit. Studien zur weisheitlichen Traditionskritik im Alten Testament, Zürich 1997

Lang, Bernhard: Klugheit als Ethos und Weisheit als Beruf, in: Aleida Assmann (Hrsg.), Weisheit. Archäologie der literarischen Kommunikation III, München 1991, 177-192

Luchsinger, Jürg: Poetik der alttestamentlichen Spruchweisheit, Stuttgart 2010

Lux, Rüdiger: Die Weisen Israels, Leipzig 1992

Lux, Rüdiger: Josef. Der Auserwählte unter seinen Brüdern (Biblische Gestalten 1), Leipzig 2001

Meinhold, Arndt: Die Sprüche 1-15 (ZBK AT 16.1), Zürich 1991

Meinhold, Arndt: Die Sprüche 16-31 (ZBKAT 16.2) Zürich 1991

Müller, Hans-Peter: Die weisheitliche Lehrerzählung im Alten Testament und seiner Umwelt, in: WO 9 (1978), 77–98

Müllner, Ilse: Das hörende Herz. Weisheit in der hebräischen Bibel, Stuttgart 2006

Naumann, Thomas: Opfererfahrung für Täter. Das Drama der Versöhnung in der biblischen Josefgeschichte, in: ÖR 52 (2003), 491–505

Niehr, Herbert: Aramäischer Ahiqar (JSHRZ-NF, Band 2 / Lieferung 2), Gütersloh 2007

Perdue, Leo G.: Cosmology and Social Order in Wisdom Tradition, in: Ders. / John G. Gammie (Hrsg.), The Sage in Israel and in the Ancient near East, Winona Lake 1990, 457–478

Perdue, Leo G.: Scribes, Sages and Seers in Israel and in the Ancient Near East, in: Ders. (Hrsg.), Scribes, Sages and Seers. The Sage in the Eastern Mediterranean World (FRLANT 219), Göttingen 2008, 1–35

Preuß, Horst Dietrich: Einführung in die alttestamentliche Weisheitsliteratur, Stuttgart 1987

von Rad, Gerhard: Weisheit in Israel, Neukirchen-Vluyn 1970

von Rad, Gerhard: Josefsgeschichte und ältere Chokma, in: Ders., Gesammelte Studien zum Alten Testament I (hrsg. von Rudolf Smend), München 1965, 272–281

Scherer, Andreas: Vielfalt und Ordnung. Komposition in den biblischen Proverbien und in den aramäischen Ahiqarsprüchen, in: BN 90 (1997), 28–45

Schroer, Sylvia: Die Weisheit hat ihr Haus gebaut. Studien zur Gestalt der Sophia in den biblischen Schriften, Ostfildern 1996

Schmid, Konrad: Die Unteilbarkeit der Weisheit. Überlegungen zur sogenannten Paradieserzählung Gen 2 f. und ihrer theologischen Tendenz, in: ZAW 114 (2002), 21–39

Strauß, Hans: Weisheitliche Lehrerzählungen im und um das Alte Testament, in: ZAW 116 (2004), 379–395

Wagner, Andreas: Der Parallelismus Membrorum zwischen poetischer Form und Denkfigur, in: Ders. (Hrsg.), Parallelismus Membrorum (OBO 224), Fribourg 2007, 1–24

Waldenfels, Bernhard: Das Ordentliche und das Außerordentliche, in: Ders. / Maria Moog-Grünewald (Hrsg.), Kontingenz und Ordo, Heidelberg 2000, 1–14

Waldenfels, Bernhard: Ordnungen im Zwielicht, Frankfurt a. M. 1987

Waldenfels, Bernhard: Verfremdung der Moderne. Phänomenologische Grenzgänge, Essener Kulturwissenschaftliche Vorträge 10, Göttingen 2001

Zenger, Erich: Rut (ZBKAT), 2. Aufl. Zürich 1992

Zobel, Hans-Joachim: [Art.] חסד – *haesaed* in: ThWAT III, Stuttgart 1982, 71–82

Mit der Weisheit am Ende? Ratschläge in der nachexilischen und frühjüdischen Weisheitsliteratur

Beate Ego

Zusammenfassung:
Trotz der sogenannten »Krise der Weisheit« finden sich in der Weisheitsliteratur der Spätzeit des Alten Testaments zahlreiche Ratschläge. So ruft das Buch Kohelet zur Lebensfreude auf; diese wiederum wird als Gabe Gottes interpretiert. Die weitere Entwicklung der Spruchweisheit bringt dann mit Jesus Sirach ein Werk hervor, das in seinem Repertoire an Ratschlägen der älteren Weisheit nicht nachsteht. Eine besondere Rolle kommt nun dem inspirierten Weisheitslehrer zu. Er hat Einsicht in die letztendlich gerechte Ordnung der Welt und ist Mittler der Tora. Die Krise der Weisheit bedeutet demnach nicht das Ende der Weisheit, sondern ihre Weiterentwicklung und Neuausrichtung angesichts eines veränderten Bezugsrahmens.

Die ältere Weisheit Israels, wie wir sie vor allem in Proverbien 10–29 greifen können, ist von dem Bewusstsein einer gerechten Weltordnung getragen und formuliert daher immer wieder einen konstitutiven Zusammenhang zwischen dem Tun und dem Ergehen des Menschen.[1] »Nicht stößt dem Gerechten« – so weiß es Spr 12,21 – »irgendein Unheil zu, aber die Frevler sind voll von Unglück«.[2] Vor diesem Hintergrund muss die ältere Weisheit mit Rat-

---

1 Zum Tun-Ergehen-Zusammenhang in der frühen Weisheit s. u. a. Gerhard von Rad, Weisheit in Israel, Neukirchen-Vluyn 1970, 165ff.; Horst Dietrich Preuß, Einführung in die alttestamentliche Weisheitsliteratur, Stuttgart 1987, 48.62; Georg Freuling, »Wer eine Grube gräbt …«. Der Tun-Ergehen-Zusammenhang und sein Wandel in der alttestamentlichen Weisheitsliteratur (WMANT 102), Neukirchen-Vluyn 2004, 14f. (Lit.).

2 Zitiert nach der Übersetzung von Otto Plöger, Sprüche Salomos = (Proverbia) (BK 17), Neukirchen-Vluyn 1984, 146.

schlägen[3] nicht sparen, sondern kann in immer neuen Anläufen ihre Adressaten auf den ihr richtig erscheinenden Weg weisen. Es mögen hier einige Beispiele genügen: Diese Weisheit, die wohl aus Kreisen besitzender Schreiber- und Beamtenschichten abzuleiten ist, weiß, dass man Reichtum und Besitz (Spr 10,3.16; 13,22; 20,21 u. ö.) nur dann erzielen und erhalten kann (Spr 5,9 f. u. ö.), wenn man fleißig ist und Faulheit meidet (Spr 6,6 ff.; 10,4; 11,16; 13,4 u. ö.), wenn man sich in finanziellen Dingen bescheiden zeigt (Spr 11,6; 12,9 u. ö.) und sich um seine beruflichen Angelegenheiten kümmert (Spr 12,11; 27,23–27). Wichtig ist des Weiteren auch das angemessene soziale Verhalten: Um in der Gesellschaft, insbesondere gegenüber Höhergestellten, vor allem Fürsten oder Königen, bestehen zu können, ist es wichtig, seine Emotionen im Zaume zu halten, nicht zornig und aufbrausend zu sein (u. a. Spr 29,22), sondern wohlüberlegt zum richtigen Zeitpunkt zu reden oder eben zu schweigen (Spr 25,9). Von zentraler Bedeutung ist auch das Maßhalten und die Selbstbeschränkung in anderen Bereichen: Bei Einladungen und Festen soll man sich im Hinblick auf den Genuss von Speisen und Wein zurückhalten (u. a. Spr 23,19 ff.; 25,15–27; 28,7; 20,1), besondere Warnung gilt auch vor der fremden Frau bzw. der Unzucht (Spr 22,14; 23,27 f.; 29,3; 30,20). Ein erfülltes Leben kann nur im Rahmen eines gelingenden Generationenvertrags funktionieren: Gegenüber den alten Eltern, ja alten Menschen überhaupt, wird zur Ehrfurcht aufgerufen (u. a. Spr 13,1), so wie es zudem gilt, die weisheitlichen Ideale – unter Umständen auch mit Strenge – an die nächste Generation weiterzugeben (Spr 29,17). Auch der Ratschlag selbst ist dabei gelegentlich Gegenstand des Rats, wobei dem Ganzen eine gewisse Ambivalenz innewohnt. So heißt es in Spr 12,15: »Der Weg eines Toren erscheint ihm selbst als richtig; wer aber auf Beratung hört, ist weise«[4], und Spr 27,9 macht auf die soziale Komponente des Ratschlags aufmerksam, wenn hier formuliert wird: »Öl und Räucherwerk erfreut das Herz, und die Süßigkeit (s)eines Freundes stärkt die Seele«[5]. Freilich scheint man aber auch um die Begrenztheit des menschlichen Rats gewusst zu haben, wenn Spr 21,30 präg-

[3] Dass die einzelnen Sprüche als Ratschläge (hebr. עצה) interpretiert werden, belegt u. a. Spr 22,20 »Fürwahr, ich habe dir dreißig aufgeschrieben an Ratschlägen und Belehrung« (zitiert nach Plöger, Sprüche Salomos, 258); s. a. Spr 19,20: »Höre auf Rat und nimm Zurechtweisung an, damit du weise wirst an deinem Ende.« (zitiert nach Plöger, Sprüche Salomos, 218). Wie Lothar Ruppert, Art. יעץ jaᶜāṣ, in: ThWAT 3 (1977), 718–751, hier: 728, feststellt, ist der Rat (hebr. עצה) ursprünglich eine politische Kategorie.

[4] Zitiert nach der Übersetzung von Plöger, Sprüche Salomos, 145.

[5] A. a. O., 317.

nant formulieren kann: »Keine Weisheit und keine Einsicht und kein Rat (gilt etwas) gegenüber Jahwe«[6].

Die in der traditionellen Weisheitskonzeption der israelitischen Königszeit vorausgesetzte Ordnung kommt freilich dann an ihre Grenzen, wenn – um es einmal etwas plakativ auszudrücken – »guten Menschen Böses widerfährt«[7] bzw. wenn es denen, die Schlimmes tun, gut ergeht. Das alte Israel hat diese Anfrage an seine Vorstellung von einer gerechten Weltordnung vor allem im Ijobbuch und im Buch Kohelet, dem Prediger Salomo, reflektiert; aber auch einige Psalmen wie Ps 49 oder Ps 73 wären hier zu nennen. Die Erfahrung als solche wiederum, die sich hinter diesen Texten verbirgt, nämlich dass Ereignisse in der vorfindlichen Wirklichkeit dem sog. Tun-Ergehen-Zusammenhang eben nicht entsprechen, wurde von der alttestamentlichen Wissenschaft mit dem Stichwort »Krise der Weisheit« bezeichnet: Nicht eine gerechte, harmonische Korrespondenz zwischen dem Handeln des Einzelnen und seinem Geschick ist zu finden, sondern vielmehr ein asymmetrisches, ungleiches Verhältnis.[8] Allerdings darf man sich die Relation zwischen der älteren und der jüngeren Weisheit, zwischen der klassischen Weisheit und der »Krise der Weisheit«, nicht zu statisch vorstellen. Wie Hartmut Gese bereits in seiner Habilitationsschrift aus dem Jahre 1958 gezeigt hat, war es schon für das israelitische Denken der alten Weisheit charakteristisch, »daß die Ordnung der Welt, deren Erkenntnis die Grundlage der Weisheit bildet, nicht als verfügbar gedacht wird, sondern als verborgen und – so sichtbar sie sich immer auswirken wird – für den getrübten Blick der Gegenwart als nicht vollends durchschaubar«.[9] Auch die ältere Weisheit weiß, dass die Gerechtigkeit der Welt nicht immer offensichtlich ist und nur Gott allein letztlich nichts verborgen bleibt. Wenn sowohl Ijob als auch Kohelet ganz allgemeine, eigentlich in jeder Generation neu aufbrechende Existenzerfahrungen einer nicht stimmigen Welt aufwerfen, so stellt sich dennoch die Frage, warum gerade in der nachexilischen Zeit während der späten Perserherrschaft und des frühen Hellenismus eine solche Problematisierung des Tun-Ergehen-Zusammenhangs eine so prominente Rolle einnimmt. Es ist das Verdienst Frank Crüsemanns, in diesem Zusammenhang auf bedeutende sozialgeschichtliche Um-

---

6 A. a. O., 242.

7 So der Titel eines Buches von Harold S. Kushner. Vgl. Harold S. Kushner, Wenn guten Menschen Böses widerfährt, 10. Aufl., Gütersloh 2010.

8 Zur Krise der Weisheit s. Preuß, Weisheitsliteratur, 69 ff.; von Rad, Weisheit, 251 ff.

9 Hartmut Gese, Lehre und Wirklichkeit der alten Weisheit. Studien zu den Sprüchen Salomos und zu dem Buche Hiob, Tübingen 1958, 38; s. a. von Rad, Weisheit, 252.

brüche in der nachexilischen Zeit hingewiesen zu haben. Sowohl der Autor des Ijobbuches als auch der Autor des Koheletbuches entstammen einer reichen, aristokratischen Schicht des nachexilischen Israel, die von den gesellschaftlichen Umbrüchen der frühen Perserzeit besonders tangiert waren:

»Exil und damit der Zusammenbruch der alten Ordnung, mühseliger Wiederanfang, Fremdherrschaft mit vielen negativen Folgeerscheinungen, von denen nur an die von außen auferlegten hohen und unkontrollierbaren Tribute und Abgaben, an Entpolitisierung und Entmilitarisierung der früher führenden Schichten erinnert sei (sic!). Man muß an die archäologisch nachweisbare höchst armselige materielle Kultur der persischen Zeit denken, die den Gegensatz zur teilweise glanzvollen Königszeit deutlich hervortreten läßt. Dazu kommen tiefgreifende wirtschaftliche Umschichtungen, wie sie sich im verstärkten Übergang zur Geldwirtschaft und der Einführung des Münzgeldes manifestiert. Der Ausbruch einer tiefgreifenden Sozialkrise unter Nehemia (Neh 5,1 ff.) gibt einen wichtigen Einblick in die Veränderungen, denen Teile der freien und grundbesitzenden Schicht unterworfen wurden, zeigt aber auch die Grenzen der aristokratischen Macht.«[10]

Gerade in den Kreisen der Oberschicht wird die Diastase von Tradition und Erfahrung besonders schmerzlich wahrgenommen und so wird für sie »ein Festhalten am traditionellen Gottesbild unmöglich. Angesichts der mit ihrer Tradition nicht mehr zu vereinbarenden Zustände in ihrer Klasse entzieht sich ihnen Gott in ein undurchschaubares Dunkel. Geht es bei Hiob zunächst nur darum, so fällt bei Kohelet dann auch die traditionelle Ethik der Solidarität.«[11]

---

10 Frank Crüsemann, Hiob und Kohelet. Ein Beitrag zum Verständnis des Hiobbuches, in: Rainer Albertz (Hrsg.), Werden und Wirken des Alten Testaments. Festschrift für Claus Westermann zum 70. Geburtstag, Göttingen 1980, 373–393, 390–391.

11 Crüsemann, Hiob und Kohelet, 392. Sehr zurückhaltend im Hinblick auf die Erklärung einer historischen und geistesgeschichtlichen Kontextualisierung des Phänomens der sog. »Krise der Weisheit« ist G. von Rad, wenn er schreibt: »Es liegen Anzeichen vor, daß etwa von der letzten Königszeit an die Undurchsichtigkeit der individuellen Lebensführung dem Glauben an Jahwe immer größere Rätsel aufgab. Diese Beunruhigung greift weit über die Kreise der Weisheitslehrer hinaus. Bekanntlich hatten sich auch die Propheten damit herumzuschlagen, wie wir aus Jer 12, Hes 18 oder Mal 3 wissen. Ja, es hat eher den Anschein, daß die Lehrer keineswegs ihre vornehmlichsten Träger waren, daß ihnen die Fragen vielleicht mehr von außen aufgenötigt wurden. Obwohl uns gar nicht wenige Texte zur Verfügung stehen, die alle um solche bedrohlichen Einbruchstellen kreisen, sehen wir doch nicht klar genug, um das Phänomen als ein Ganzes nehmen und um es aus einem größeren Zusammenhang heraus begreiflich machen zu können. Man spricht, sicher mit

Während das Ijobbuch diese Thematik im Kontext einer Erzählung darlegt, bei der die verschiedenen Protagonisten die unterschiedlichen Gerechtigkeitskonzeptionen präsentieren, so besteht das Buch Kohelet hauptsächlich aus Sentenzen, welche die Condition humaine analysieren. Es ist die Einsicht in die Ungerechtigkeit und Unverrechenbarkeit des menschlichen Geschicks, die hier in immer wieder neuen Worten zum Ausdruck gebracht wird: »Es gibt etwas Eitles, was auf Erden geschieht: es gibt Gerechte, die das trifft, was dem Tun der Frevler entspricht, und es gibt Frevler, die das trifft, was dem Tun der Gerechten entspricht. Ich sage: auch dies ist eitel«[12] (so Koh 8,14). Der Erfolg tugendhaften und richtigen Verhaltens kann damit nicht als gesichert gelten, sondern ist vielmehr von Zeitpunkt und Zufall abhängig, und so kann der Prediger in Koh 9,11 sagen: »Wiederum sah ich, (wie es) unter der Sonne (zugeht): Nicht hängt das Laufen von den Schnellen ab, nicht der Krieg von den Helden, und auch das Brot hängt nicht von den Weisen ab, auch nicht der Reichtum von den Klugen, auch nicht die Volksgunst von den Einsichtigen; vielmehr trifft sie alle die Zeit und das Geschick.«[13] Bei dieser Relativierung aller menschlichen Leistung und Tugend kommt insbesondere der Todeserfahrung eine wichtige Rolle zu. Den Frommen wie den Frevler trifft einerlei Geschick – so Koh 9,2: »Wenn ein und dasselbe Geschick alle trifft: den Gerechten und den Frevler, [den Guten ›und den Bösen‹] den Reinen und den Unreinen, den, der opfert, und den, der keine Opfer bringt. Wie dem Guten, so geht es dem Sünder, ›wie‹ dem, der schwört, so dem, der den Schwur scheut«[14], und weder für die Menschen noch für die Tiere gibt es die Hoffnung auf ein Leben nach dem Tod: »Ich sagte bei mir selbst: Wegen der Menschenkinder (ist es so), damit Gott sie aussondern möge und damit sie sähen, daß sie an sich (nur) Vieh sind. Denn das Geschick der Menschenkinder ist gleich dem Geschick des Viehes – ein und dasselbe Geschick haben sie: wie diese sterben, so sterben (auch) jene, und den gleichen Odem haben sie alle. So hat der Mensch keinerlei Vorzug vor dem Vieh. Denn alles ist eitel. Alles

---

Recht, von einer gewissen Verselbständigung des Individuums innerhalb der Kultgemeinde und damit auch von dem Übergang des Menschen zur Offensive gegen Gott. Die Frage nach dem Anteil des einzelnen an Gott wurde schärfer und kritischer gestellt. Man mag hier von einer Krise reden; doch ist sie offenbar nicht ins allgemeine Bewußtsein getreten, denn jeder dieser, wie gesagt, zahlreichen Texte steht durchaus auf einsamem Posten […]« (von Rad, Weisheit, 267).

12 Zitiert nach Aarre Lauha, Kohelet (BK 19), Neukirchen-Vluyn 1978, 153.

13 A. a. O., 172.

14 A. a. O., 163.

geht an ein und denselben Ort, alles ist aus Staub geworden, alles kehrt zum Staub zurück. Wer weiß von dem Odem des Menschen, ›ob‹ er nach oben steigt, und von dem Odem des Viehes, ›ob‹ er hinunter in die Erde fährt« (Koh 3,18-21).[15] Zwar hat Gott alles zu seiner Zeit schön gemacht, ja er hat dem Menschen sogar Anteil an der Ewigkeit gegeben – »doch der Mensch kann die Fülle der Wirklichkeit, das Tun Gottes nicht vollständig erfassen.«[16]

Dieser Beitrag nun wird sich auf die Frage konzentrieren, welche Rolle weisheitliche Ratschläge im Kontext dieser sog. Krise der Weisheit spielen bzw. wie sich die israelitische Ratschlagkultur in der späteren Weisheitsliteratur entwickelt hat. Ist Israel, um einmal die Formulierung aus dem Titel dieses Beitrags aufzunehmen, mit der Infragestellung des Tun-Ergehen-Zusammenhangs »mit seiner Weisheit am Ende«? Was wird aus den Ratschlägen der klassischen Weisheit? Sind diese in dem hier vorliegenden Kontext obsolet geworden? Welche Ratschläge finden sich in der späteren Weisheitsliteratur wie bei Kohelet oder Jesus Sirach?

Wenn wir uns zunächst einmal dem Buch Kohelet zuwenden und fragen, welchen Rat der Prediger im Kontext des Zusammenbruchs des alten Ordnungsdenkens geben kann, das er ja selbst dokumentiert, wird schnell deutlich: Auch angesichts der Vergänglichkeit alles Seins und der Obsoletheit einer gerechten Weltordnung verfällt der Prediger nicht in Lethargie und existentielle Verzweiflung. Wenn es angesichts der menschlichen Begrenztheit wohl auch nicht mehr möglich ist, eine Vielzahl von festen Regeln abzuleiten,[17] so wendet sich Kohelet doch mit ganz konkreten Ratschlägen an seine Hörer. Dazu gehört – wenn auch etwas vage – sein Aufruf zur Gottesfurcht, die sich in einem respektvollen Umgang mit dem Kult zeigt (Koh 4,17–5,6) oder darin, dem Befehl eines Königs zu gehorchen (Koh 8,2–5). Entscheidend für Kohelet ist freilich, dass er zum aktiven Handeln, zur Lebensfreude und zum Genuss aufruft. Der Mensch soll sich des Lebens und seiner von Gott geschenkten Gaben erfreuen. »Wohlan also, iß fröhlich dein Brot und trinke wohlgemut deinen Wein! Denn längst schon hat Gott Gefallen an deinem Tun. Jederzeit seien deine Kleider weiß, und an Öl auf deinem Haupte möge es nicht mangeln. Genieße das Leben mit der Frau, die du lieb hast, all

[15] A. a. O., 72.

[16] Johannes Marböck, Kohelet und Sirach. Eine vielschichtige Beziehung, in: Ludger Schwienhorst-Schönberger (Hrsg.), Das Buch Kohelet. Studien zur Struktur, Geschichte, Rezeption und Theologie (BZAW 254), Berlin 1997, 275–301, 285.

[17] Auf die Verbindung von Koh 3,11 und den Verzicht auf viele Regeln verweist Marböck, Kohelet und Sirach, 285.

die Tage deines nichtigen Lebens, die Gott dir unter der Sonne gibt [alle deine nichtigen Tage], denn das ist dein Anteil am Leben und an deinem Mühen, mit dem du dich unter der Sonne abmühst. Alles, was dir unter die Hände kommt, mit deiner Kraft zu tun, das tue, denn es gibt weder Tun, noch Berechnen, noch Wissen, noch Weisheit im Totenreich, wohin du gehst« (Koh 9,7–13).[18] Ganz ähnlich heißt es in Koh 11,9.10: »Freue dich, Jüngling, in deiner Jugend, und dein Herz mache dich froh in deinen jungen Tagen, und gehe die Wege deines Herzens und wohin deine Augen dich locken. [...] Und entferne den Kummer aus deinem Herzen und halte dir das Übel vom Leibe«[19], und um noch ein letztes Beispiel zu nennen: »So pries ich die Freude, daß es für den Menschen unter der Sonne nichts Besseres gibt als zu essen und zu trinken und fröhlich zu sein. Das kann ihn bei seiner Mühsal begleiten durch die befristeten Tage seines Lebens, die Gott ihm unter der Sonne gegeben hat« (8,15).[20]

Es wäre freilich verfehlt, das Buch Kohelet mit diesen Aussagen als ein weiteres Zeugnis der in der antiken Popularphilosophie so häufig belegten Vorstellung eines schlichten *Carpe-diem*-Motivs sehen zu wollen. Dies wird z. B. in Koh 5,17 f. unmissverständlich zum Ausdruck gebracht, wenn es hier heißt: »Siehe, was ich als gut erachtet habe: daß es angenehm ist, zu essen und zu trinken und sich's wohl sein lassen bei all dem Mühen, das einer sich macht unter der Sonne in seinen befristeten Lebenstagen, die ihm Gott gegeben hat. Denn das ist sein Teil. [Auch jeder Mensch, dem Gott Reichtum und Vermögen gibt und ihm gestattet, davon zu essen und seinen Teil sich zu nehmen und bei seinem Mühen sich zu freuen – Gabe Gottes ist es.]«[21]

So wird deutlich, dass nicht nur die Begrenztheit des menschlichen Lebens, sondern auch die menschliche Fähigkeit, mit dieser Begrenztheit konstruktiv umzugehen, eine göttliche Gnadengabe darstellt. Mit dieser Einsicht unterscheidet sich das Buch Kohelet grundlegend vom Motiv des *Carpe diem* in Überlieferungen wie dem ägyptischen Harfnerlied, dem Lied der Schenkin

18 Zitiert nach Lauha, Kohelet, 163 f.

19 A. a. O., 204.

20 A. a. O., 153. S. a. Koh 7,13 f.

21 A. a. O., 106 f. S. a. Koh 2,24. Speziell zur Übersetzung und Bedeutung dieses Abschnittes s. den Aufsatz von Thomas Krüger, Qoh 2,24–26 und die Frage nach dem »Guten« im Qohelet-Buch, in: BN 72 (1994), 70–84 (= Thomas Krüger, Kritische Weisheit. Studien zur weisheitlichen Traditionskritik im Alten Testament, Zürich 1997, 131–149).

Siduri aus dem Gilgameschepos oder den unzähligen Belegen aus der griechischen und römischen Literatur,[22] in denen ebenfalls ausgehend von der Feststellung der Vergänglichkeit allen Seins zur Lebensfreude aufgerufen wird.[23] Wenn die inhaltlichen Berührungen auch frappant sein mögen, so ist doch mit allem Nachdruck auf das Spezifikum des israelitischen Denkens hinzuweisen: Neben den Aufruf zur Freude tritt die klare Aussage, dass diese letztendlich als Gabe Gottes zu werten ist. Die Lebensfreude als die praktische Antwort auf die Vergänglichkeit ist kein Produkt eigener Anstrengung und eigenen Wollens, sondern resultiert selbst wieder in der Zuwendung Gottes zu seinen Geschöpfen.[24] In der Freude des Herzens wird Gott zum »Deus revelatus«.[25]

Interessant ist nun, dass am Ende des Buches Kohelet nochmals eine andere Sicht auf die Dinge offenbar wird. Für unsere Zusammenhänge relevant sind die Abschlussworte des Buches, die einem Epilogisten zugeschrieben werden und in denen es heißt: »Zu guter letzt laßt uns die Summe hören: Fürchte Gott und halte seine Gebote, denn das gilt für jeden Menschen. Denn Gott bringt alles Tun vor das Gericht – wegen alles Verborgenen, ob es gut oder böse war« (Koh 12,13–14).[26]

Die Mehrzahl der Ausleger ist sich darüber einig, dass es sich um eine sekundäre Fortschreibung handelt, in der das Koheletbuch einer Relecture unterzogen wird.[27] Hier nun erscheint der praktische Aufruf zur Gottesfurcht in

---

22 Zum Motiv des Carpe diem in der griechischen bzw. römischen Literatur s. die ausführliche Anmerkung bei Beate Ego, »Seine Tage gehen dahin wie ein Schatten«. Zur Vergänglichkeitsmotivik in den Psalmen, in: Michaela Bauks / Kathrin Liess / Peter Riede (Hrsg.), Was ist der Mensch, dass du seiner gedenkst? (Psalm 8,5). Aspekte einer theologischen Anthropologie. Festschrift für Bernd Janowski zum 65. Geburtstag, Neukirchen 2008, 77–91, 80, Anm. 10.

23 S. hierzu u. a. Alexander Achilles Fischer, Tod und Jenseits im Alten Orient und im Alten Testament, Neukirchen-Vluyn 2005, 43–45.57.

24 Zu diesen Zusammenhängen vgl. u. a. Ludger Schwienhorst-Schönberger, »Nicht im Menschen gründet das Glück« (Koh 2,24). Kohelet im Spannungsfeld jüdischer Weisheit und hellenistischer Philosophie (HBS 2), Freiburg u. a. 1994, 80–87.146–149.274–279 (mit ausführlichen Hinweisen auf die Forschungsliteratur); Hartmut Gese, Die Krisis der Weisheit bei Koheleth, in: Ders., Vom Sinai zum Zion (BEvTH 64), München 1974, 168–179, 179; s. hierzu auch Thomas Krüger, Kohelet (Prediger) (BK 19 Sonderband), Neukirchen-Vluyn 2000, 148.193; Marböck, Kohelet und Sirach, 292.

25 Marböck, Kohelet und Sirach, 292.

26 Zitiert nach Lauha, Kohelet, 221.

27 Wie Thomas Krüger in seinem Kommentar gezeigt hat, kann diese Aussage unter-

Verbindung mit der Mahnung zum Halten der Gebote, so dass wir eine Hinwendung zur Torafrömmigkeit konstatieren können. Gerade mit der Aussage von einem Gericht scheint dieser Schluss ja anderen Passagen im Koheletbuch mit ihrer kritischen Infrage-Stellung des Tun-Ergehen-Zusammenhangs zu widersprechen.[28]

Für das Koheletbuch in seiner Endgestalt gilt, dass hier die Abgründigkeit intellektuell-kognitiver Verlorenheit neben dem Aufzeigen ganz fester und konkreter Handlungsstrukturen steht. Interessanterweise können wir auch im Ijobbuch eine ganz ähnliche Denkbewegung beobachten. Zwar verzichtet die Ijoberzählung angesichts der Infragestellung des Tun-Ergehens-Zusammenhangs auf das Erteilen von Ratschlägen und geht ganz andere Wege: Denn Ijob, der sich sündlos weiß und sich beständig weigert, seine Schuld zu bekennen, weil er fromm gewandelt ist, wünscht sich schließlich nichts anderes als den Tod herbei. Dabei hat er allerdings eine Bitte, ja sogar eine Forderung: Er will von Gott nicht verworfen sein, sondern fordert, dass seine Gerechtigkeit letztlich anerkannt wird, und zwar unabhängig von seiner physischen Existenz (Ijob 19,25–27). Wie Hartmut Gese eindrücklich gezeigt hat, ringt sich Ijob hier zu der Erkenntnis durch, dass es auch jenseits seiner physischen Existenz eine Erfahrung der Gottesnähe geben wird; ihr Grund aber liegt, dies zeigt der Gesamtduktus der Erzählung ganz deutlich, in dem Glauben an Ijobs und damit auch an Gottes Gerechtigkeit. Ijobs Einsicht geht somit über die seiner drei Freunde weit hinaus: Es gibt im Leben nicht nur die Gerechtigkeit eines Tun-Ergehen-Zusammenhangs, sondern auch die Situation der Ungerechtigkeit, in der Fromme leiden und Schläge hinnehmen, obwohl nichts Unrechtes getan wurde. Damit aber ist nicht das letzte Wort gesprochen, denn jenseits aller physischen Existenz ist ein persönliches Gottesverhältnis, das gleichzeitig die Unschuld Ijobs bestätigt, möglich.[29] Ein neuer Horizont eröffnet sich Ijob aber auch durch die Gottesreden

---

schiedlich interpretiert werden: Einerseits könnte man an eine »Relativierung« der Tora auf einen allgemeinmenschlichen Kern denken; andererseits könnten diese Worte aber auch »in der Absicht verfasst worden sein, die Reflexionen Kohelets von einem »›orthodoxen‹ Standpunkt aus zu kritisieren und zu neutralisieren« (76; zum Ganzen Krüger, Kohelet, 374–376). Nach L. Schwienhorst-Schönberger »greift […] der zweite Epilogist [an dieser Stelle, B. E.] ein Anliegen des Sirachbuches auf« (Ludger Schwienhorst-Schönberger, Kohelet [HThK.AT], Freiburg u. a. 2004, 551).

28 Zum Begriff der Gottesfurcht bei Kohelet s. die Hinweise bei Marböck, Kohelet und Sirach, 294, Anm. 83 (Lit.).

29 Vgl. zu diesem Abschnitt die eindrückliche Interpretation bei Hartmut Gese, Der Tod

Ijob 38–42, wenn nun Gottes allumfassende Schöpfermacht Ijob sein begrenztes Denken vor Augen hält.[30]

Wie bereits festgestellt: Konkrete Ratschläge, wie man sich angesichts eines unverständlichen Geschicks verhalten soll, finden sich in diesen Passagen des Ijobbuches nicht. Dies ändert sich nun allerdings, wenn wir einen Blick auf spätere Fortschreibungen wie Ijob 28 werfen. Hier wird zunächst ein gewisser Erkenntnisskeptizismus formuliert: Wenn der Mensch auch noch so großartige Leistungen vollbringt und mit dem Bergbau sogar in die Dunkelheit der Erde hineingelangte (Ijob 28,1–12), so ist ihm der Ort der Weisheit, die zunächst als ein kosmologisches Prinzip dargestellt wird (Ijob 28,25–28), aber doch verborgen; vielmehr ist es Gott allein, der seit Anfang der Schöpfung um ihren Weg weiß (Ijob 28,23–27). Was dem Menschen in einer solchen abgründigen Situation kognitiver Einschränkung bleibt, ist dagegen das Handeln in Gottesfurcht und ethischer Integrität. »Die Furcht des Herrn« – so endet das Kapitel – »das ist Weisheit, sich fernhalten vom Bösen – das ist Einsicht« (Ijob 28,28). Damit wird an dieser Stelle der dem Menschen unzugänglichen theoretischen kosmologischen Weisheit eine praktische Weisheit gegenübergestellt, die in der Gottesfurcht besteht. Um es schlicht auszudrücken: Der Mensch, auch wenn er nichts durchschaut, ist angehalten, Gott zu fürchten, indem er entsprechend den Regeln der Weisheit lebt.[31]

Ijob und Kohelet, so unterschiedlich sie auch zunächst auf die Krise der Weisheit reagieren – in ihren jeweiligen Fortschreibungen findet sich eine erstaunliche Konvergenz, die den Fokus auf die Gottesfurcht und – so explizit bei Kohelet – damit auf die Torafrömmigkeit legt.

Wenn wir nun einmal einen Blick auf die weitere Entwicklung der Spruchweisheit mit ihren Ratschlägen werfen wollen, so ist an erster Stelle die Weisheitsschrift Jesus Sirach zu nennen, die wohl am beginnenden 2. Jh. v. Chr. in Palästina entstand und zwei Generationen später ins Griechische übersetzt wurde.[32] Der Jerusalemer Weisheitslehrer wird nicht

---

im Alten Testament, in: Ders., Zur biblischen Theologie. Alttestamentliche Vorträge, Tübingen 1989, 31–54, hier: 44.

30 Zum Ganzen s. die verschiedenen Interpretationsansätze bei Manfred Oeming / Konrad Schmid, Hiobs Weg. Stationen von Menschen im Leid (BThSt 45), Neukirchen-Vluyn 2001, 45–119.

31 Ähnliche Beobachtungen ließen sich auch in den Elihu-Reden machen; vgl. hierzu Ijob 37,23.

32 Zu Einleitungsfragen s. Johannes Marböck, Jesus Sirach, in: E. Zenger, Einleitung in das Alte Testament, 7., durchges. und erw. Aufl. (Studienbücher Theologie 1,1), Stuttgart

müde, seinen Schülern in immer neuen Ratschlägen den Weg durch das Leben zu weisen. Das Spektrum der Themen, die hier angesprochen werden, gleicht durchaus jenem Repertoire, das wir bereits im Zusammenhang mit der älteren Spruchweisheit kennengelernt haben. Dabei muss man aber beachten, dass die »moderne Zeit« des Hellenismus an Jesus Sirach nicht spurlos vorübergegangen ist. In seinem großen Werk »Judentum und Hellenismus« sieht Martin Hengel in manchen Aussagen Sirachs einen Reflex auf die zunehmende Ökonomisierung der hellenistischen Zeit. So kann er Jesus Sirach als einen Warner vor der hektischen Suche nach Macht und Reichtum, die den Menschen in die Sünde hineinzieht, charakterisieren.[33] Auf das hellenistische Setting verweist darüber hinaus auch die Ermahnung für das rechte Benehmen beim Gastmahl, das durch Maßhalten und Zurückhaltung gekennzeichnet ist.[34] Interessant ist auch Sirachs Rat, bei einer Krankheit sowohl zu Gott zu beten, aber doch auch dem Arzt Zutritt zu gewähren. Denn auch dieser wurde mitsamt seiner Heilkunst von Gott erschaffen (Sir 38,12). Auch hier scheint ein Rekurs auf die hellenistische Kultur vorzuliegen, für die ein ausdifferenziertes medizinisches Wissen ein integraler Bestandteil war.[35]

Für unsere Zusammenhänge bemerkenswert ist die Tatsache, dass Jesus Sirach nicht nur als Ratgeber in verschiedenen Lebensbereichen wirkt, sondern dass das Thema »Ratschlag« nun auch relativ breit auf einer Metaebene

2008, 408–416, hier: 413; Georg Sauer, Jesus Sirach (JSHRZ III/5), Gütersloh 1981, 488; Oda Wischmeyer, Kultur des Buches Jesus Sirach (BZNW 77), Berlin 1995, 3–7. Die Belege aus dem Sirachbuch werden hier nach dem hebräischen Text und Zählung in der Ausgabe von G. Sauer (Georg Sauer, Jesus Sirach = Ben Sira [ATD Apokryphen 1], Göttingen 2000) vorgelegt; auf die griechische Überlieferung wird zurückgegriffen, wenn der hebräische Text nicht belegt ist, dabei erscheinen diese Passagen in Kursivschrift. Bei Abweichungen zwischen der Verszählung bei G. Sauer und der Lutherübersetzung wird auch diese Zählung angegeben; findet sich kein Hinweis auf die Lutherbibel, so haben G. Sauer und die Lutherübersetzung dieselbe Zählung. Für die hebräische Überlieferung vgl. die Edition von Pancratius C. Beentjes, The book of Ben Sira in Hebrew. A text edition of all extant Hebrew manuscripts and a synopsis of all parallel Hebrew Ben Sira texts (VT.S 68), Leiden 1997.

33 S. Martin Hengel, Judentum und Hellenismus. Studien zu ihrer Begegnung unter besonderer Berücksichtigung Palästinas bis zur Mitte des 2. Jh.s v. Chr., 2., durchges. und erg. Aufl. (WUNT 10), Tübingen 1973, 250f.

34 Zum Ganzen s. Oda Wischmeyer, Kultur des Buches Jesus Sirach (BZNW 77), Berlin 1995, 106f.; Hengel, Judentum, 270.

35 Wischmeyer, Kultur des Buches Jesus Sirach, 46f.

behandelt wird.[36] Denn – so macht der Weisheitslehrer seinen Adressaten deutlich – wenn es um Ratschläge geht, muss man Vorsicht walten lassen. Jeder Ratgeber weist zwar einen Weg, aber dabei gibt es eben auch Ratgeber, die nur auf ihren eigenen Vorteil aus sind (Sir 37,7 [Luther 37,8]). Die Beispiele, die Jesus Sirach darauf nennt, sind an Lebensnähe nicht zu überbieten. Bevor man sich an einen Ratgeber wendet, soll man sich überlegen, aus welcher Situation heraus dieser handelt. Völlig ungeeignet als Ratgeber sind nämlich Neider, es wäre auch unklug, sich mit einer Frau über ihre Rivalin oder mit einem Feigling über den Kampf zu beraten, und so geht es weiter: Nicht beraten soll man sich nämlich mit einem Geschäftsmann über den Verkauf, nicht mit einem Geizhals über den Erweis von Wohltaten oder – um noch ein Beispiel herauszugreifen – mit einem Faulen über die Arbeit. Wichtig ist vielmehr, sich an einen Gottesfürchtigen zu wenden, von dem man weiß, dass er die Gebote hält (Sir 37,7–12 [Luther 37,9–16]). So wird deutlich, dass die sittlich-religiöse Qualität des Ratgebers entscheidend ist.[37] Am Schluss dieses Abschnittes finden wir aber eine höchst bemerkenswerte Aussage, wenn es hier nun heißt: »Achte auf den Rat deines Nachdenkens (wörtlich: auf den Rat deines Herzens; hebr. לבב vgl. griech. καὶ βουλὴν καρδί ας στῆσον [Ergänzung B. E.]), wer ist verläßlicher für dich als es? Der Verstand eines Menschen läßt mehr sichtbar werden über sein Nachdenken als sieben Wächter auf Wache (erfahren können). Und bei all diesen Dingen bete zu Gott, daß er in Treue deine Schritte stärke« (Sir 37,13–15[38] [Luther 37,17–19]).

Damit finden wir an dieser Stelle eine religiöse Verinnerlichung und Individualisierung des Menschenbilds, wenn das eigene Herz[39] oder – modern ausgedrückt – das eigene Gewissen in Verbindung mit der göttlichen Weisung zum Maßstab des richtigen Handelns wird.[40]

Einzelne Abschnitte in Sirachs Werk zeigen deutlich, dass dieser Weisheitslehrer direkt auf Kohelet reflektiert. Typisch ist dabei, dass er verschie-

---

36 Zur Bedeutung des richtigen Rats s. a. Sir 9,14 [Luther 9,21]; Sir 32,18a [Luther 32,22]; Sir 40,25; Sir 44,3.

37 Zum Weisen als Ratgeber s. a. Sir 21,13: *Die Erkenntnis des Weisen wird anschwellen wie eine Flut, und sein Rat ist wie eine lebendige Quelle* (zitiert nach Sauer, Sirach, 163) [Luther Sir 21,16]; s. a. Sir 21,20; Sir 25,4 [Luther Sir 25,6].

38 Zitiert nach Sauer, Sirach, 255 f.

39 Der hebr. Begriff לב hat ein breites Bedeutungsspektrum und bezeichnet vor allem das kognitiv-noetische Zentrum des Menschen; s. hierzu u. a. Silvia Schroer / Thomas Staubli, Die Körpersymbolik der Bibel, Darmstadt 1998, 45-60.

40 Zum Ganzen s. Ruppert, Art. יעץ, 748.

dene Aussagen seines Vordenkers aufgreift, diese aber durch Kontextualisierung letztlich in einen anderen Verständnishorizont stellt: Hier sei unter zahlreichen Beispielen auf das Vergänglichkeitsmotiv verwiesen: Wie Kohelet kann Sirach auch zur Lebensfreude angesichts der vorbeieilenden Zeit aufrufen, dabei verbindet er das Motiv aber dezidiert mit einer Ethik der Nächstenliebe: »Gib dem Bruder und gib und verwöhne dich selbst, denn es ist nicht mehr möglich, in der Unterwelt Wonne zu suchen. Eine jede Tat, die schön ist, sie zu tun, die führe aus vor Gott« (Sir 14,16)[41].

All diese Ratschläge erfolgen auf der Basis eines theoretischen Konstrukts, das die Sinnhaftigkeit der gesamten Schöpfung mit ihren Ambivalenzen postuliert. Alle Dinge, die Gott geschaffen hat, auch die negativ erscheinenden, haben im Weltganzen ihren richtigen Platz und zeugen von der göttlichen Ordnung, die alles Seiende durchwaltet. So heißt es in Sir 39,25–34:

> »[*Gutes*] hat er von Anfang an [*für den G*]uten geschaffen, ja, für die Bösen aber Gutes und Böses. [*Das Wichtigste von allem Notwen*]digen für das Leben eines Menschen ist Wasser, Feuer, Eisen und Salz, [*das Mark des Weizens*], Milch und Honig, das Blut der Traube, Feinöl und Kleidung. All dies erweist sich als gut für die Guten, ja, aber für die Bösen wendet es sich zum Bösen. *Es gibt Stürme, die sind für das Gericht erschaffen, und durch ihr Schnauben versetzen sie Berge, zum Zeitpunkt der Vernichtung schütten sie ihre Stärke aus, und den Grimm dessen, der sie erschaffen hat, beruhigen sie.* Feuer, Hagel, Hunger und Pest, ja, diese sind für das Gericht erschaffen. Reißende Tiere, Skorpione und Ottern, das Schwert der Rache, um mit dem Bann zu belegen die Bösen, alle diese sind für ihren Zweck erschaffen worden, und sie liegen im Vorrat bereit, und sie warten auf die Zeit, zu der sie aufgeboten werden. Wenn er ihnen befiehlt, freuen sie sich, und wenn das Gebot sie trifft, sind sie nicht widerspenstig gegen sein Wort. Darum habe ich mich von Anfang an fest daran gehalten und habe es genau bedacht und nun in meinem Buche niedergelegt. Die Werke Gottes, sie alle sind gut, für alles, was nötig ist, hat er zu seiner Zeit Vorsorge getroffen. Niemand möge sagen: ›Dies ist schlechter als das‹, denn das alles hat zu seiner Zeit seine Bedeutung«[42] [Luther Sir 39,30–40].

---

41 Zitiert nach Sauer, Sirach, 126.

42 Zitiert nach Sauer, Sirach, 270ff. Zu diesem Text s. u. a. Hengel, Judentum und Hellenismus, 262; Marböck, Kohelet und Sirach, 286–288 (mit weiterführender Literatur). Marböck hat erwogen, dass Sirach tatsächlich hier auf Koh 3,11 anspielt. Zum Ganzen s. a. Sauer, Sirach, 272–274 und Patrick William Skehan / Alexander A. Di Lella, The wisdom of Ben Sira. A new translation with notes (AncB 39), New York 1987, 458–461.

Neben diesem Nachweis über die Zweckhaftigkeit der Schöpfung[43] zeigt Jesus Sirach auch das strukturelle Grundgesetz der Polarität in der Schöpfung:

»Das Schlechte steht dem Guten gegenüber und das Leben dem Tod. Der gute Mensch steht dem Frevler gegenüber und das Licht der Finsternis. Schau auf alle Werke Gottes: Sie alle sind paarweise eines entsprechend dem andern« (Sir 33,14–15[44] [Luther Sir 33,15–16]). So fügen sich »sowohl das physische wie auch das metaphysische Übel in die zweckvolle Harmonie des Schöpfungswerkes ein«.[45]

Bekanntermaßen wird nun bei Jesus Sirach die allgemeine Welt-Weisheit, die *Paideia*, explizit mit der Tora identifiziert. Wenn es in Sir 24,29 [Luther Sir 24,39] heißt, dass der Rat der Tora größer als die Urflut ist, so wird deutlich, dass die Tora letztlich der Ursprungsort und die Quelle allen Rates ist. Vor aller Zeit erschaffen, hat sie nach langem Suchen in Israel auf dem Zion ihren Platz gefunden; von dort strömt sie nun durch das Medium des Weisen in die gesamte Welt hinein (Sir 24,1–34 [Luther Sir 24,1–47]).[46] Mit diesen Ausführungen feiert Jesus Sirach »die universale Zugänglichkeit und Nähe der Weisheit Gottes und ihre Gegenwart in Israel als ständiges Angebot«[47].

Wenn Jesus Sirach auch mit einzelnen Aussprüchen an den Erkenntnisskeptizismus des Predigers anzuknüpfen scheint,[48] so zeigen seine Ausführungen in ihrer Gesamtheit, dass er diese Geisteshaltung überwunden hat. All das aber wird nur deshalb möglich, weil er selbst eine ganz besondere

---

43 S. a. Sir 40,1–17, wo die Not der menschlichen Existenz geschildert wird. Hier heißt es einerseits, dass diese Not für alle Menschen da ist, andererseits wurde sie gerade zur Strafe für die Frevler erschaffen. Außerdem werden Güte und Gerechtigkeit als ewige Werte vorgestellt; zum Ganzen s. Marböck, Kohelet und Sirach, 289.

44 Zitiert nach Sauer, Sirach, 232.

45 Hengel, Judentum und Hellenismus, 264. Zum Ganzen s. a. Sauer, Sirach, 232–234 und Skehan, Wisdom, 393–401.

46 Zu diesen Zusammenhängen ausführlicher Beate Ego, Der Strom der Tora – Zur Rezeption eines tempeltheologischen Motivs in frühjüdischer Zeit, in: Beate Ego / Armin Lange / Peter Pilhofer (Hrsg.) in Zusammenarbeit mit K. Ehlers, Gemeinde ohne Tempel – Community without Temple. Zur Substituierung und Transformation des Jerusalemer Tempels im Alten Testament, antiken Judentum und frühen Christentum (WUNT 118), Tübingen 1999, 205–214.

47 So Marböck, Kohelet und Sirach, 294.

48 S. hierzu Sir 43,25–30b [Luther 43,27–32]; Sir 18,5–8 [Luther 18,4–7]; Sir 1,2–6 sowie die Ausführungen von Marböck, Kohelet und Sirach, 294.

Rolle einnimmt. Der Weisheitslehrer ist nämlich nicht nur ein weitgereister, hochgebildeter Mann, der in den besten Kreisen verkehrt – seine ganze Existenz dient der Schriftauslegung und dem Gebet, und so heißt es über ihn schließlich:

> »Wenn der Herr, der große, es will, wird er mit dem Geist des Verstehens gefüllt werden. Er wird kundtun Aussprüche seiner Weisheit, und im Gebet wird er den Herrn preisen. Er versteht Rat und Einsicht, und über seine Geheimnisse denkt er nach. Er offenbart die Zucht seiner Lehre, und im Gesetz des Bundes des Herrn sieht er seinen Ruhm«[49] (Sir 39,6 ff. [Luther Sir 39,8 ff.]).

So ist es das Moment der Inspiration, das an dieser Stelle den früheren Erkenntnisskeptizismus konstruktiv aufgreift und über sich hinaus führt. Etwas pointiert lässt sich hier formulieren, dass der Schriftgelehrte der neue Prophet des hellenistischen Zeitalters ist.[50] Wenn die Worte des Weisen nur aufgrund der göttlichen Eingabe aus ihm »hervorquellen«, dann passt auf diese Gestalt eine Sentenz aus dem Tobitbuch, wonach Gott selbst letztlich allen guten Rat gibt (Tob 4,19–G II).

Mit dem Stichwort »Tobit« öffnet sich hier der Horizont auf weitere Werke der antik-jüdischen Literatur. Ein Blick in dieses Werk wie auch – um noch weitere Beispiele zu nennen – in das Jubiläenbuch oder einzelne Weisheitsschriften aus Qumran würde zeigen, dass sich die bei Jesus Sirach entwickelte Konzeption des Ratschlags in modifizierter Form auch in anderen Literaturwerken des frühen Judentums findet. Die Ordnung der Welt wird nun zu einer Art Urordnung, die durch überzeitliche, transzendente Größen wie Engelwesen oder himmlische Bücher[51] festgeschrieben werden kann, und die göttliche Inspiration oder Zuwendung ermöglicht es zumindest ausgewählten Menschen, Einsicht in die göttliche Ordnung zu haben und so rechten Rat geben zu können.[52] Weiteren Arbeiten kommt die Aufgabe zu, das Profil der Rat-

---

49 Zitiert nach Sauer, Sirach, 268.

50 Zu diesen Zusammenhängen vgl. die grundlegenden Ausführungen bei Martin Hengel, »Schriftauslegung« und »Schriftwerdung« in der Zeit des Zweiten Tempels, in: Martin Hengel / Hermut Löhr (Hrsg.), Schriftauslegung im antiken Judentum und im Urchristentum (WUNT 73), Tübingen 1994, 1–71; hier: 35–44.

51 Zum Motiv der himmlischen Tafeln im Jubiläenbuch s. u. a. Florentino García Martínez, The Heavenly Tablets in the Book of Jubilees, in: Matthias Albani / Jörg Frey / Armin Lange (Hrsg.), Studies in the Book of Jubilees (TSAJ 65), Tübingen 1997, 243–260 (mit Hinweisen auf die ältere Literatur).

52 Zu diesen Zusammenhängen s. die grundlegenden Ausführungen bei Armin Lange,

schläge in diesen verschiedenen Werken der antik-jüdischen Literatur näher zu bestimmen und historisch bzw. religions- und theologiegeschichtlich zu kontextualisieren. Die Krise der Weisheit bedeutet eben nicht das Ende der Weisheit, sondern lotet neue Dimensionen des Denkens aus und fordert neue Antworten.

Literaturverzeichnis

Beentjes, Pancratius C.: The book of Ben Sira in Hebrew. A text edition of all extant Hebrew manuscripts and a synopsis of all parallel Hebrew Ben Sira texts (VT.S 68), Leiden 1997

Crüsemann, Frank: Hiob und Kohelet. Ein Beitrag zum Verständnis des Hiobbuches in: Rainer Albertz (Hrsg.), Werden und Wirken des Alten Testaments. Festschrift für Claus Westermann zum 70. Geburtstag, Göttingen 1980, 373–393

Ego, Beate: Der Strom der Tora – Zur Rezeption eines tempeltheologischen Motivs in frühjüdischer Zeit, in: Beate Ego / Armin Lange / Peter Pilhofer (Hrsg.) in Zusammenarbeit mit K. Ehlers, Gemeinde ohne Tempel – Community without Temple. Zur Substituierung und Transformation des Jerusalemer Tempels im Alten Testament, antiken Judentum und frühen Christentum (WUNT 118), Tübingen 1999, 205–214

Ego, Beate: »Seine Tage gehen dahin wie ein Schatten«. Zur Vergänglichkeitsmotivik in den Psalmen, in: Michaela Bauks / Kathrin Liess / Peter Riede (Hrsg.), Was ist der Mensch, dass du seiner gedenkst? (Psalm 8,5). Aspekte einer theologischen Anthropologie. Festschrift für Bernd Janowski zum 65. Geburtstag, Neukirchen 2008, 77–91

Fischer, Alexander Achilles: Tod und Jenseits im Alten Orient und im Alten Testament, Neukirchen-Vluyn 2005

Freuling, Georg: »Wer eine Grube gräbt ...«. Der Tun-Ergehen-Zusammenhang und sein Wandel in der alttestamentlichen Weisheitsliteratur (WMANT 102), Neukirchen-Vluyn 2004

García Martínez, Florentino: The Heavenly Tablets in the Book of Jubilees, in: Matthias Albani / Jörg Frey / Armin Lange (Hrsg.), Studies in the Book of Jubilees (TSAJ 65), Tübingen 1997, 243–260

Gese, Hartmut: Der Tod im Alten Testament, in: Ders., Zur biblischen Theologie. Alttestamentliche Vorträge, Tübingen 1989, 31–54

Gese, Hartmut: Die Krisis der Weisheit bei Koheleth, in: Ders., Vom Sinai zum Zion (BEvTH 64), München 1974, 168–179

Weisheit und Prädestination. Weisheitliche Urordnung und Prädestination in den Textfunden von Qumran (StTDJ 18), Leiden 1995; 37–40.305. Zum frühjüdischen Weisheitsdenken s. a. die Monographie von Max Küchler, Frühjüdische Weisheitstraditionen. Zum Fortgang weisheitlichen Denkens im Bereich des frühjüdischen Jahweglaubens (OBO 26), Freiburg 1979.

Gese, Hartmut: Lehre und Wirklichkeit der alten Weisheit. Studien zu den Sprüchen Salomos und zu dem Buche Hiob, Tübingen 1958

Hengel, Martin: Judentum und Hellenismus. Studien zu ihrer Begegnung unter besonderer Berücksichtigung Palästinas bis zur Mitte des 2. Jh.s v. Chr., 2., durchges. und erg. Aufl. (WUNT 10), Tübingen 1973

Hengel, Martin: »Schriftauslegung« und »Schriftwerdung« in der Zeit des Zweiten Tempels, in: Martin Hengel / Hermut Löhr (Hrsg.), Schriftauslegung im antiken Judentum und im Urchristentum (WUNT 73), Tübingen 1994, 1–71

Krüger, Thomas: Kohelet (Prediger) (BK 19 Sonderband), Neukirchen-Vluyn 2000

Krüger, Thomas: Qoh 2,24–26 und die Frage nach dem »Guten« im Qohelet-Buch, in: BN 72 (1994), 70–84 (= Thomas Krüger, Kritische Weisheit. Studien zur weisheitlichen Traditionskritik im Alten Testament, Zürich 1997, 131–149)

Küchler, Max: Frühjüdische Weisheitstraditionen. Zum Fortgang weisheitlichen Denkens im Bereich des frühjüdischen Jahweglaubens (OBO 26), Freiburg 1979

Kushner, Harold S.: Wenn guten Menschen Böses widerfährt, 10. Aufl., Gütersloh 2010

Lange, Armin: Weisheit und Prädestination. Weisheitliche Urordnung und Prädestination in den Textfunden von Qumran (StTDJ 18), Leiden 1995

Lauha, Aarre: Kohelet (BK 19), Neukirchen-Vluyn 1978

Marböck, Johannes: Kohelet und Sirach. Eine vielschichtige Beziehung, in: Ludger Schwienhorst-Schönberger (Hrsg.), Das Buch Kohelet. Studien zur Struktur, Geschichte, Rezeption und Theologie (BZAW 254), Berlin 1997, 275–301

Marböck, Johannes: Jesus Sirach, in: E. Zenger, Einleitung in das Alte Testament, 7., durchges. und erw. Aufl. (Studienbücher Theologie 1,1), Stuttgart 2008, 408–416

Oeming, Manfred / Schmid, Konrad: Hiobs Weg. Stationen von Menschen im Leid (BThSt 45), Neukirchen-Vluyn 2001

Plöger, Otto: Sprüche Salomos = (Proverbia) (BK 17), Neukirchen-Vluyn 1984

Preuß, Horst Dietrich: Einführung in die alttestamentliche Weisheitsliteratur, Stuttgart 1987

Ruppert, Lothar: Art. יעץ ja^{c}āṣ, in: ThWAT 3 (1977), 718–751

von Rad, Gerhard: Weisheit in Israel, Neukirchen-Vluyn 1970

Sauer, Georg: Jesus Sirach = Ben Sira (ATD Apokryphen 1), Göttingen 2000

Sauer, Georg: Jesus Sirach (JSHRZ III/5), Gütersloh 1981

Schroer, Silvia / Staubli, Thomas: Die Körpersymbolik der Bibel, Darmstadt 1998.

Schwienhorst-Schönberger, Ludger: Kohelet. Übers. und ausgelegt von Ludger Schwienhorst-Schönberger (HThK.AT), Freiburg u. a. 2004

Schwienhorst-Schönberger, Ludger: »Nicht im Menschen gründet das Glück« (Koh 2,24). Kohelet im Spannungsfeld jüdischer Weisheit und hellenistischer Philosophie (HBS 2), Freiburg u. a. 1994

Skehan, Patrick William / Di Lella, Alexander A.: The wisdom of Ben Sira. A new translation with notes (AncB 39), New York 1987

von Rad, Gerhard: Weisheit in Israel, Neukirchen-Vluyn 1970

Wischmeyer, Oda: Kultur des Buches Jesus Sirach (BZNW 77), Berlin 1995

Der Jakobusbrief und die Grenzen des weisheitlichen Rates

Peter Wick

Zusammenfassung:
Der Jakobusbrief ist geprägt von einem unbedingten Willen zum Beraten. Der Verfasser »schreitet« gewissermaßen einen Weg des Ratens auf verschiedensten Ebenen ab. Der »jakobäische Beratungsweg« beginnt in den Krisen des Lebens, schreitet vom Trost zum weisheitlichen Rat, zur Möglichkeit des totalen Scheiterns, zur radikalen Umkehr, zum Hoffen auf Gottes nicht verfügbares Eingreifen, zur Hinwendung in Bescheidenheit zu Gott und dem Mitmenschen, zu neuem Trost und Rat. Es ist ein Weg der schrittweisen Beratung in der Bruchstückhaftigkeit des Lebens.

1 Lebensberatung – Weisheit – Lebenskunst

Der Jakobusbrief ist eine frühjüdische[1], weisheitlich geprägte Schrift, die unter dem Eindruck von Tod und Auferstehung Jesu Christi steht. Dieser Brief zeigt wie keine andere Schrift des Neuen Testaments den Entschluss, von Anfang bis zum Schluss beraten zu wollen. Er steht eindeutig in der Nähe zur jüdischen Weisheit. Hubert Frankemölle demonstrierte in seinem Kommentar die enge Verbindung des Jakobusbriefes mit der Weisheitsschrift des Jesus Sirach.[2] Andere haben darauf hingewiesen, dass es in ihm auch große Abweichungen von einer typischen Weisheitsschrift gibt und haben bestritten,

---

1 Christoph Burchard, Der Jakobusbrief (HNT 15/1), Tübingen 2000, 20: »Mir scheint insgesamt, dass Jak eine stark jüdisch grundierte, theozentrische […] Art von Theologie des Wortes vertritt«.

2 Vgl. Hubert Frankemölle, Der Brief des Jakobus Kap. 2–5 (ÖTK 17/2), Gütersloh/Würzburg 1994.

dass dieser Brief der Gattung Weisheit zuzuordnen ist.[3] Nicht nur die Weisheit, sondern auch Glaube und Thora haben eine hervorragende Stellung. Doch weisheitliche Elemente durchziehen den ganzen Brief. Der Jakobusbrief kann deshalb mehr als jede andere neutestamentliche Schrift als weisheitlich ausgerichtet bezeichnet werden: Lebensberatung, Weisheit und die Kunst, richtig zu leben, sind seine Themen. »Weisheit ist das, was Christen zu Glaube und Gesetz hinzu brauchen, um in der teils ablehnenden, teils lockenden Welt zu beurteilen, was für einen selbst und gegebenenfalls die Gemeinde das jeweils konkret Geforderte ist, vielleicht besonders da, wo Glaube und Gesetz Spielraum lassen oder die Situation zweifelhaft ist [...]. Weisheit ist dann für Jak so etwas wie christliche Lebensklugheit oder -kunst. Dass sie auch Tatkraft gibt, muss man nicht ausschließen.«[4]

2 Weise Ordnung und Bruchstückhaftigkeit der Erkenntnis

Das Weltinterpretationsmodell der jüdischen Weisheit setzt voraus, dass Gott die ganze Welt in und mit seinen Ordnungen erschaffen hat. Diese Ordnungen geben der ganzen Wirklichkeit ihre Grundstruktur. Auch das Le-

---

3 Schon seit längerer Zeit beachtet die Jakobusforschung, dass sich Jakobus weisheitlichen Traditionen verpflichtet weiß [z. B. Rudolf Hoppe, Der theologische Hintergrund des Jakobusbriefes (FzB 28), Würzburg 1977; Ulrich Luck, Die Theologie des Jakobusbriefes, in: ZThK 81 (1984), 1–30; Walther Bindemann, Weisheit versus Weisheit. Der Jakobusbrief als innerkirchlicher Diskurs, in: ZNW 86 (1995), 189–217], obwohl dies auch immer wieder bestritten wird. Zur Diskussion siehe Matthias Konradt, Christliche Existenz nach dem Jakobusbrief. Eine Studie zu seiner soteriologischen und ethischen Konzeption (StUNT 22), Göttingen 1998. Er selbst sieht in den weisheitlichen Elementen nur eine von mehreren rezipierten Traditionen und bestreitet deshalb die Möglichkeit Jak als Weisheitsschrift zu charakterisieren. Die Weisheit sei ganz in die Thorazentrik eingeordnet. Vgl. a. a. O., 261–265. Hermann von Lips meint in seiner ausführlichen Untersuchung, dass man Jak trotz vieler weisheitlicher Traditionen und obwohl es die neutestamentliche Schrift ist, die am stärksten in alttestamentlich-jüdischer Weisheitstradition steht, wegen den vielen Differenzen zu dieser nicht als »Weisheitsschrift« bezeichnen kann. Vgl. Weisheitliche Traditionen im Neuen Testament (WMANT 64), Neukirchen-Vluyn 1990, 434. Offensichtlich entscheidet sich die Definition des Jak als Weisheitsschrift auch an der jeweils verwendeten Definition von Weisheit. Zur Diskussion siehe auch Burchard, Jakobusbrief, 155–158.

4 Burchard, Jakobusbrief, 157.

ben hat Gott nach seinen Ordnungen geschaffen und hat Ordnungen gestiftet, damit der Mensch sein Leben gelingend leben kann. Schöpfung und Ethik, »Sein« und »Tun« gehören zusammen und greifen unauflöslich ineinander. Deshalb sinnt der Weise über alle diese Ordnungen nach und richtet sein Leben danach aus. »Für die Weisen ist die Welt ein geordnetes Ganzes, und es ist ihr Beruf, die zahllosen Ordnungen in der Welt aufzudecken und zu lehren und so ein heiles Leben möglich zu machen«[5]. Die Menschen sollen diese Ordnungen in der Realität suchen und erkennen. Das gute Gestaltungsprinzip für den sozialen Mikrokosmos des Menschen ist dasselbe wie dasjenige, das Gott dem Makrokosmos der Welt zugrunde gelegt hat. Aus den Ordnungen der Natur gewinnt der Mensch seine technischen Fähigkeiten. Aus diesen wie jenen kann er durch den vom Schöpfer garantierten Zusammenhang der ganzen Schöpfungswirklichkeit auch Handlungsweisungen ablesen. Der weise Verfasser des Jakobusbriefes kann vom Zaum im Maul des Pferds, mit dem dieses gelenkt werden kann, vom im Vergleich zum Schiff winzigen Steuerruder, das doch jenes lenken kann, und vom kleinen Feuer, welches einen ganzen Wald anzünden kann, ablesen, welche Macht der kleinen Zunge über den ganzen Menschen und die Welt zukommt (Jak 3,3–6). Ein aus der Realität entnommenes Gleichnis oder Beispiel ist so nicht nur ein Bild für etwas ganz anderes, sondern als Teil der Realität enthält es auch Aussagen zu einem ganz anderen Teil derselben Realität, weil sich hier wie dort je ein Teil derselben Schöpfungsordnung zeigt.

Solche Ordnungen zeigen und bewahrheiten sich oft über Generationen. Die in Sprichwörtern gesammelte Erfahrungsweisheit ist Weisheit, weil sich in den Wechselfällen des Lebens über lange Zeit die Ordnungen des Schöpfers selbst manifestieren. Die Weisen lernen und überliefern diese Ordnungen nicht nur, sondern erweitern sie, indem sie ihre Erkenntnisse in diese Ordnungen einfügen und ihr Leben so gestalten, dass nicht nur die Erkenntnisse der »Alten« ihrer Lebenspraxis zugutekommen, sondern dass ihre Lebenspraxis und die daraus resultierende Erfahrung wiederum in die Weisheit und die weitere Überlieferung einfließt. Weisheit ist eine »umfassende Wahrnehmung einer von Jahwe durchwirkten Welt, eine Wahrnehmung, die sich

5 Hans-Jürgen Hermisson, Prophetie und Weisheit, in: David J. A. Clines / Hermann Lichtenberger / Hans-Peter Müller (Hrsg.), Weisheit in Israel. Beiträge des Symposiums »Das Alte Testament und die Kultur der Moderne« anlässlich des 100. Geburtstags Gerhard von Rads (1900–1971). Heidelberg, 18.-21. Oktober 2001 (ATM 12), Münster u. a. 2003, 111–128.

bemerkenswert variabel erweist, wo sie sich ihrer Grenzen stets bewusst ist und diese immer neu reflektiert«.[6]

Ordnungen werden erkannt, wenn dieselben Ursachen immer wieder dieselben Wirkungen haben. Dies gilt nicht nur für Naturbeobachtungen, sondern auch für die Betrachtung des menschlichen Zusammenlebens. Deshalb spielt für die Weisheit der *Tun-Ergehen-Zusammenhang* eine wichtige Rolle. »Das Grunddogma weisheitlicher Daseinsinterpretation besagt, dass es zwischen dem Tun des Menschen und seinem Ergehen einen Zusammenhang gibt.«[7] »Arm macht die schlaffe Hand; aber die Hand der Fleißigen macht reich« (Spr 10,4). Doch solche Erfahrungsweisheiten gelten nicht nur aufgrund der Erfahrung, sondern auch, weil Gott solche Ordnungen durch seinen Segen garantiert: »Segnungen sind für das Haupt des Gerechten [...]« (Spr 10,6). Gerade die Sprüche (Proverbien) legen es nahe, »den Tun-Ergehen-Zusammenhang als sich je und je bestätigende Erfahrung zu verstehen, die die Weisheit der Wirklichkeit abtrotzt und der Lebensorientierung fruchtbar macht«.[8]

Der Tun-Ergehen-Zusammenhang spielt auch im Jakobusbrief eine Rolle. Er wird unter anderem in der Seligpreisung von 1,12 greifbar:

> »Der Mann, der die Anfechtung erduldet, wird den Siegeskranz des Lebens empfangen.«

Umgekehrt wird über die Reichen das Elend hereinbrechen, weil sie den Arbeitern ihren Lohn vorenthalten haben (vgl. Jak 5,1.4).

Allerdings ist dieser Zusammenhang in Jak nur ein Prinzip unter vielen. So könnte an manchen Stellen auch von einem Ergehen-Tun-Zusammenhang nach folgender Formel gesprochen werden: »Wem es so oder so ergeht, der soll Folgendes tun.«

> »Wenn ihr in mancherlei Versuchungen fallt [...]« (1,2). »Leidet jemand unter euch, der bete« (5,13).

---

6 Georg Freuling, »Wer eine Grube gräbt ...«. Der Tun-Ergehen-Zusammenhang und sein Wandel in der alttestamentlichen Weisheitsliteratur, Neukirchen-Vluyn 2004, 280, gegen ältere Positionen.

7 Karl Löning, Die Konfrontation des Menschen mit der Weisheit Gottes. Elemente einer sapientialen Soteriologie, in: Karl Löning (Hrsg.), Rettendes Wissen. Studien zum Fortgang weisheitlichen Denkens im Frühjudentum und im frühen Christentum (AOAT 300), Münster 2002, 1–41, bes. 5f.

8 Freuling, Tun-Ergehen-Zusammenhang, 279.

Der Lohn für das richtige Tun wird nicht immer genannt, obwohl er im ganzen Brief hintergründig präsent ist, da die Weisheit des Jakobus eschatologisch eingebettet ist. Durch die Wiederkunft Christi am Ende der Zeit (Jak 5,8) wird der Tun-Ergehen-Zusammenhang garantiert.

Weisheit, Rat und Lebenskunst haben etwas Bruchstückhaftes. Alles hängt vom Erkennen größerer Zusammenhänge ab. Den ganzen Zusammenhang kennt aber nur Gott. Alle Ordnungen gehen auf Gott zurück. Doch dem Menschen erschließen sich immer nur Teile dieser Ordnungen, nie deren letzte Systematik. Dies gilt für den Jakobusbrief und dies gilt für die frühjüdische Weisheit: Bruchstückhaftigkeit der Weisheit, Bruchstückhaftigkeit des Lebens und Bruchstückhaftigkeit des Rates bedingen sich gegenseitig. Die Weisheit verbirgt ihre Begrenzungen nicht.

3 Krise und Mangelerfahrung als Vorbedingung für das Beraten

Der Jakobusbrief bietet ein eigenwilliges Stück Weisheit. Ob er damit aus dem Rahmen der frühjüdischen Weisheit fällt oder gerade dazu gehört, weil jede Weisheitsschrift ihre Sonderheiten aufweist, sei dahingestellt. Jedenfalls beginnt er wie Kohelet in der Krise, allerdings nicht in der existentiellen Krise der Sinnlosigkeit, sondern in der unmittelbaren Bedrohung durch die Versuchungen. Nicht der unerschütterlich Glaubende, sondern der Glaubende, dessen Glauben gefährdet ist, braucht den Rat. In der abgründigen Krise, die den Glaubenden als solchen gefährdet, wird der Rat notwendig. Der erste Rat aber ist bezeichnenderweise ein Trost.

> »Für ungetrübte Freude haltet es, meine Brüder, sooft ihr in vielerlei Versuchungen fallt, indem ihr erkennt, dass die Bewährung eures Glaubens hoffnungsvolle Geduld bewirkt, die hoffnungsvolle Geduld aber soll ein vollkommenes Werk erhalten, damit ihr vollkommen und ganz seid, indem euch an nichts mangelt.« (Jak 1, 2–4)

Wer in Versuchungen fällt, soll sich freuen, denn diese sind Zeichen davon, dass er nicht nur auf dem richtigen Weg ist, sondern auf diesem Weg auch fortschreitet. Der Glaube der Adressaten für sich selbst bleibt unerwähnt. Er wird im ganzen Brief vorausgesetzt und nicht verkündigt. Die Bewährung des Glaubens interessiert den Verfasser. Er tröstet die Adressaten in Versuchungen, weil bei ihnen damit die Bewährung des Glaubens angefangen hat. Damit ist ein Thema angerissen, welches den ganzen Brief durchzieht: Der

Glauben allein genügt nicht zum Leben, sondern der Glauben will sich im Leben bewähren. Das Glaubensleben will als solches richtig gestaltet und gelebt werden. Davon ist der Verfasser unbedingt überzeugt und deshalb ist er so entschieden, die richtigen Ratschläge zu geben.

Nicht der Glauben, sondern die Versuchungen zeigen an, dass der Glaubensweg der Glaubenden bereits begonnen hat, dass die Glaubenden aus dem Glauben leben und dass lebenspraktischer Rat notwendig ist. Die Krise ist Zeichen des Lebendigseins und Aufforderung dazu, dieses angemessen zu gestalten. Lebenspraxis ist Glaubensentfaltung. Diese kann mehr oder weniger gelingen und sogar misslingen. Der Jakobusbrief gibt nun Weisungen für diesen Weg, der in der Vollkommenheit münden soll. Vollkommenheit wird aber nicht als Perfektion, sondern als Freiheit von jeglichem Mangel verstanden.

So rät der weisheitliche Schriftgelehrte, der diesen Brief geschrieben hat, zuerst zum richtigen Umgang mit dem gravierendsten Mangel, dem Mangel an Weisheit:

> »Wenn aber einem von euch an Weisheit mangelt, soll er zum allen aufrichtig und ohne zu tadeln gebenden Gott beten und ihm wird gegeben werden. Er bete aber mit Glauben, ohne zu zweifeln. Denn der Zweifler ist wie eine Meereswelle, die vom Wind bewegt und hin und her getrieben wird.« (Jak 1,5 f.)

Der Autor hat sich als Ratgeber zum Ziel gesetzt, dem Mangel abzuhelfen. In diesem Brief scheinen Krisen und Mangelerfahrungen die Voraussetzung für jeglichen Rat zu sein. Für den Verfasser macht es einen entscheidenden Unterschied, ob die Lebensgestaltung der Glaubenden gelingt oder nicht. Deshalb berät er mit der entsprechenden Überzeugung.

4 Einzelrat und sozialer Horizont

Im Folgenden rät er den Armen und den Reichen zum richtigen Verhalten:

> »Es rühme sich aber der niedrige Bruder in seiner Höhe, der reiche [Bruder] aber in seiner Niedrigkeit, denn wie eine Blume des Grases wird er vergehen. Denn die Sonne ging auf mit der Hitze und verdorrte das Gras und seine Blume fiel ab und die Schönheit ihres Angesichts ging verloren. So wird auch der Reiche in seinen Unternehmungen dahinschwinden.« (1,9 ff.)

Jakobus warnt mit dieser Perikope die Reichen. Sie sollen sich demütigen, sonst sind sie besonders gefährdet. Reichtum bietet viele Möglichkeiten zum

Planen und Handeln. Doch Reichtum, unternehmerische Projekte und Handlungsspielraum sind ganz besonders der Vergänglichkeit unterworfen. Der Verfasser spielt mit diesem Text wörtlich auf Jes 40,7 an. Dort geht es um das Wort Gottes als Hauptthema. Jakobus nennt dieses Thema hier nicht. Doch nach den zeitgenössischen Gepflogenheiten des Zitierens ist mit dem Zitat auch dessen Zusammenhang gemeint. Jakobus setzt die Kenntnisse von Jesaja 40 bei seinen Lesern und Zuhörern voraus. Diese müssen wissen, was der Vergänglichkeit allen Fleisches und hier des Reichtums gegenübersteht: Das Wort Gottes. Denn unmittelbar nach dem hier zitierten V. 7 steht in Jes 40,8: »Das Wort unseres Gottes aber bleibt in Ewigkeit.« Jakobus mutet seinen Adressaten zu, dass sie die Pointe des Zitats selbst ergänzen können.[9] Aller Reichtum und alles menschliche Vermögen sind vergänglich. Wer Unvergänglichkeit erlangen will, muss sich ganz an das Wort Gottes halten.

Die Argumentation ist bemerkenswert: Den Armen und den Reichen wird geraten, das Richtige zu tun. Doch für den Reichen gibt es im expliziten Rat keinen Ausweg aus der Falle, in die er durch seinen Reichtum geraten ist. Der weisheitliche Rat kommt zum ersten Mal an seine Grenze und weist über sich selbst hinaus auf die Schrift. Dem Reichen kann nur die Selbsterniedrigung geraten werden. Alles Weitere muss er in der Schrift suchen. Nur der Reiche, der sich demütigt, wird das tun.

Der Verfasser zieht hier den begrenzten Rat, den »nächsten Schritt«, einem kompletten Lösungsentwurf für den ganzen Weg vor. Die Reichen werden nie nur für ihr individuelles Wohl beraten, sondern dies geschieht immer nur in sozialem Horizont. Ohne ihre Verantwortung für die Armen gibt es für sie auch kein individuelles Heil.

5 Sündenmacht und Grenzen des weisheitlichen Rates

Nun folgen Warnungen und Ratschläge. Besonders das richtige Verhältnis von Hören und Reden und Glauben und Handeln wird entfaltet, in Einzelanweisungen hinein konkretisiert und an wenigen Beispielen erläutert:

> »Ihr sollt wissen, meine geliebten Brüder: Jeder Mensch sei aber schnell zum Hören, langsam zum Reden, langsam zum Zorn! Denn eines Mannes Zorn wirkt nicht Gottes Gerechtigkeit.« (Jak 1,19 f.)

---

[9] Vgl. 1 Petr 1,24 f., wo Jes 40,6–8 vollständiger mit der Pointe zitiert wird.

»Seid aber Täter des Wortes und nicht allein Hörer, die sich selbst betrügen.« (1,22)
»Ein reiner und unbefleckter Gottesdienst vor Gott und dem Vater ist dieser: Waisen und Witwen in ihrer Bedrängnis zu besuchen, sich selbst von der Welt unbefleckt zu erhalten.« (1,27)
»Meine Brüder, habt den Glauben an Jesus Christus, unseren Herrn der Herrlichkeit nicht mit Parteilichkeiten.« (2,1)
»Wenn ihr jedoch das königliche Gesetz gemäß der Schrift erfüllt: ›Du sollst deinen Nächsten lieben wie dich selbst‹, [so] handelt ihr gut.« (2,8)
»Was nützt es, meine Brüder, wenn einer sagt, er habe Glaube, Werke aber hat er nicht? Kann etwa der Glaube ihn retten?« (2,14)

Auch das dritte Kapitel fängt so an:

»Werdet nicht viele Lehrer, meine Brüder, weil ihr wisst, dass wir ein schwereres Gerichtsurteil empfangen werden, denn wir alle fallen oft. Wenn einer mit dem Wort nicht fällt, ist dieser ein vollkommener Mann, der fähig ist, den ganzen Leib im Zaum zu halten.« (3,1 f.)

Was hier als weisheitlicher Rat beginnt, wird im Folgenden immer skeptischer. Alles würde sich durch die Beherrschung der eigenen Zunge lenken lassen, doch die Erfahrung zeigt, dass Worte das Böse in der Welt verursachen und dass kein Mensch fähig ist, seine Zunge zu beherrschen.

Der Mensch scheitert an einem seiner kleinsten Glieder. Weil er die Zunge nicht beherrscht, beherrscht er sich selbst nicht. Der Erdenbeherrscher kann sich selbst nicht beherrschen. Makro- und Mikroordnung entsprechen sich nicht. Ein Riss geht durch die erfahrbaren Ordnungen. Die für die zeitgenössische Tugendethik so erstrebenswerte Selbstbeherrschung (*egkrateia*) ist für den Menschen wegen seiner Zunge unerreichbar. Der Mensch übt den Herrschaftsauftrag gegenüber der ganzen Schöpfung aus. Doch über seine Zunge herrscht er nicht und damit auch nicht über sich selbst.

Die Zunge ist wie der Wind und die Wellen, die den Zweifler hin und her werfen, unruhig und unstet, immer in Bewegung und zwar zum Bösen hin (vgl. 1,6–8). Sie ist ein todbringendes Gift.

»Mit ihr loben wir den Herrn und Vater und mit ihr verfluchen wir die Menschen, die in Gleichheit Gottes gemacht sind. Aus demselben Mund kommt Segen und Fluch. Das darf nicht so sein, meine Brüder, dass dieses so geschieht. Lässt wohl die Quelle aus demselben Loch das Süße und das Bittere sprudeln? Kann etwa, meine Brüder, ein Feigenbaum Oliven hervorbringen oder ein Weinstock Feigen, und salziges Wasser süßes hervorbringen?« (3,9 ff.)

Um diese Aussage zu unterstreichen, greift der Verfasser zu mehreren Bildern: Die Ordnungen in der Schöpfung lehren, dass es eigentlich unmöglich ist, dass Segen und Fluch aus ein und demselben Mund kommen. Dennoch ist genau dies für alle erfahrbar. Ein Riss geht durch die Ordnungen: Was so offensichtlich ist, kann eigentlich von Gott her nicht sein; denn eine Süßwasserquelle bringt kein Salzwasser hervor. Ein Feigenbaum trägt keine Oliven und ein Weinstock keine Feigen.

Es ist in der Schöpfung nicht möglich, dass solche Gegensätze und Widersprüche aus demselben hervorgehen. Ein fluchender Mund ist nur zum Schlechten fähig, auch wenn er lobt. Damit mündet aber die ganze Argumentation in der Hoffnungslosigkeit und Unmöglichkeit für den Menschen, sich zum Guten zu ändern. Kein Mensch kann seine Zunge kontrollieren, deshalb kann auch kein Mensch sich selbst beherrschen. Es ist nicht möglich, dass Gutes und Schlechtes aus dem Mund des Menschen kommt. Das Schlechte pervertiert auch das Gute, was der Mensch sagt, zum Schlechten. Das Lob des Menschen, der seinen Mitmenschen flucht, ist Gott nicht angenehm. Alle Menschen sind deshalb nicht geeignet, Lehrer zu werden, da alle wegen ihres Redens schon zum Schlechten pervertiert sind.

Die doppelte Frage danach, ob aus Salzwasser Süßwasser werden kann, muss zwar verneint werden, aber der Schriftgelehrte wiederum weiß, dass so eine Wandlung doch möglich ist, wenn Gott ein Wunder tut. In Ex 15,23 kommt Mose mit dem durstigen Volk in der Wüste nach Mara, wo es nur bitteres Wasser gibt. Nachdem Mose auf Gottes Geheiß ein Holz in das Wasser geworfen hat, wird es süß (Ex 15,25). »Bitter werden« und »süß werden« sind hier bei Jakobus wörtliche Anspielungen auf Ex 15,23.25. Die Argumentation mündet in folgender Aussage: Es ist nur möglich, dass ein Mensch Lehrer wird, wenn Gott ein biblisches Wunder tut. Der Verfasser hat das nicht ausformuliert, sondern die mögliche Wendung ins Positive den Lesern und deren Schriftkenntnissen überlassen. Wer diese nicht hat, der ist sowieso untauglich zum Lehrer.

Der weisheitliche Rat ist an seine Grenzen gekommen. Dass Gott mit Wundern in erfahrbare Gesetzmäßigkeiten eingreift und diese gewissermaßen aushebelt, sprengt weisheitliches Ordnungsdenken. Weisheit ist auf Regeln ausgerichtet, nicht auf deren Aufhebung durch Wunder. Hinsichtlich des Redens kann die Weisheit in der erfahrbaren Welt jedoch nur negative Regeln feststellen. Der Tun-Ergehen-Zusammenhang führt hier in eine ausweglose Lage. Der Mensch kann nichts mehr tun. Die Sünde erweist sich als übermächtig. Sie verhindert das Gute. Gott allein muss handeln, damit der Mensch wieder zum Handeln befähigt ist.

Der Verfasser rechnet mit einer Macht der Sünde in jedem Menschen, der durch keinen Rat beizukommen ist. Im Folgenden sprengt die Größe dieser Macht jeglichen weisheitlichen Rat. Während es für die frühjüdische Weisheit selbstverständlich ist, dass jede Weisheit von Gott ist, kennt Jakobus nicht nur die Weisheit, die von oben herabkommt, sondern auch eine zweite Weisheit, die irdisch, seelisch und dämonisch ist (3,15). Der weise Rat, sich von der Torheit abzuwenden und sich zur Weisheit hinzuwenden, »funktioniert« nicht mehr. Denn es gibt – und zwar nur hier in diesem Brief – auch eine pervertierte Weisheit.[10] Der Verfasser rechnet mit einer Macht der Sünde, der der Mensch ausgeliefert ist und die sogar die beste göttliche Gabe pervertieren kann. Im Neuen Testament rechnet nur noch Paulus mit einer solchen Sündenmacht, die sogar das gute Gebot missbrauchen kann.[11]

An einer solchen Sündenmacht muss der weisheitliche Rat zum richtigen Handeln scheitern. Der Mensch kann nichts mehr tun. Er kann nur auf ein Eingreifen Gottes und auf dessen Bewahrung vor solch einem Abrutschen hoffen.

Doch was passiert, wenn der Mensch schon im Griff der Sündenmacht ist? Paulus wird eine vergleichbare Vorstellung von der Perversion der Sünde mit einer Lehre von einem umso mächtigeren Glauben bearbeiten und lösen. In diesem Brief geschieht dies nicht so, sondern viel traditionell jüdischer. Der Brief wechselt vom weisheitlichen Rat zur Umkehrpredigt.

---

10 Neben Deutungen, die hier eine Polemik gegen hellenistische Weisheitssysteme sehen, wird in der Regel in der Auslegung des Jak die Auffassung vertreten, dass die negative Weisheit nicht wörtlich zu verstehen ist, sondern in »Gänsefüßchen« gesetzt werden muss, so Burchard, Jakobusbrief, 159. Doch die parallele Gegenüberstellung von guter und schlechter Weisheit legt nahe, auch die zweite Weisheit als solche ernst zu nehmen. Gerade auch ihre Beschreibung als dämonisch zeigt, dass es sich um einen pervertierten Missbrauch von Weisheit handelt. Die »Gänsefüßchendeutung« im Sinne von »ihr habt gar nicht begriffen, was Weisheit ist« verharmlost den Ausdruck und die Sache, so Wiard Popkes, Der Brief des Jakobus (ThHK 14), Leipzig 2001, 248 f.

11 Tatsächlich ist eine dualistische Tradition von Weisheit kaum nachweisbar. Es wird sich hier um eine Formulierung des Jak handeln. Konradt interpretiert die »Weisheit von unten« im Gegensatz zu der »von oben« ebenfalls nicht wörtlich. Doch es will nicht einleuchten, dass Jak mit der »Weisheit von unten« keine Weisheit meint – gegen Konradt, Existenz, 257 f. Die Interpretation dieser Weisheit als Perversion der göttlichen Weisheit kann man mit diesem Begriff ungezwungen umgehen, gesteht dem Verfasser aber eine dramatische, mit der des Paulus vergleichbare Harmatologie zu.

> »Daher unterwerft euch nun Gott! Widersteht dem Teufel und er wird vor euch fliehen! Nähert euch Gott und er wird sich euch nähern! Reinigt die Hände, Sünder, und heiligt eure Herzen, Zwiespältige! Jammert, klagt und weint! Euer Lachen verkehre sich in Klagen und die Freude in Trauer! Demütigt euch vor dem Herrn und er wird euch erhöhen.« (Jak 4,7–10)

Das Sündenverständnis ist somit ähnlich radikal wie bei Paulus. Die Konsequenzen daraus aber sind viel konservativer: Umkehr ist die richtige und einzige Antwort auf diese menschliche Konstitution: Umkehr als »real vollzogene Umkehr als faktische Abkehr vom bisherigen Tun«.[12]

Der Macht der Sünde, das Gute zu verhindern und für das Schlechte zu missbrauchen, ist mit keinem Rat beizukommen. Und dennoch kann geraten werden: Zur Hoffnung auf Gott und zur Umkehr zu ihm. Dieser Rat ist außerhalb jeglichen Tun-Ergehen-Zusammenhangs: Gott muss kein Wunder tun und muss auf die Umkehr nicht auf eine bestimmte Weise reagieren. Doch zuletzt wird Gott gnädig auf Umkehr reagieren. Davon ist der Verfasser überzeugt.

6 Die Mahnung zur Bescheidenheit als Voraussetzung für die Erneuerung von Trost und Rat

Nach dieser Buße ist der weisheitliche Rat als Konsequenz wieder möglich. Absolute Bescheidenheit gegenüber dem Bruder ist die erste Konsequenz: Er darf nicht verleumdet noch verurteilt werden (4,11f.).

Absolute Bescheidenheit gegenüber Gott und dem Leben ist eine weitere Konsequenz, vor allem für die Reichen, die nicht vergessen sollen, dass sie nicht über ihr Leben, das einem Dampf gleicht, verfügen können. Nochmals werden die Reichen gewarnt und zur Buße über ihr Fehlverhalten gegenüber den sozial Schwächeren aufgefordert:

> »Und nun ihr Reichen, weint schreiend über das Elend, das über euch kommen wird!« (5,1)

---

[12] Jürgen Ebach, Umkehr. schuv, tschuva, metanoia, in Kerstin Schiffner / Klaus Wengst / Werner Zager (Hrsg.), Fragmentarisches Wörterbuch. Beiträge zur biblischen Exegese und christlichen Theologie. H. Balz zum 70. Geburtstag, Stuttgart 2007, 393–402 und besonders 401.

Umkehr und Buße müssen zur Bescheidenheit gegenüber Gott und den Mitmenschen führen. Sonst gibt es keine Hoffnung, besonders für die Reichen nicht. Wer sich in der Sündenmacht verstrickt hat, soll umkehren. Doch dies hat nichts mit einer Lebenshaltung der Zerknirschung und fortwährenden Buße zu tun. Umkehr scheint für Jakobus doch ein punktuelles Handeln zu bleiben, aus dem eine adäquate Haltung erwachsen soll: Bescheidenheit. Wer umkehrt und von Gott gnädig wieder aufgenommen worden ist, soll sein Leben in Bescheidenheit führen.

Doch nach den Umkehrrufen im Text und der Aufforderung zur Bescheidenheit auch in sozialer Hinsicht, ist Rat und auch Trost für das Leben wieder möglich.

> »Seid geduldig« (5,7). »Schwört nicht« (5,12).
> »Leidet jemand unter euch, so bete er! [...] Und das Gebet des Glaubens rettet den Kranken« (5,13.15).

7 Der jakobäische Weg des Ratens

Im Rückblick kann zusammengefasst werden: Der Jakobusbrief ist geprägt von einem unbedingten Willen zum Beraten.[13] Die Versuchungen sind Anstoß, um im Glaubensleben vorwärts zu kommen. Trost bildet den Auftakt zum weisheitlichen Rat. Das Leben aus dem Glauben wird mit weisheitlichem Rat begleitet und soll nach diesem gestaltet werden. Der weisheitliche Rat setzt voraus, dass der Mensch das, was ihm geraten wird, auch umsetzen kann und dass dieses Handeln das Leben besser macht. Doch gerade im Entscheidenden kann sich die Macht der Sünde als übermächtig erweisen. Dann hilft die Weisheit für den Verfasser ebenso wenig wie für Paulus das Gesetz und das Gebot,[14] da sie selbst in den Verdacht gerät, pervertiert zu werden. Der Mensch kann nun immer noch etwas tun: Umkehren und auf ein Wunder hoffen. Doch er kann dann nicht mehr auf Ordnungsprinzipien vertrauen, die »au-

---

[13] Vgl. Gerd Theißen, Ethos und Gemeinde im Jakobusbrief. Überlegungen zu seinem »Sitz im Leben«, in: Petra von Gemünden / Matthias Konradt / Gerd Theißen (Hrsg.), Der Jakobusbrief. Beiträge zur Rehabilitierung der »strohernen Epistel« (Beiträge zum Verstehen der Bibel 3), Münster 2003, 142–165. Theißen nennt als Ziel dieser entschiedenen Ethosvermittlung als Sitz im Leben der Gemeinde: Sie will »sich autonom an ihrer eigenen Grundlage orientieren«. A. a. O., 165.

[14] Vgl. Röm 7,7–13.

tomatisch« zu seinen Gunsten ausgehen müssen, sondern nur noch auf Gott, der souverän handeln wird. Gerade die Reichen sind besonders zur Buße aufgerufen. Umkehr zu Gott muss in Bescheidenheit gegenüber den Mitmenschen und Verantwortung vor allem den sozial Schwachen gegenüber münden. Dann ist weisheitlicher Rat und Trost in vollem Umfang wieder möglich.

Der Verfasser dieses Briefes bietet mit seiner Gliederung kein logisch-systematisches Programm, was schon ein Widerspruch zum weisheitlichen Denken wäre. Doch er »schreitet« gewissermaßen einen Weg des Ratens auf verschiedensten Ebenen ab. Der »jakobäische Beratungsweg« beginnt in den Krisen des Lebens, schreitet vom Trost zum weisheitlichen Rat, zur Möglichkeit des totalen Scheiterns, zur radikalen Umkehr, zum Hoffen auf Gottes auch so nicht verfügbares Eingreifen, zur Hinwendung in Bescheidenheit zu Gott und dem Mitmenschen, zu neuem Trost und Rat. Es ist ein Weg der schrittweisen Beratung in der Bruchstückhaftigkeit des Lebens.

Dies alles macht diesen Brief so schlicht, menschlich und relevant für die Lebensgestaltung. Im Angesicht der Sünde soll sich der Mensch an Gott klammern und auf sein unverfügbares Eingreifen hoffen, doch prinzipiell scheint er aktiver sein zu dürfen als auf dem Weg, den Paulus verkündet, der zuerst durch die totale Passivität des bloß empfangenden Glaubens führt. Menschliche und göttliche Aktivitäten sind rätselhaft[15] und zugleich partnerschaftlich auf einander bezogen.

8 Perspektiven für die Beratungsliteratur

Wer sich auf das entschiedene Raten des Jakobusbriefs einlässt, kann verschiedene interessante Perspektiven auf die moderne Beratungsliteratur gewinnen, die zu einer theologischen Kriteriologie für diese Literatur beitragen können. Sie sollen aufgrund der oben genannten Beobachtungen abschließend skizziert werden:

- Gute Ratgeberliteratur beachtet die Bruchstückhaftigkeit des Erkennens, des Lebens und der Möglichkeit des Beratens.
- Krisen, Mangelerfahrungen und die Überzeugung, dass der Mensch selbst wesentlich zum Gelingen oder zum Scheitern seines Lebens beiträgt, sind wichtige Vorbedingungen für ein erfolgreiches Beraten.

---

[15] Sie können in keiner Richtung in irgendeine reziproke Art des »do ut des« aufgelöst werden.

- Der Rat für einen guten nächsten Schritt kann besser sein als die Präsentation einer kompletten Lösung.
- Erst im sozialen Horizont fördert ein individueller Rat nicht den Egoismus, sondern das gute Leben.
- Gute Ratgeberliteratur rechnet mit der Möglichkeit, dass Menschen guten Willens trotz gutem Rat scheitern können.
- Sie zeigt Wege der Wiederherstellung auf, die zugleich Wege zur Bescheidenheit sind.
- Gute theologisch-seelsorgerliche Ratgeber rechnen zugleich mit der Möglichkeit, dass der Mensch sowohl richtig und gut handeln als auch an der Übermacht der Sünde scheitern kann. Sie unterscheiden zwischen dem, was der Mensch selber tun kann und was nicht in seiner Macht steht. Sie unterscheiden auch zwischen intendierten Folgen von gutem menschlichen Handeln und der Hoffnung auf das unverfügbare Handeln Gottes. Sie vermischen nicht die menschliche Absicht mit der Freiheit Gottes gegenüber jeglicher menschlicher Handlungsstrategie.

Literaturverzeichnis

Bindemann, Walther: Weisheit versus Weisheit. Der Jakobusbrief als innerkirchlicher Diskurs, in: ZNW 86 (1995), 189–217

Burchard, Christoph: Der Jakobusbrief (HNT 15/1), Tübingen 2000

Ebach, Jürgen: Umkehr. schuv, tschuva, metanoia, in: Kerstin Schiffner / Klaus Wengst / Werner Zager (Hrsg.), Fragmentarisches Wörterbuch. Beiträge zur biblischen Exegese und christlichen Theologie. H. Balz zum 70. Geburtstag, Stuttgart 2007, 393–402

Frankemölle, Hubert: Der Brief des Jakobus Kap. 2–5 (ÖTK 17/2), Gütersloh/Würzburg 1994

Freuling, Georg: »Wer eine Grube gräbt …«. Der Tun-Ergehen-Zusammenhang und sein Wandel in der alttestamentlichen Weisheitsliteratur, Neukirchen-Vluyn 2004

Hermisson, Hans-Jürgen: Prophetie und Weisheit, in: David J. A. Clines / Hermann Lichtenberger / Hans-Peter Müller (Hrsg.), Weisheit in Israel. Beiträge des Symposiums »Das Alte Testament und die Kultur der Moderne« anlässlich des 100. Geburtstags Gerhard von Rads (1900–1971). Heidelberg, 18.–21. Oktober 2001 (ATM 12), Münster u. a. 2003, 111–128

Hoppe, Rudolf: Der theologische Hintergrund des Jakobusbriefes (FzB 28), Würzburg 1977

Konradt, Matthias: Christliche Existenz nach dem Jakobusbrief. Eine Studie zu seiner soteriologischen und ethischen Konzeption (StUNT 22), Göttingen 1998

von Lips, Hermann: Weisheitliche Traditionen im Neuen Testament (WMANT 64), Neukirchen-Vluyn 1990

Löning, Karl: Die Konfrontation des Menschen mit der Weisheit Gottes. Elemente einer sapientialen Soteriologie, in: Löning, Karl (Hrsg.): Rettendes Wissen. Studien zum Fortgang weisheitlichen Denkens im Frühjudentum und im frühen Christentum (AOAT 300), Münster 2002, 1–41

Luck, Ulrich: Die Theologie des Jakobusbriefes, in: ZThK 81 (1984), 1–30

Popkes, Wiard: Der Brief des Jakobus (ThHK 14), Leipzig 2001

Theißen, Gerd: Ethos und Gemeinde im Jakobusbrief. Überlegungen zu seinem »Sitz im Leben«, in: Petra von Gemünden / Matthias Konradt / Gerd Theißen (Hrsg.), Der Jakobusbrief. Beiträge zur Rehabilitierung der »strohernen Epistel« (Beiträge zum Verstehen der Bibel 3), Münster 2003, 142–165

Frühchristliche Freundschaftsethik

Reinhard von Bendemann

Zusammenfassung:
Freundschaft als klassisches Thema der antiken Philosophie wird in hellenistisch-römischer Zeit mehr und mehr Gegenstand einer symbouleutisch-philosophischen Literatur, die man als Beratungsliteratur ansehen kann. Deren Anstöße beeinflussen – vermittelt durch das frühe Judentum – auch das frühchristliche Freundschaftsverständnis. Die Rezeption von Maximen wie »den Freunden ist alles gemeinsam« oder »Freunde haben keine Geheimnisse voreinander« wird dabei vom frühchristlichen Gottesverständnis und der Soteriologie her neu bestimmt. Konkrete Ratschläge zeigen, wie sich dies auf die Ekklesiologie auswirkt: Den frühen Christen als »Freundeskreis« werden im Vergleich zur römischen Mehrheitsgesellschaft alternative Grenzbestimmungen und Verhaltensmuster abverlangt. Dies betrifft insbesondere den Umgang mit Besitz sowie auch die Distanznahme zu einem dem frühchristlichen Gottes- und Menschenbild widersprechenden Reziprozitäts- und Nützlichkeitsdenken.

1 Einleitung – Freundschaft als Gegenstand der Symbouleutik

»Eine der großen Lehren, die die griechischen Klassiker uns erteilen können [...] «, liegt in der Ethik der Freundschaft, so schreibt Hans-Georg Gadamer.[1] Über dieses Urteil der Hochschätzung der griechisch-römischen Freund-

---

1 Hans-Georg Gadamer, zit. nach: Klaus-Dieter Eichler (Hrsg.), Philosophie der Freundschaft, 2. Aufl. Leipzig 2000, 202; vgl. Hans-Georg Gadamer, Freundschaft und Selbsterkenntnis. Zur Rolle der Freundschaft in der griechischen Ethik (1985), in: Ders., Griechische Philosophie III. Plato im Dialog, Gesammelte Werke Bd. 7, Tübingen 1991, 396–406.

schaftsethik sind andere noch hinausgegangen. Nach Nietzsche etwa wäre »das Höchste, was die *bewußte* Ethik der Alten erreicht hat, [...] die Theorie der Freundschaft«[2].

Gadamer und Nietzsche beziehen sich dabei, wie so viele andere, auf die großen Freundschaftsmonographien der klassischen Zeit, Texte wie Platons »Lysis« und das achte und neunte Buch der Nikomachischen Ethik des Aristoteles, bis hin zu vielen Texten der hellenistisch-römischen Zeit, darunter die Freundschaftsschriften des Plutarch, Senecas Briefe an den Freund Lucilius oder Ciceros Alterswerk, den »Laelius«. Das Lob der Freundschaft als idealer und reinster Form des Miteinanders hält sich dabei immer durch. Platon schreibt im Lysis: »[...] ich würde allem Gold des Dareios bei weitem den Besitz eines Freundes vorziehen« (Lysis 8; 211e). Von hier aus spannt sich ein großer Bogen zu Schriftstellern wie Plutarch und Cicero. Nach Plutarch können wir ohne Freunde nicht leben und sind auch nicht dafür geschaffen (De fraterno amore 479C). Nach Ciceros »Laelius« ist »– abgesehen von der Weisheit – dem Menschen von den unsterblichen Göttern wohl kaum ein schöneres Geschenk zuteil geworden«[3]. Freundschaft leistet ebenso oft Dienste wie das sprichwörtliche »Wasser und Feuer« (VI 22). Man soll darum der Freundschaft vor allen Dingen dieser Welt den Vorzug geben.[4] »Denn nichts ist unserem Wesen so angemessen, nichts ist so angebracht im Glück wie im Unglück«[5].

Die einzelnen philosophischen Texte bauen dabei aufeinander auf. Bestimmte Themen und Fragen verdichten sich zu Topoi, festen thematischen Gefügen, die in der Freundschaftsethik immer wieder aufs Neue behandelt werden. Darunter sind Fragen wie: Was ist »wahre« Freundschaft, worin besteht ihr »Wesen«? Wer ist überhaupt mein Freund, woran erkenne ich das? Wie viele Freunde kann/soll man haben? Wie verhält man sich in Situationen, in denen die Interessen verschiedener Freunde konfligieren oder es zu Pflichtenkollisionen zwischen beruflicher und freundschaftlicher Bindung kommt? Werden die Feinde der eigenen Freunde eo ipso auch zu den eigenen Feinden,

---

2 Friedrich Nietzsche, Nachgelassene Fragmente. Herbst 1869 bis Herbst 1872, Kritische Gesamtausgabe III/3, Berlin / New York 1978, 21 (er fährt allerdings fort: »dies ist gewiß ein Zeichen einer recht queren Entwicklung des ethischen Denkens, dank dem Musageten Sokrates!«).

3 Cicero, Laelius VI 20: »[...] nihil melius homini sit a dis immortalibus datum«.

4 A. a. O., V 17: »[...] ut amicitiam omnibus rebus humanis anteponatis«.

5 Ebd.: »nihil est enim tam naturae aptum, tam conveniens ad res vel secundas vel adversas«.

und wenn nicht – führt dies notwendig zur Suspendierung von Freundschaft? Was ist, wenn Freundschaften in Hass umbrechen? Oder auch: Wie beendet man Freundschaften? Überblickt man die Behandlung dieser Fragen in der griechisch-römischen Freundschaftsliteratur von etwa fünfhundert Jahren, so lassen sich einschneidende Umbrüche feststellen.

In der hellenistisch-römischen Zeit, in der auch die frühchristlichen Schriften entstehen, weicht die systematische, logische oder auch metaphysische Analyse der Freundschaft mehr und mehr einer ethischen Behandlung des Stoffes. Die Frage nach *praecepta*, nach Rat und Lebensanweisung, drängt sich im Vergleich zur klassischen Epoche in hellenistisch-römischer Zeit mehr und mehr in den Vordergrund.

Wissenschaftliche Analyse verwandelt sich in Zeugnisse eines γένος συμβουλευτικόν, einer Form von Literatur, die auf Beratung und Lebenskunst zielt. Die Faktoren, die hierfür bestimmend sind, sind vielfältig. Unter anderem steht im Hintergrund der Bedeutungsverlust des Einzelnen und seiner politischen Möglichkeiten in der Zeit seit den Alexanderzügen und vollends mit Beginn der römischen Kaiserzeit.

Die frühchristliche Literatur greift Themen und Fragen gerade dieser symbouleutischen Literatur auf. Topoi der Freundschaftssymbouleutik finden sich auch im Neuen Testament rezipiert und profiliert weiterentwickelt.

Die Rezeption erfolgt dabei in den meisten Fällen zunächst nicht unmittelbar aus griechischen oder römischen Quellen. Vielmehr kommt v. a. dem hellenistischen Judentum die Rolle des Vorreiters und des Vermittlers zu. Dies ist u. a. an Philo von Alexandria zu studieren, für den die Freundschaft – wie für Platon – höchstes Gut (Virt 109) ist.[6] Mit Bezug auf Dtn 13,6LXX rechnet Philo damit, dass der Freund so nahe steht, dass er sich nicht von der eigenen Seele, dem eigenen Leben, unterscheidet (Her 83; vgl. Det 33; Virt 103). Man muss darum nach Philo den Baum der Freundschaft hegen und pflegen (Plant 104–106). Freundschaft basiert nach Philo mit dem common sense der antiken Freundschaftsliteratur auf Gleichberechtigung (Prob 79). Sozial sieht Philo das Ideal der Freundschaft in seiner Schrift »Quod omnis probus liber sit« bei den Essäern verwirklicht, die auch keine Sklaven haben (Prob 85–87). Zur Freundschaftspflege gehört, ein weiterer Topos, dessen Philo sich bedient, insbesondere die freimütige Rede und Kritik gegenüber dem Freund (Her 21; vgl. Migr 115–117; Fug 6;

6 Siehe Gregory E. Sterling, The Bond of Humanity: Friendship in Philo of Alexandria, in: John T. Fitzgerald (Hrsg.), Greco-Roman Perspectives on Friendship (Resources for Biblical Study 34), Atlanta 1997, 203–223.

SpecLeg II 19; Flacc 43 u. a.). Die bis zu Pythagoras zurückgeführte (vgl. Diogenes Laertius VIII 10; Plato Lysis 207c; Aristoteles eth. nic. 1168b) Maxime »den Freunden ist alles gemeinsam« bezieht Philo insbesondere auf das Gottesverhältnis des Abraham und des Mose (Abr 235; VitMos I 147–162). Philo erweist sich dabei von Freundschaftskonzepten des sog. Mittelplatonismus beeinflusst. Zugleich nimmt er stoische Anstöße auf. Allerdings gibt Philo dem Ganzen eine eigene und besondere Ausrichtung, indem er die Verehrung des einen und wahren Gottes zur Grundlage der Freundschaft macht. Nur die wahre Gottesbeziehung kann Freundschaft konstituieren (vgl. Virt 179; vgl. SpecLeg I 51f.69f.317; Virt 179 u. a.). Dieser gemeinsame Bezugspunkt einer Freundschaft vermag auch die Bande verwandtschaftlicher Beziehungen zu transzendieren (VitMos II 171; SpecLeg I 317).

Die frühchristlichen Schriften leisten einen eigenständigen und gewichtigen Beitrag zur spätantiken Freundschaftsethik.[7] Dieser frühchristliche Beitrag ist – in engem Verbund mit dem Erbe der großen Alten – über das christliche Abendland auch zum Bestandteil unserer kulturellen Identität geworden, und unsere Vorstellungen davon, wie wir unser soziales Zusammenleben idealerweise gestalten sollen, sind von ihnen mit geprägt worden.

Bevor wir einige ausgewählte Topoi des griechisch-römischen Freundschaftsdiskurses in ein Gespräch mit frühchristlichen Texten bringen, ist noch eine grundlegende methodische Vorbemerkung angezeigt. In ganz anderer Weise als sich der politische und philosophische Freundschaftsbegriff der hellenistisch-römischen Zeit gestaltet, kommen wir neuzeitlichen Leserinnen und Leser immer schon von einem stark subjektivierten und affektiv besetzten Freundschaftsbegriff her. Diesen von Innerlichkeitskonzepten geprägten Freundschaftsbegriff kann man exemplarisch in Kierkegaards Ausführungen zur Freundschaft erkennen – ein auf Intimität, Aufrichtigkeit und

---

7 Dies gilt auch dann, wenn die Thematik im Neuen Testament nur in wenigen Schriftenkreisen (v. a. im vierten Evangelium, bei Lukas wie auch bei Paulus [vgl. insgesamt den Phil]) explizit wird. Die alleinige Orientierung an der Wurzel φιλ- greift jedoch zu kurz. Im Sprachgebrauch des Koiné-Griechischen sind vielfach die semantischen Grenzen zwischen *Begriffen* wie »Lieben«, »Liebender«, »Nächster«, »Vertrauter«, »Gefährte«, »(Waffen-)Kamerad«, »Wahlbruder«, »Nachbar« oder auch »Einklang«, »Gemeinschaft«, »Lebensgewohnheit«, »Umgang« etc. offen und nur im jeweiligen Kontext genauer zu bestimmen. Verdeutlichen kann man sich das am Problem, wie die Frage des Schriftgelehrten in Lk 10,29 zu übersetzen ist (»Wer ist mein Nächster?« / »Wer ist mein Freund?«). Zum gesamten Themenfeld gibt einen guten Überblick der Sammelband: Fitzgerald, Perspectives.

Weltanschauung basierendes Freundschaftskonzept, das der Antike und auch den frühchristlichen Schriften so insgesamt fremd ist.[8] Wir müssen uns darum immer vor Äquivokationen, vor Verwechselungen, in Acht nehmen – »Freundschaft«, *amicitia*, ist nicht gleich »Freundschaft«, das, was wir damit zuerst konnotieren würden.[9]

Gadamer bezieht dagegen den so weiten und insgesamt auf die Bündelung von Lebensinteressen zielenden Freundschaftsbegriff der Antike auf »alle Formen menschlichen Zusammenlebens, die Geschäftsbeziehung wie die Kameradschaft im Kriege, die Arbeitsgemeinschaft wie die Lebensformen von Ehe, gesellschaftlicher Gruppenbildung und politischer Parteienbildung, kurz das Ganze des menschlichen Gemeinschaftslebens«[10].

Dieser umfassende politische Freundschaftsbegriff lässt sich nur sehr schwer in moderne Kategorien übertragen. Die Abständigkeit der Vorstellungen wird schon an einem Punkt besonders deutlich: Die Texte der hellenistisch-römischen Freundschaftsethik gehen überwiegend davon aus, dass nur der männliche, mündige Vollbürger der Polis freundschaftsfähig ist. Freundschaft ist in der antiken Freundschaftsliteratur bis in neutestamentliche Zeit hinein eine fast rein männliche Domäne. Die hellenistisch-römische Freundschaftsethik sieht weiter insgesamt Freundschaften zwischen Frauen und Männern nicht vor. Es kann in den philosophischen Texten zwar so etwas wie Freundschaft zwischen Mann und Frau in der Ehe geben, es gilt jedoch: *tertium non datur*. Diese Sicht beginnt in hellenistisch-römischer Zeit

---

8 Vgl. Sören Kierkegaard, Entweder/Oder. Zweiter Teil, in: Ders., Gesammelte Werke. 2. und 3. Abteilung, übers. v. Emanuel Hirsch, Düsseldorf/Köln 1957, 337–345. Kierkegaards Freundschaftsbegriff lässt sich als Anknüpfung an ältere philosophische Freundschaftskonzepte verstehen, welche die Freunde in einem geistigen resp. »übergeschichtlichen« Dritten resp. der Tugend geeint begreifen. An die Stelle der Tugend als eines dritten Bezugspunktes tritt bei Kierkegaard die Rede von einem verbindenden »Bewusstsein« bzw. einer gemeinsamen »positiven (Lebens-)anschauung« der Freunde. Vgl. a. a. O., 344: »es ist eines jeden Menschen Pflicht, andern offenbar zu werden«.

9 Gerhard Vowinckel, Art. Freundschaft: V. Sozialwissenschaftlich, in: RGG 4. Aufl., Bd. 3 (2000), 353–355, 354, benennt als neuzeitliche Konnotationen »Emotionalität, Intimität, Dauerhaftigkeit und die moralische Abwertung eigennütziger Motive«.

10 Gadamer, zit. nach Eichler, Philosophie, 202. Vgl. den Problemüberblick (mit weiterführender Literatur) von Klaus Scholtissek, »Eine größere Liebe als diese hat niemand, als wenn einer sein Leben hingibt für seine Freunde« (Joh 15,13). Die hellenistische Freundschaftsethik und das Johannesevangelium, in: Jörg Frey / Udo Schnelle (Hrsg.), Kontexte des Johannesevangeliums, Tübingen 2004, 413–439, 415–422.

erst allmählich und schrittweise aufzubrechen.[11] Im frühen Christentum kann zwar im Ansatz die Gemeinschaft von Frauen und Männern in der christlichen *communitas* neu und anders bestimmt werden (vgl. Gal 3,26–28), jedoch ändern sich die sozialen Gegebenheiten in der Praxis dort kaum grundlegend, wo ein jüdisches Ethos gewahrt bleibt.[12]

Wir kommen damit nun zu drei exemplarischen Topoi der Freundschaftsethik in der Brechung frühchristlicher Texte.

2 DER TOPOS »BESITZ DER FREUNDE IST GEMEINSAM«

Neben Johannes ist es im Neuen Testament vor allem Lukas, der die Jesusnachfolge als Freundschaft konzipiert. Dieser Befund ist nach verschiedenen Aspekten zu beschreiben und zu interpretieren.

2.1 DER IDEALE UMGANG MIT DER HABE

In der Frühzeit der Kirche gibt es nach Lukas Vorbilder, die als Prüfsteine für die Gegenwart geeignet sind und an denen sich *praecepta*, Ratschläge für die Freundschaft, orientieren und an denen sie Maß nehmen können. In der Apg des Lukas dient die These des »ihnen war alles gemeinsam« zur literarischen Ausgestaltung der Jerusalemer Urgemeinde als einer idealen *communitas*. In dieser idealen Gemeinschaft gilt nach Apg 2,44; 4,32: »Alle Dinge gemeinsam« (ἅπαντα κοινά). Damit ist ein, wenn nicht »der« klassische Topos der antiken Freundschaftsethik aufgerufen.[13]

---

11 Zu Frauenfreundschaften in Charitons »Kallirhoe«: Vgl. Ronald F. Hock, An Extraordinary Friend in Chariton's *Callirhoe*: The Importance of Friendship in the Greek Romances, in: Fitzgerald (Hrsg.), Perspectives, 145–162.

12 Vgl. Philo LegGai 320 zur Männlichkeit der vollkommenen Tugend, hervorgebracht durch »Natur«, »Erziehung« und »Sorgfalt« im Blick auf Iulia Augusta. Zur ambivalenten Stellung von Texten wie Gal 3,26–28 im Corpus Paulinum: Vgl. Christian Strecker, Die liminale Theologie des Paulus (FRLANT 185), Göttingen 1999, 349–407. Zum Problem von Freundschaften zwischen Männern und Frauen im ältesten Christentum: Vgl. Rosemary Rader, Breaking Boundaries. Male / Female Friendship in Early Christian Communities (Theological Inquiries), New York / Toronto 1983, die von Frauen als »secondary creatures« spricht (21).

13 Zum Topos »Besitz der Freunde ist gemeinsam« vgl. z. B. Aristoteles eth. nic. 1159b; 1186b; Plato resp. 462C; vgl. Plutarch mor. 490E: Freunde müssen auch ihre Freunde gemeinsam haben.

Lukas verbindet diesen Topos mit einem anderen Motiv, das uns gleich im nächsten Abschnitt beschäftigen wird: Freundschaft und engste Gemeinschaft, die auf Gleichheit gründet, koinzidieren. Die Jesusjünger der Anfangszeit sind nach Apg 4,32 »ein Herz und eine Seele« (vgl. Aristoteles eth. nic. 1168b).

Diese Texte müsste man länger diskutieren, die Vorstellungen sind nicht ganz ausgeglichen; von einem »urchristlichen Kommunismus« kann man z. B. kaum sprechen. Dies hängt damit zusammen, dass Lukas summativ verschiedene Topoi aus der antiken Philosophie zusammenblendet.

Lukas denkt dabei geschichtlich, wenn er diese Topoi für eine ideale Zeit der Anfänge reserviert. In seinem Evangelium ist die völlige Besitzlosigkeit Voraussetzung für die Nachfolge (vgl. Lk 5,11.28; 14,33; 18,18–30). Im Evangelium verbindet sich diese Absage an jede Habe eng mit der biblischen Tradition der Zukunftslosigkeit der Reichen – Besitz schließt vom Reich Gottes und seiner Zukunft als solcher, unabhängig davon, wie man ihn einsetzt, per se aus bzw. Gott wendet sich den Armen in einer Umkehrung der Verhältnisse zu (vgl. Lk 1,53; 4,18f.; 6,20f.; 7,22; 12,16-21; 16,19–31). Folgt Lukas dabei schon in seinem Evangelium einer paränetischen Intention (vgl. Lk 3,10f.; 12,33f.; 16,9; 19,1–10), so ändern sich in seinem zweiten Buch, der Apg, die Verhältnisse im Fortgang der Geschichte weiter. Es ist bemerkenswert, wie wenig das das Leben der Urgemeinde bestimmende Postulat des »alles gemeinsam« im weiteren Fortgang der Kirchengeschichte von Lukas noch berücksichtigt wird. Für die Gründung und Organisation der frühen Gemeinden spielt es nach Apg 5 keine erkennbare Rolle mehr. Es bleibt dann in Apg 20 von der gesamten Thematik nur noch eine sprichwörtliche Wendung übrig, die man auch sonst in der antiken Literatur findet und die Paulus bei seinem Abschied an die Ältesten von Milet richtet: »Geben ist seliger als nehmen« (Apg 20,35).

2.2 Wider das quid pro quo und do ut des

Im lukanischen Doppelwerk werden nicht nur klassische Topoi der antiken Freundschaftsliteratur literarisch rezipiert. Vielmehr setzt sich die Erzählung insgesamt auch mit gesellschaftlichen Gegebenheiten auseinander. Lukas hat das ausufernde *amicitia*-Wesen der hellenistisch-römischen Zeit im Visier.

Insbesondere richtet sich das Augenmerk dabei auf das Reziprozitätsprinzip politischer und beruflicher Freundschaften. In gehobenen Kreisen der Gesellschaft war es üblich und Ziel, eine möglichst große Zahl von Freunden zu gewinnen, um den eigenen Status bzw. die eigene Laufbahn zu flankieren und zu fördern. Ein entsprechendes *do ut des*- oder *quid pro quo*-Denken widerspricht nun nach Lukas im Kern insbesondere dem Feindesliebegebot Jesu. Lk 6,27.32–35 stellt z. B. in der Feldrede die Forderung der Feindesliebe einem solchen Denken direkt gegenüber.

Im lukanischen Werk wird damit eine Grundschwäche des antiken Freundschaftsbegriffs berührt: Die Verpflichtung zur Gegenseitigkeit macht Freundschaft faktisch nur für die Gebildeten und Besitzenden erschwinglich; wer nichts oder wenig besitzt, kann nichts oder wenig erwidern, er ist sozial unattraktiv. Hiermit hängt die Selektivität der Freundschaft unmittelbar zusammen: Nur diejenigen werden zum engeren Kreis zugelassen, die für eine fortdauernde soziale und politische Bindung interessant sind.[14]

Lukas markiert seine kritische Sicht erzählerisch im Zusammenhang desjenigen sozialen Ortes, an dem man in der Antike »Freunde machte«: Gastmähler waren Freundschaftsmähler in dem Sinn, dass hier Freundschaften »geschaffen« wurden (vgl. Plutarch mor. 612D). Zu Gastmählern lud man darum in der Regel »Gleichstämmige« ein (so Plutarch mor. 709B), d. h. solche, die dem eigenen Status förderlich sein konnten (vgl. sachlich zu solchem Denken auch Sir 13,21; Prov 19,4).

Dagegen gilt nun nach den Einladungs- und Tischregeln für ein Symposium, die Jesus in Lk 14 aufstellt: Man soll bei solchen Anlässen im Ansatz das vermeiden, was einem solchen *do ut des*-Denken entspricht. Man soll vielmehr, wenn man ein Frühstück oder ein Abendessen ausrichtet, gar nicht erst die einladen, für die ein erwiderndes *quid pro quo* in Betracht kommt.

»Wenn du ein Mittag- oder ein Abendessen gibst, lade weder deine Freunde noch deine Brüder noch deine Verwandten noch reiche Nachbarn ein (μὴ φώνει τοὺς φίλους σου μηδὲ τοὺς ἀδλφούς σου μηδὲ τοὺς συγγενεῖς σου μηδὲ γείτονας πλουσίους), damit sie nicht auch dich wieder einladen und du eine Gegenleistung bekommst (καὶ αὐτοὶ ἀντικαλέσωσίν σε καὶ γένηται ἀνταπόδομά σοι)« (Lk 14,12).

Das Verhalten nach der Maßgabe des Kalküls *quid pro quo* (vgl. dreimaliges ἀντί in Lk 14,12.14) ordnet nach Lukas das Rechnen mit menschlicher Gegenseitigkeit der universalen Gegenseitigkeit Gottes mit den Menschen in

---

14 Vgl. hierzu Kurt Treu, Art. Freundschaft, in: RAC 8 (1972), 418–434, 418, 422 (zur Situation in Rom zur Zeit der Republik): »Der röm. Aristokrat, erst recht der homo novus, braucht Freunde, um sich politisch durchzusetzen […]. Freunde gewinnt u. erhält man durch officia […]. Oft ist amici Umschreibung für den inneren Kreis der Klienten, die der röm. Große um sich hat, die auf ihn angewiesen sind, die er aber seinerseits braucht.« Entsprechend brach man mit Freunden, für die das »idem velle atque idem nolle« nicht mehr zutraf. Vgl. a. a. O., 423 zu Cicero.

illegitimer Weise vor. Lukas hat in dieser Einladungsregel, die eine verfehlte Gegenseitigkeit kritisch akzentuiert, die sozialen Verhältnisse seiner Zeit vor Augen. Er nimmt zugleich in der dritten frühchristlichen Generation auch Gefährdungen kirchlichen Handelns ins Visier.[15]

In Plutarchs Schrift »De multitudine amicorum« (Περὶ πολυφιλίας 94A.B) liest man von möglichen sozialen Konsequenzen:

»In den Häusern der Reichen und Mächtigen kann man beobachten, wie eine zahlreiche, lärmende Besucherschar ihnen ihre Aufwartung macht, ihnen die Hände schüttelt und sie wie eine bewaffnete Leibwache begleitet. Man möchte sie am liebsten glücklich preisen, weil sie so viele Freunde haben. Und doch sieht man in ihren Küchen noch mehr Fliegen. Diese bleiben nicht, wenn es keine Leckereien mehr gibt, jene gehen, wenn sie keinen Vorteil mehr erwarten.«

Allerdings darf man diese spöttische Beschreibung nicht einfach mit der Sicht des Lukas gleichsetzen. Vor allem darf man sie wiederum nicht von einem modernen Innerlichkeits- und Aufrichtigkeitskonzept von Freundschaft her interpretieren. Das *amicitia*-Institut als solches wird nicht in Frage gestellt, man soll nach Lukas zu Einladungen gehen – Jesus selbst findet man bei Lukas immer wieder im Kontext von symposiastischen Mählern – und einladen, dies jedoch in alternativer Form.

Abgekürzt kann man sagen: Lukas greift im Prinzip auf den politischen Freundschaftsbegriff seiner Zeit zurück, er bestimmt ihn jedoch im Licht der Jesustradition neu und stimmt ihn auf seine These des nicht nur für Israel, sondern universal für alle Menschen bestimmten Heils ab. Wenn man seine Vorstellung noch weiter profilieren wollte, wären zwei Aspekte wichtig:

Zum einen steht Lukas mit seiner kritischen Haltung gegenüber Nützlichkeitserwägungen im Eingehen von Freundschaften in der hellenistisch-römischen Literatur keineswegs allein. Entsprechende Stimmen kennen wir auch aus popularphilosophischen Texten.[16] Sodann wäre näher darzustel-

---

15 Lk 16,1–13 z.B. richtet sich mit seiner Anwendung an Jünger mit besonderer Verantwortung in der christlichen Gemeinde. Sie sollen sich Freunde mit dem ungerechten Mammon machen – und können doch nicht zwei Herren zugleich dienen.

16 Nach Aristoteles gilt eine aufgrund des Nutzens eingegangene Freundschaft als ordinär (vgl. eth. nic. 1158a). Vgl. Cicero in »De finibus bonorum et malorum« III 70: »Auf keinen Fall kann es die Lehre, über die ich spreche, aber gelten lassen, dass man sich zur Gerechtigkeit oder zur Freundschaft um des Nutzens (propter utilitates) willen entschließt und sie deshalb gutheißt. Dieselben Nützlichkeitserwägungen (utilitates) könnten sie ja auch erschüttern und ins Gegenteil verkehren.«

len, inwieweit in dem auf Universalität und Inklusivität angelegten Freundschaftsbegriff Gegebenheiten der frühchristlichen Missionsgeschichte zur Geltung kommen. So war es insbesondere das Institut der Gastfreundschaft, welches »ganz wesentlich« zu einer »Dynamik« beitrug, in deren Verlauf die antike Welt »zu einer christlichen Welt wurde«.[17]

2.3 Freundschaft mit Gott

Wie wir bereits festgestellt haben, wirken sich im Freundschaftskonzept des Lukas theologische Überzeugungen aus. Dies wird nicht zuletzt daran erkennbar, dass Lukas die Topik der Freundschaft auch auf das Verhältnis von Gott und Mensch anwendet.

So wird insbesondere die Maxime »den Freunden ist alles gemeinsam« (πάντα κοινά) auch auf das Gottesverhältnis bezogen. Aufgegriffen wird hier die jüdische Vorstellung, nach der es im Leben gilt, Gott als Freund zu gewinnen bzw. dass Gott sich Menschen als Freund erweist.[18] Mit dieser Vorstellung ist man im Neuen Testament sehr nahe bei den jüdischen Vorstellungen, wie wir sie oben exemplarisch bei Philo von Alexandria angesprochen haben bzw. man ist sehr nahe bei Jesus selbst, d. h. der ältesten Jesustradition. Als Beispiel sei Lk 11,5–8 herausgegriffen, das Jesusgleichnis vom bittenden und vom gebetenen Freund.

Und er sagte zu ihnen: »Wer von euch, der einen Freund hat (ἕξει φίλον), ginge um Mitternacht zu ihm und sagte zu ihm: ›Freund, leih mir drei Brote (φίλε, χρῆσόν μοι τρεῖς ἄρτους), denn ein Freund von mir ist auf der Durchreise zu mir gekommen, und ich habe nichts, was ich ihm vorsetzen könnte!‹ Und jener antwortete von drinnen und sagte: ›Belästige mich nicht, die Tür ist schon verriegelt, und meine Kinder sind mit mir im Bett; ich kann nicht auf-

---

[17] Otto Hiltbrunner, Gastfreundschaft in der Antike und im frühen Christentum, Darmstadt 2005, 163. Nach dem Mt erscheint in der Gestalt des Gastes Christus selbst (Mt 25,35–40; vgl. Apk 3,20; Joh 13,20). Nicht nur die Gemeinde insgesamt (vgl. Röm 12,13; 1Petr 4,9; Hebr 13,2; 1Clem 1,2 u. a.), sondern besonders diejenigen mit Leitungsfunktionen sollen gastfreundlich sein (vgl. 1Tim 3,2; 5,10; Tit 1,8 u. a.). Nach dem 1. Clemensbrief bedeutet die Ungastlichkeit einen Widerspruch zum Weg der Wahrheit und gehört in eine Linie mit Lastern wie Gotteshass, Hochmut und Prahlerei (1Clem 35,5).

[18] Vgl. zunächst v. a. von besonders hervorgehobenen Gestalten wie Abraham: Jes 41,8; 2Chr 20,7; Philo Abr 50; Jub 19,9 Jak 2,23 u. a.; Mose: Ex 33,11; Philo Sacr 130; Migr 45 u. a. Nach Aristoteles ist die Freundschaft zwischen Gott/Göttern und Menschen dagegen nicht möglich: »[…] wird aber der Abstand sehr groß, wie bei der Gottheit, so ist sie [sc. die Freundschaft] nicht mehr möglich«. Eth. nic. 1159a.

stehen, um dir etwas zu geben‹? – Ich sage euch: Wenn er nicht ohnehin aufsteht, und es ihm geben wird, weil er sein Freund ist (εἰ καὶ οὐ δώσει αὐτῷ ἀναστὰς διὰ τὸ εἶναι φίλον αὐτοῦ), wird er auf Grund von dessen Unverschämtheit aufstehen und ihm geben, was er benötigt (διά γε τὴν ἀναίδειαν αὐτοῦ ἐγερθεὶς δώσει αὐτῷ ὅσων χρῄζει).«

Das Gleichnis steht im Zusammenhang einer Gebetsunterweisung, die die Jünger von Jesus erbitten. Es folgt bei Lukas auf das »Vater (unser)«-Gebet und knüpft hier besonders an die Brotbitte an. Lk 11,5–8 ist ein Gleichnis vom Typus der »Wer von euch?«-Fragegleichnisse, die vielfach im Zwilling begegnen. Deren Besonderheit besteht darin, dass das Gleichnis in eine rhetorische Frage eingeschrieben wird, auf die nur eine Antwort gegeben werden kann. Erwartet wird die Antwort: Niemand würde sich so verhalten. Die zweipolige Erzählung erzählt zunächst von der Krise und dann von zwei möglichen Reaktionen (Lk 11,6f.8), wobei die zweite Reaktion schon Teil der Gleichnisanwendung ist. Erzählerisch wird zunächst der bittende Freund fokussiert. Dann geht der point of view auf den nachts gebetenen Freund über. Das Gleichnis will mit diesem Perspektivwechsel die Verlässlichkeit der Freundschaftsbeziehung zwischen Gott und Mensch herausstellen. Unter Freunden gilt es als selbstverständlich, dass man Speise und Trank teilt (Xenophon mem. II 6,22). Das Verhalten des nachts Gebetenen, der sich der Bitte verweigert, erscheint damit geradezu widersinnig.

Ganz anders – *e contrario* und *ex dissimilitudine* – wird aber Gott nach Lk 11,5–8 dem Menschen die guten Gaben, um die er bittet – drei Brote – als Freund ganz gewiss nicht schuldig bleiben. Sollte dieses Freundschaftsverhältnis gleichwohl in eine Krise geraten, dann soll und darf – dies bildet die Pointe der Anwendung – das Freundschaftsverhältnis notfalls bis zur Dreistigkeit und Unverschämtheit strapaziert werden. Hier meldet sich ein grundlegendes Thema der Gebetsanfechtung in der dritten frühchristlichen Generation. Das Stichwort »Dreistigkeit«/»Unverschämtheit« (ἀναίδεια) begegnet auch sonst in ähnlichem Zusammenhang in der Gebetsparänese (z. B. Herm vis III 3,1–2). Beten heißt Gott als Freund bitten und ihn dabei bis zur Unverschämtheit bedrängen dürfen.[19]

[19] Siehe im Einzelnen: Bernhard Heininger, Metaphorik, Erzählstruktur und szenisch-dramatische Gestaltung in den Sondergutgleichnissen bei Lukas (NTA 24), Münster 1991, 98–107.

3 Der Topos der Egalität und Familiarität von Freunden

Schon der platonische Dialog »Lysis«, der allerdings in der Frage nach dem Wesen der Freundschaft aporetisch endet, geht davon aus: Freundschaft setzt Ähnlichkeit bzw. Gleichheit der Beteiligten voraus bzw. Freundschaft konstituiert Gleichheit. Es ist das Begehren des Zieles des Guten, das Freunde als Gleiche koordiniert. Bei Platon hebt »Gleichheit« (ἰσότης) individuelle Verschiedenheit nicht auf; insbesondere darf die Rede von einem »alter ego« nicht emotiv-subjektiv verengt werden (wie später bei de Montaigne).[20] Intentionalität, die verbindet, ist zunächst als vernunfthaftes Handeln konzipiert.[21] Ähnlich ist die »Gleichheit«, die die Freundschaft begründet, bei Aristoteles verstanden, nämlich von der die Freunde verbindenden Tugendhaftigkeit her (eth. nic. 1166b u.a.). Aristoteles hält dabei die bleibende *Differenz* des Freundes als zweites Ich fest. Zugleich kommt seine typologische Unterscheidung von Tugend-, Lust- und Nutzenfreundschaft zum Tragen. Zur Freundschaft im höchsten Sinn sind allein die Tugendhaften in der Lage.

Im Zusammenhang der Frage nach »Gleichheit« thematisiert Aristoteles eine weitere Gestalt der Freundschaft, nämlich die, die auf Überlegenheit resp. Abhängigkeit basiert, z.B. die zwischen Vater und Sohn und Mann und Frau (eth. nic. 1158b). Aristoteles sieht in diesen Fällen eine proportionale Gewichtung der Zuneigung der Beteiligten entsprechend ihrem Status gefordert. Eigens thematisiert Aristoteles dann im Weiteren das Verhältnis von Verwandtschaft und Freundschaft (eth. nic. 1161b–1162a). Aristoteles führt hierbei die Verwandtenfreundschaft ausschließlich auf die väterliche Freundschaft zurück und unterscheidet sie von Formen der Freundschaft, die eher der Verbindung einer »Vereinigung« gleichen.

---

20 Zu diesem neuzeitlichen Umbruch vgl. Vowinckel, Art. Freundschaft, 354.

21 Der platonische Dialog »Lysis«, der mit der Frage nach dem Wesen der Freundschaft aporetisch endet, geht von dem Prinzip aus, dass das Ähnliche dem Ähnlichen Freund sei (vgl. Lysis 10). Solche Ähnlichkeit oder Gleichheit ergibt sich jedoch nicht durch natürliche Disposition oder den gesellschaftlichen Status, sondern auf einer dritten Ebene: der des Guten und Schönen, der Kalokagathia, an der die Freunde in Ebenmaß partizipieren. Auch nach dem Platoniker Plutarch verträgt darum »der Wohlklang und die Harmonie der Freundschaft […] nichts, was unähnlich, uneben und ungleich« wäre (De multitudine amicorum, 96E). Auch nach Cicero ist immer die *virtus* Voraussetzung der Rede von Freundschaft.

Damit ist ein äußerst komplexes Problemfeld angesprochen. Dieses ist hier nicht ausführlich darzustellen, vielmehr soll lediglich auf ein grundlegendes Spannungsverhältnis aufmerksam gemacht werden, das sich notwendig einstellt, wenn man Familie/Verwandtschaft und Freundschaft aufeinander bezieht – ein Spannungsverhältnis, welches sich in frühchristlichen Texten in vergleichbarer Weise wie in den hellenistisch-römischen philosophischen Texten auswirken kann.

Unter antiken sozialgeschichtlichen Bedingungen heißt eine soziale Gruppe unter dem Aspekt der Freundschaft beleuchten, auf den Aspekt der Gleichheit, der *Egalität*, der Beteiligten zu fokussieren. Wer dagegen auf eine soziale Gruppe das Konzept der »Familie« bzw. des »Hauses« anwendet, der akzentuiert die eine enge Verbindung unter dem Aspekt eines *hierarchischen* Sozialsystems. Vorausgesetzt ist, dass die Familie, das »Haus«, in hellenistisch-römischer Zeit hierarchisch strukturiert ist, in einem strikten Machtgefälle abwärts vom *pater familias* über die Frau, die Kinder und Angehörigen hinunter bis zu den Sklaven.

Obwohl also beide Konzepte ›von Hause aus‹ Verschiedenes akzentuieren und in Hinsicht auf die Frage der »Egalität« divergieren, werden in der hellenistisch-römischen Freundschaftsliteratur Freundschaften vielfach auf familiäre Strukturen zurückgeführt bzw. genealogisch oder analogisch von diesen her erklärt. Sachlich kommt dabei der Blutsverwandtschaft bzw. der Familie vielfach eine Priorität vor der Freundschaft zu. Nach Plutarch bieten Freundschaften – platonisch gedacht – nur einen künstlichen Ersatz, einen blassen Schatten der naturgegebenen Relationen zwischen den Familienmitgliedern (Plutarch, De fraterno amore 479C/D). Freundschaft wird als ausgeweitete Familie behandelt. Nach Cicero wurzelt Freundschaft in der Natur des Menschen als Gemeinschafts-, insbesondere aber als Familienwesen (vgl. Laelius 27). Um die Familie als Zentrum sozialer Beziehungen und Bindungen können in konzentrischen Kreisen die weiteren sozialen Beziehungen gruppiert werden, in welche die Freundschaft integriert wird (vgl. Cicero De finibus V 65; vgl. Leg. I 33f. u.a.).

Mit dieser engen Verknüpfung von auf Egalität angelegter Freundschaft mit dem Modell der Familie, welches Unterordnung und Hierarchisierung impliziert, ist eine Spannung in der Begründung angelegt, die sich bis in die einzelnen Topoi der Freundschaftsliteratur hinein in eigentümlicher Brechung durchhält. Eine vergleichbare Spannung ist auch in frühchristlichen Texten zu beobachten. Allerdings sind die Gewichte dabei zunächst umgekehrt verteilt.

Zu zeigen ist dies z.B. in Mk 3, wo von der Begegnung Jesu mit seiner leiblichen Familie, seiner Mutter und seinen Brüdern, erzählt wird, die ihn suchen. Angesichts der negativen Resonanz der Familie Jesu schließt die Episode damit, dass Jesus neu definiert, wer seine Mutter und seine Geschwister eigentlich sind: Die neue *familia dei* konstituiert sich nicht mehr aus leiblichen Verwandten, sondern vielmehr gilt: »Wer den Willen Gottes (zukünftig) tut, dieser ist mein Bruder und (meine) Schwester und Mutter« (Mk 3,35).

Wir sehen hier bei Markus eine enge Entsprechung zu hellenistisch-römischen Vorstellungen, die auch im Judentum begegnen, wonach die Zugehörigkeit zu einer philosophischen oder einer religiösen Schülerschar ein Freundschaftsverhältnis konstituiert, das die familiäre Identität stark relativieren kann. Freundschaft steht damit vor und über den familiären Banden. Zum Ausdruck gebracht wird dies bei Markus in der dritten christlichen Generation jedoch nicht mit *Freundschafts*begrifflichkeit. Was nach Mk 3 entsteht, ist vielmehr eine neue *Familie*.

Im Hintergrund stehen weitere Texte und Traditionen mit defamiliarisierender Tendenz in der ältesten Jesustradition. Nach Lk 14,26 (Q-Stoff) kann der nicht Jünger Jesu sein, der nicht seinen Vater und die Mutter und die Frau und die Kinder und die Brüder und die Schwestern, dazu aber auch sein eigenes Leben »hasst«. Nachfolge dokumentiert sich in der Bereitschaft, sogar auf die Bestattung des toten Vaters zu verzichten (Lk 9,59f. par. Mt 8,21f.), sie impliziert den Verzicht auf die Arbeit für den Unterhalt (vgl. Lk 12,24.27 par.) sowie die Teilhabe an Jesu Schicksal bis hin zum Leiden (Mk 8,34 par.; Lk 14,26 par.; vgl. Joh 21,19).

Sozialgeschichtlich wäre darüber zu sprechen, dass in liminalen Lebensphasen solche defamiliarisierenden Impulse und Traditionen vielfach einen besonderen Stellenwert gewinnen.[22] Wenn das Freundschaftsethos in der weiteren Literatur des 1. und 2. Jh. stärker in Familienstrukturen überführt wird, so ist dies unter anderem mit der Notwendigkeit der Strukturierung und Stabilisierung der sich neu konstituierenden frühchristlichen Gemeinden verständlich zu machen. In der Phase der Aggregation steht man vor anderen Fragen und Problemen als in Phasen der Liminalität.

Beide Konzepte, das der Jüngerschaft als »Freundeskreis« sowie das der Jesusnachfolger als »Familie«, bilden dabei jedoch keine strikten Alternativen.

---

22 Im Hintergrund steht auch die kritische Erfahrung, dass der Anschluss an die Jesusgruppe bzw. die Annahme des neuen Glaubens zu Rissen in den überkommenen Familienstrukturen führen konnten.

Schon Paulus begreift im 1. Thessalonicherbrief Freundschaft als *Philadelphia*, als Bruderliebe (1Thess 4,9; vgl. Röm 12,10; Hebr 13,1; 1Petr 1,22 u. a.). Die Freundschaft ist damit von der verwandtschaftlichen Bindung her konzeptualisiert. *Fremdenliebe* (Philoxenie) kommt bei Paulus in seinen Mahnungen dagegen überwiegend nur indirekt in den Blick (vgl. aber Röm 12,13; Hebr 13,2; 1Petr 4,9 u. a.).

4 Der Topos des Sterbens für den Freund

Als Hochpunkt und Grenzfall der antiken Freundschaftsethik gilt die stellvertretende Hingabe des eigenen Lebens für den Freund. An mehreren Stellen thematisieren Platon, Aristoteles und auch die späteren Stoiker (vgl. z. B. Epiktet diss. II 7,2 f.; III 24,64 f.; ench. XXXII 2) den Einsatz eines Lebens für den Freund bzw. für den Geliebten. Seneca schreibt an Lucilius (ep. 9,10): »In quid amicum paro? Ut habeam pro quo mori possim [...]« – »Wozu gewinne ich einen Freund? Damit ich jemanden habe, für den ich sterben kann [...]«.[23] Neben Paulus in Röm 5,6–8 werden entsprechende Vorstellungen v. a. im johanneischen Schrifttum rezipiert.

Das Johannesevangelium nimmt Topoi des antiken Freundschaftsdiskurses auf und entwickelt sie eigenständig weiter. Im johanneischen Soziolekt vollzieht sich freundschaftliches »Lieben« reziprok zwischen Vater, Sohn und den Jüngern als den »Seinen«. »Liebe« und »Freundschaft« werden nahezu semantisch deckungsgleich.[24]

Die Aussage solch freundschaftlichen Liebens kulminiert in der Deutung des Todes Jesu. Der *locus classicus* für diese Deutung des Todes Jesu als Freundschaftsdienst findet sich in Joh 15,9–17 (vgl. auch 19,25–27). Den Rahmen bildet die Bildrede vom Weinstock, welche die innige Verbindung zwischen Jesus und seinen Freunden akzentuiert, sowie die folgende Rede in 15,18–25, die den Hass als gegenteilige Möglichkeit des Liebens thematisiert. Die Besonderheit des Abschnitts besteht darin, dass die zuvor bereits ver-

---

23 Siehe Gustav Stählin, Art. φιλέω κτλ. in: ThWNT IX (1973. Nachdr. 1990), 112–169, 151; Udo Schnelle u. a. (Hrsg.), Der Neue Wettstein I/2, Berlin u. a. 2001, 715–725.

24 Zur johanneischen Terminologie, in der die Grenzen zwischen freundschaftlichem und geschwisterlichem »Lieben« verschwimmen, sowie zur folgenden Interpretation von Joh 15 vgl. Scholtissek, Liebe, 425–437. Zur Rezeption der – allerdings anders gelagerten – Vorstellung des »Sterbens für« im hellenistischen Judentum vgl. 1Makk 9,10; 6,44; 2Makk 6,28; 7,9.37; 8,21; 4Makk 6,28 u. a.

schiedentlich angesprochene gegenseitige Liebe der Jünger, in der sich johanneisch die Liebe zwischen Vater und Sohn abbildet, unter dem Aspekt der Freundschaft reinterpretiert wird. In Joh 15,13–15 heißt es:

»Größere Liebe als diese hat niemand als die, dass einer sein Leben hingibt für seine Freunde (ἵνα τις τὴν ψυχὴν αὐτοῦ θῇ ὑπὲρ τῶν φίλων αὐτοῦ). Ihr seid meine Freunde, wenn ihr tut, was ich euch auftrage (ὑμεῖς φίλοι μού ἐστε ἐὰν ποιῆτε ἃ ἐγὼ ἐντέλλομαι ὑμῖν). Nicht mehr nenne ich euch Sklaven, denn der Sklave weiß nicht, was sein Herr tut. Euch habe ich Freunde genannt, weil ich euch alles kundgetan habe, was ich von meinem Vater gehört habe (ὑμᾶς δὲ εἴρηκα φίλους, ὅτι πάντα ἃ ἤκουσα παρὰ τοῦ πατρός μου ἐγνώρισα ὑμῖν).«

Der johanneische Jesus präsentiert sich in Joh 15 als wahrer, »vollkommener« Freund der Jünger. Die »größere Liebe« kommt ihm exklusiv zu.

Umstritten ist dabei allerdings, wie der avisierte Tod für die Freunde johanneisch genauer zu verstehen ist: Ist das »Sterben für« hier gedacht als »effective death«, d. h. als wirksamer Tod zugunsten der Polis – in Aufnahme hellenistisch-römischer Konzepte? Oder stehen im Hintergrund alttestamentliche und frühjüdische Vorstellungen von Sühne? Abgekürzt gilt: Beide Zugänge müssen sich nicht gegenseitig ausschließen. Das Vorstellungsgefüge erscheint insgesamt vom johanneischen Denken her neu durchdrungen.[25]

Joh 15 aktiviert in diesem Zusammenhang einen weiteren Topos der Freundschaftsethik, nämlich den der offenen und freimütigen Rede (παρρησία), die keine Geheimnisse voreinander kennt.[26] Auch dieser Topos des »Freunde haben keine Geheimnisse voreinander« wird ganz in die johanneische Christologie integriert. Jesus als Gesandter seines Vaters enthält seinen Jüngern das exklusive Wissen, das er vom Vater hat, nicht vor. Vielmehr lässt er die Jünger als seine Freunde daran vorbehaltlos teilhaben. Einem

---

[25] Zur Diskussion der Möglichkeiten: Vgl. Scholtissek, Liebe, 433–435.

[26] Vgl. Aristoteles eth. nic. 1165a; Polybios hist. XXI 23; vgl. Seneca ep. 3,2 f.; Philo Her 21 u. a.; s. o. unter I. In der antiken Freundschaftsliteratur wird die »Freimütigkeit der Rede« vielfach im Zusammenhang der Schmeichler-Problematik angesprochen; der Vergleich des Freundes mit dem Schmeichler bildet einen festen Topos (z. B. Aristoteles eth. nic. 1108a, 1121b, 1159a u. a.; Cicero De Or. III 117 etc.). Nach Plutarchs Schrift »Quomodo adulator ab amico internoscatur« macht sich der Schmeichler das Prinzip der charakterlichen Gleichartigkeit der Freunde strategisch zunutze, indem er sich ständig assimiliert, dies nicht nur verbal, sondern auch durch stillschweigendes, unterwürfiges Verhalten. Der Schmeichler lobt nicht nur das Gute am anderen, sondern auch die Fehler und Schwächen mit dem Ziel, sich beliebt zu machen. Demgegenüber ist die παρρησία, die auch Kritik einzuschließen hat, Freundschaftspflicht.

Sklaven bleibt das Handeln seines Herrn uneinsichtig. Freunde dagegen teilen nicht nur alle materiellen Güter, sondern lassen einander auch an ihrem Wissen teilhaben. In dieser Weise ist Jesus seinen Jüngern Freund, indem er sie an allem teilhaben lässt, was er von seinem Vater gehört hat. In Hinsicht auf das exklusiv durch Jesus in seiner besonderen Gemeinschaft zum Vater (vgl. Joh 10,14; 16,14f.; 17,9f.) erschlossene Heilswissen gibt es keinen Unterschied mehr zwischen Sklaven und Herren, wie er für die häuslich-familiären Hierarchien kennzeichnend ist.

Der Zustand, den V.15b anspricht: »der Sklave weiß nicht, was sein Herr tut«, wird qualitativ vollgültig aufgehoben. Johanneisch ist der Tod Jesu damit nicht in ein Gefälle eingezeichnet. Jesus stirbt nicht als Herr für Abhängige und Unterlegene, für Sklaven oder Kinder, er stirbt auch nicht als »Diener« (vgl. Mk 10,45), sondern in einem Akt der Freundschaft als Gleicher für Gleiche. Andererseits bleibt auch hier das unumkehrbare Gefälle vom Vater über den Sohn zu den Jüngern als Freunden gewahrt (vgl. Joh 15,16). D. h. auch im johanneischen Schrifttum bleibt – bis in die Deutung des Todes Jesu hinein – die eigentümliche Spannung von Egalität und Familiarität gewahrt (s. o. Punkt 3.).

5 Schluss und Ausblick

Wir haben gesehen: Frühchristliche Texte können sich eng an Themen und Fragestellungen der hellenistisch-römischen Freundschaftsethik anschließen. Die Untersuchung dreier grundlegender Topoi der hellenistischen Freundschaftsliteratur zeigte, wie die Freundschaftstopik genutzt wird, um das frühchristliche Christuszeugnis kommunikabel zu machen, weiter zu erschließen, was christliche Gemeinschaft bedeutet, und schließlich konkrete Ratschläge und Verhaltensanweisungen zu vermitteln.

Die Topoi der hellenistischen Freundschaftsethik werden dabei keineswegs ungebrochen übernommen. Insbesondere führt die jüdische Voraussetzung, dass Freundschaft zuletzt im Gottesverhältnis gründet, zu einer alternativen Begründung. Diese wirkt sich in die einzelnen Themenfelder hinein aus. Das Konzept der Freundschaft kann von etablierten sozialen Größen, v. a. der Familie, distanziert werden. Im Ansatz der ältesten Jesustradition und anders auch bei Paulus ist es universal, d. h. soziale und ethnische Bindungen transzendierend ausgelegt. Zugleich wird es auf die Jüngerschaft als neuer »Familie« zugeschnitten.

In der Praxis der Gestaltung der Innenrelationen frühchristlicher Gruppen als »Freunde« gilt die Besitzthematik als besonders sensibel. Die Maxime der Besitzgemeinschaft der Freunde kann dabei paränetisch gewendet und im Sinne eines Ausgleichs begriffen werden. Als besonders kritisch gelten unter frühchristlichen Vorzeichen Nützlichkeits- und Reziprozitätskalküle in der Freundschaft. Zwar können Ratschläge neutestamentlicher Paränese auch Reziprozität einfordern bzw. auf einer solchen basieren (vgl. bereits Lev 19,18) – bei einem völligen Verzicht hierauf würde sich u. a. die Gefahr der ständigen Ausbeutung der gebenden Seite einstellen. Doch erscheint insbesondere nach Lukas durch *do ut des*-Kalküle das Grundverständnis christlicher Gemeinschaft immer schon im Ansatz gefährdet.

Durchgängig haben wir die Gefahr beobachtet, ein modernisierendes, von Subjektivität, Innerlichkeit und Intimität her entworfenes Freundschaftsverständnis in die Texte hineinzuprojizieren. Umgekehrt wäre der hellenistisch-römische Freundschaftsbegriff nun am Ende unter neuzeitlichen Vorzeichen noch einmal anders zu diskutieren. Gerade in ethischer Hinsicht ergeben sich hier auch kritische Perspektiven. Anzusprechen wäre dabei u. a. das Problem: Die Institution der Freundschaft kann zwar Gruppenhomogenitäten unterstützen – so wie dies auch im frühen Christentum geschieht –, gerade dies kann aber zu einer gesamtgesellschaftlichen Verstärkung von Divergenzen und Konflikten führen. Freunde haben bzw. Freund sein bedeutet in allen großen Texten der antiken Freundschaftsethik ausdrücklich immer auch Feinde haben und gegebenenfalls auch anderen Feind sein. »[…] Feindschaften folgen den Freundschaften auf dem Fuß und sind untrennbar mit ihnen verquickt«, so schreibt z. B. Plutarch (De multitudine amicorum 96A).

Wie alle anderen Konzepte sozialer Gestaltung hat es auch Freundschaft damit zu tun, dass das Zusammenleben von Menschen immer eine gefährdete und gefährliche Angelegenheit ist. Die verschiedenen Idealisierungen von Freundschaft in der antiken Freundschaftsethik sind darum immer wieder kritisiert worden. Den Ausführungen des Aristoteles im achten und neunten Buch der Nikomachischen Ethik hat man gar Narzissmus bescheinigt. Einfache Bewertungen mit Stichworten wie »Altruismus« oder »Partikulargemeinschaft« sind hier angesichts des Zuwachses, der Veränderung und Ausweitung gesellschaftlicher Differenzierungsprozesse kaum möglich.[27]

---

27 Zur Auseinandersetzung mit dem Vorwurf des Narzissmus an die Freundschaftskonzeption des Aristoteles: Frederic M. Schroeder, Friendship in Aristotle and Some Peripatetic Philosophers, in: Fitzgerald (Hrsg.), Perspectives, 35–57, 38 f.

Am Ende soll stattdessen nochmals eine Frage stehen, denn Fragen spielen, wie wir exemplarisch bei Lk 11,5–8 sahen, allgemein in der symbouleutischen Literatur eine wichtige Rolle. Plutarch weiß mit vielen anderen Zeugnissen der antiken Freundschaftsliteratur davon, dass die Liebesfähigkeit der Menschen immer nur für wenige Freunde ausreicht (De multitudine amicorum 2; 93D–94A; vgl. Aristoteles eth. nic. 1170b–1171a). Zuverlässige Freunde sind schwer zu finden (Plutarch 97B). Die Zahl derer, die Freundschaften aufgrund ihres edlen Charakters überhaupt praktizieren können, ist äußerst limitiert.[28] Nach dem »Laelius« hält kaum eine Freundschaft bis zum Lebensende. Die erzählende Literatur der Antike ist voller Beispiele für scheiternde und zerbrechende Freundschaften.[29]

Blickt man von hier aus in die neutestamentlichen Geschichtsbücher, so liest man z. B. davon, dass es im engsten Freundeskreis Jesu bald zu Verrat und Verleugnung kommt, dass dieser engste Freundeskreis Jesu in Anbetracht des Kreuzes flieht und nach Ostern bald zerbricht und dass auch die frühe nachösterliche Missionsgeschichte *in puncto* Freundschaft keine reine Erfolgsgeschichte war – man denke nur an Fälle wie Johannes Markus bzw. die Trennung von Barnabas und Paulus. Die Frage lautet nun nicht nur für die Beispiele der griechisch-römischen, sondern auch die der christlichen Literatur: Was gibt mehr Anlass zur Verwunderung? Dass Freundschaften so häufig scheitern oder dass es tatsächlich Fälle gibt, in denen sich Freundschaf-

28 Die klassische Literatur beschränkt sie auf wenige Freundes*paare*, Paare wie Theseus und Peirithoos, Achill und Patroklos, Orest und Pylades, Phintias und Damon sowie Epameinondas und Pelopidas. Die Kirchenväter fügen diesen klassischen Paaren als biblisches Pendant David und Jonathan hinzu. Vgl. Treu, Art. Freundschaft, 424. Überwiegend entsteht der Eindruck, dass die jeweiligen Paare literarische Aufmerksamkeit zunächst nicht wegen der Vorbildlichkeit ihrer Freundschaft beanspruchen, sondern aufgrund der Tatsache, dass jeweils einer der beiden als »Held« gilt, auch wenn die sozialen Voraussetzungen für eine Freundschaft auf Augenhöhe gegeben sind.

29 Das insgesamt von der Thematik der Freundschaft durchzogene Buch Jesus Sirach (zu weisheitlichen Sprachformen der Symbouleutik vgl. in diesem Band die Beiträge von Jan-Dirk Döhling und Beate Ego) weiß zwar auch vom Lob der Freundschaft, ist jedoch insgesamt von Skepsis und Misstrauen bestimmt, nicht nur da Freundschaften als verletzbar gelten (Sir 19,6–19; 22,9–26). Vgl. Sir 6,13: »von deinen Feinden trenne dich und vor deinen Freunden hüte dich« (ἀπὸ τῶν ἐχθρῶν σου διαχωρίσθητι καὶ ἀπὸ τῶν φίλων σου πρόσεχε). In Sir 12,8–12 und 37,1–6 wird in Einklang mit Einsichten der hellenistischen Literatur zwischen dem wahren und falschen Freund unterschieden. Die immer wieder behauptete Abhängigkeit des Freundschaftspessimismus von Sir zu *Theognis* (6. Jh. v. Chr.) ist unsicher.

ten auch in Krisen bewähren und bleiben? Diese Frage lenkt uns zurück zu den Ausgangsfragen, mit denen es die Symbouleutik, die Beratungskunst, immer zu tun hat: Geht das, und wie geht das und wie geht das nicht?

LITERATURVERZEICHNIS

Eichler, Klaus-Dieter (Hrsg.): Philosophie der Freundschaft, 2. Aufl. Leipzig 2000

Faltner, Max (Hrsg. u. Übers.): M. Tulli Ciceronis Laelius de Amicitia, 3. Aufl. München 1980

Fitzgerald, John T. (Hrsg.): Greco-Roman Perspectives on Friendship (SBL. Resources for Biblical Study 34), Atlanta 1997

Gadamer, Hans-Georg: Freundschaft und Selbsterkenntnis. Zur Rolle der Freundschaft in der griechischen Ethik (1985), in: Ders., Griechische Philosophie III. Plato im Dialog, Gesammelte Werke Bd. 7, Tübingen 1991, 396–406

Gigon, Olof (Übers.) / *Nickel, Rainer* (Hrsg.): Aristoteles. Die Nikomachische Ethik (Sammlung Tusculum), Düsseldorf/Zürich 2001

Hiltbrunner, Otto: Gastfreundschaft in der Antike und im frühen Christentum, Darmstadt 2005

Kierkegaard, Sören: Entweder/Oder. Zweiter Teil, in: Ders., Gesammelte Werke. 2. und 3. Abteilung, übers. v. Emanuel Hirsch, Düsseldorf/Köln 1957

Nietzsche, Friedrich: Nachgelassene Fragmente. Herbst 1869 bis Herbst 1872 (Kritische Gesamtausgabe III/3), Berlin / New York 1978

Paton, William Roger / Wegehaupt, Hans / Pohlenz, Max (Hrsg.): Plutarchi moralia, Bd. I–VII (BiTeu), Leipzig 1954–1978

Rader, Rosemary: Breaking Boundaries. Male / Female Friendship in Early Christian Communities (Theological Inquiries), New York / Toronto 1983

Schnelle, Udo u. a. (Hrsg.): Der Neue Wettstein I/2, Berlin u. a. 2001

Scholtissek, Klaus: »Eine größere Liebe als diese hat niemand, als wenn einer sein Leben hingibt für seine Freunde« (Joh 15,13). Die hellenistische Freundschaftsethik und das Johannesevangelium, in: Frey, Jörg / Schnelle, Udo (Hrsg.), Kontexte des Johannesevangeliums, Tübingen 2004, 413–439

Stählin, Gustav: Art. φιλέω κτλ., in: ThWNT IX (1973. Nachdr. 1990), 112–169

Strecker, Christian: Die liminale Theologie des Paulus (FRLANT 185), Göttingen 1999

Treu, Kurt: Art. Freundschaft, in: RAC 8 (1972), 418–434

Vowinckel, Gerhard: Art. Freundschaft: V. Sozialwissenschaftlich, in: RGG 4. Aufl., Bd. 3 (2000), 353–355

»Wer christlich lebt, lebt gut und bleibt gesund.«[1] Clemens von Alexandriens frühchristlicher Ratgeber

Katharina Greschat

Zusammenfassung:
Von populären Ratgebern zur Lebenskunst beeinflusst verfasste Clemens von Alexandrien zu Beginn des dritten Jahrhunderts mit seinem Paidagogos nun ein Werk, das sich speziell an die christliche Oberschicht in Alexandria richtete. Auffällig ist, wie wichtig Clemens darin den menschlichen Körper nimmt, den er als das wichtigste Instrument einer von Christus geleiteten Seele versteht. Damit grenzt er sich auch sehr deutlich von leibfeindlichen Christen in der Bildungsmetropole Alexandria ab.

»Wer christlich lebt, lebt gut und bleibt gesund«, dieser Titel klingt angesichts des brutalen Anschlags auf die koptischen Christen in Alexandria am Neujahrstag diesen Jahres (2011) und der gegenwärtigen Auseinandersetzungen zwischen Christen und Muslimen im Land am Nil wie blanker Zynismus. Und doch – auch damals an der Wende zum dritten Jahrhundert war Alexandria eine gemischtreligiöse Stadt, in der die Christen in der Minderheit und immer wieder auch von Verfolgungswellen und Anschlägen bedroht waren. Davon ist bei Clemens von Alexandrien jedoch nur sehr we-

1 Zum Titel vgl. auch Alfred Breitenbach, Wer christlich lebt, lebt gesund. Medizinische und physiologische Argumentation im *Paidagogos* des Klemens von Alexandrien, JbAC 45 (2002), 24–49. Pujiula hält den von Breitenbach gewählten Titel jedoch für irreführend: »Denn auch wer sich an den diätetischen Anweisungen paganer Autoren orientiert, lebt gesund«. (Martin Pujiula, Körper und christliche Lebensweise. Clemens von Alexandria und sein Paidagogos, Millenium Studien 9, Berlin / New York 2006, 338).

nig zu spüren.[2] Verfolgungen und unterschiedliche Arten von Drangsalen werden in seinen Schriften zwar erwähnt, doch geschieht das eher beiläufig.[3]

Clemens wollte etwas anderes: er wollte die Gunst der Alexandriner gewinnen und ging deshalb auf sie zu, indem er einen Protreptikos für sie verfasste, damit auch sie zur Erkenntnis der christlichen Wahrheit gelangen mögen. In der sich daran anschließenden Schrift setzte er alles daran, den Alexandrinern deutlich zu machen, dass es Christus selbst als der göttliche Logos ist, der die Menschen »durch menschenfreundliche Lehren zur vollständigen Erkenntnis der Wahrheit«[4] führt. Wie ein Paidagogos, d. h. wie ein Erzieher[5] – so der bezeichnende Titel dieser Schrift – leitet Christus die Menschen,[6] ganz konkret die wohlsituierten christlichen Einwohner der Stadt, für die Clemens dieses Werk schrieb,[7] damit sie wissen, wie sie sich in ihrem Umfeld zu verhalten haben. Clemens verfasste diese ausführliche Anleitung zu einer angemessenen christlichen Lebensführung, um zu veranschaulichen, »wie in seinem ganzen Leben der sein muss, der sich Christ nennt«[8].

---

2 Darauf weist auch Chadwick hin. Vgl. Henry Chadwick, The Church in ancient Society. From Galilee to Gregory the Great, Oxford / New York 2001, 129.

3 Vgl. etwa Paed. III. 41,1. In den Stromateis ist etwas häufiger davon die Rede, vgl. auch Pujiula, Körper, 61f.

4 Paed. I. 3,1.

5 Dementsprechend versteht Clemens die Adressaten auch als Kinder, die der Paidagogos formen und lenken soll, vgl. dazu auch Denise Kimber Buell, Making Christians. Clement of Alexandria and the Rhetoric of Legitimacy, Princeton 1999.

6 Vgl. auch Rüdiger Feulner, Clemens von Alexandria. Sein Leben, Werk und philosophisch-theologisches Denken, Bamberger Theologische Studien 31, Frankfurt a. M. 2006, 30.

7 Vgl. Attila Jakab, Ecclesia alexandrina. Evolution sociale et institutionelle du christianisme alexandrin (IIe et IIIe siècles), Christianismes anciens, 2. Aufl. Bern/ Berlin 2004, 257–292.

8 Paed. II. 1,1.

1 Ein Leitfaden für die christliche Oberschicht in Alexandria

Dabei spricht Clemens seine Adressaten jedoch an keiner Stelle als Glieder der vielfältigen Gemeindelandschaft von Alexandria an,[9] sondern wendet sich an sie als Christen aus den gesellschaftlich höheren Schichten.[10] Nur für sie machen seine Ausführungen über das richtige Verhalten bei Essen und Trinken, über gepflegte Konversation und angemessenen gesellschaftlichen Umgang, über Körperpflege und Gesundheit, über Kleidung und Schmuck, sowie Ehe und Geschlechtlichkeit überhaupt einen Sinn.[11] Für die ärmeren Gemeindeglieder wären Ausführungen etwa über das Verzehren teurer Speisen, das Tragen kostbarer Gewänder, über aufwändige Frisuren oder auch nur über den Genuss von Wein vermutlich kaum von Interesse gewesen.

So lehnt Clemens – um bei der Frage nach dem Wein zu bleiben – dessen Konsum keineswegs ab und beruft sich in diesem Zusammenhang zusätzlich noch auf eine medizinische Autorität:[12]

»Ein gewisser Artorios hat, wie ich mich erinnere, in dem Buch ›Über das lange Leben‹ gemeint, man solle lediglich dazu beitragen, die Speisen zu benetzen, um sich ein längeres Leben zu verschaffen. Es ist also angemessen, dass die einen den Wein als Therapie zu sich nehmen, also nur aus gesundheitlichen Gründen, die anderen aber zur Erholung und Erheiterung.«[13]

---

9 Dennoch vermutet Pujiula, die Schrift sei als Katechese im Rahmen der Taufvorbereitung abgefasst worden. Vgl. Pujiula, Körper, 84–94; dagegen jedoch Christine Mühlenkamp, »Nicht wie die Heiden«. Studien zur Grenze zwischen christlicher Gemeinde und paganer Gesellschaft in vorkonstantinischer Zeit, JbAC.E Kleine Reihe 3, Münster 2008, 148.

10 Überzeugend versteht Buell den Paidagogos »as an extended reflection upon the process and significance of baptism addressed to Clement's students – regardless of whether or when they had been baptized« (Buell, Making Christians, 108). Schließlich könne man über die gemeindliche Organisation in Alexandria zu Zeiten des Clemens so gut wie nichts sagen. Allerdings richtet dieser sich an begüterte Christen.

11 Vgl. Peter Brown, Die Keuschheit der Engel. Sexuelle Entsagung, Askese und Körperlichkeit im frühen Christentum, München 1994 (engl. 1988), 153f. vertritt die These, Clemens stärke damit – zumindest implizit – die Stellung der »wohlhabenden Familienväter, die die christliche Gemeinde schützten und unterstützen« (ebd. 153), gegenüber den Vertretern der sexuellen Askese.

12 Vgl. zu dem auch epigraphisch bezeugten Arzt Artorios auch Vivian Nutton, Artorius, in: DNP 2 (1997), 65f.

13 Paed. II. 23,1.

Clemens nennt einerseits also gesundheitliche Gründe für den Genuss von Wein: die Speisen ganz ohne Flüssigkeit zu sich zu nehmen, ist seiner Ansicht nach nicht unbedingt verdauungsfördernd.[14] Doch Clemens geht es nicht ausschließlich um Fragen der Gesundheit, zumal Artorios gar nicht von Wein, sondern lediglich von Flüssigkeit geredet hatte; es geht Clemens auch um Wohlbefinden, um Erholung und Genuss, wie aus den unmittelbar folgenden Sätzen deutlich wird:

»Denn zuerst bewirkt der Wein, dass der Trinkende sich selbst mehr als früher eine Freude gönnt, und freundlicher gegen die Gäste und milder gegen die Diener und gütiger gegen die Freunde wird. Da der Wein warm ist und süße Säfte enthält, so löst er in der richtigen Mischung durch seine Wärme die zähen Bestandteile der Ausscheidungsstoffe auf und vermischt die scharfen und schlechten Säfte mit den wohlriechenden. Trefflich ist ja jenes Wort gesagt: Als Ergötzung für Seele und Herz ist der Wein von Anfang an erschaffen, wenn er mit Maß getrunken wird.«[15]

Erst ein Zuviel an Wein hat dann die allzu bekannten Wirkungen, die Clemens ebenfalls sehr anschaulich beschreibt:

»Durch übermäßigen Genuss von Wein wird aber die Zunge gelähmt und die Lippen erschlaffen und die Augen verdrehen sich, gerade als wenn die Sehkraft infolge des Übermaßes von Flüssigkeit in Wasser getaucht wäre, und zur Täuschung gezwungen, glauben die Augen, dass sich alles im Kreise dreht.«[16]

Insofern rät Clemens seinen Lesern nicht nur in diesem Zusammenhang dazu, unter allen Umständen das richtige Maß zu halten:

»Denn überhaupt darf man den Menschen von allem, was ihnen von der Natur gegeben ist, nichts mit Gewalt nehmen, vielmehr muss man für alles nur das richtige Maß und die richtige Zeit bestimmen.«[17]

Und genau das will Clemens mit seinem Paidagogos leisten: seinem Publikum zeigen, wie es das rechte Maß im Umgang mit den natürlichen Dingen – Essen, Trinken, Schlafen etc. – finden kann. »Denn in dieser ganzen Erziehung des Logos ist nichts übertrieben, sondern alles maßvoll geordnet.«[18] Der Logos will den Menschen zu einem richtigen Leben anleiten, zu so etwas

---

14 Vgl. auch Paed. II. 21,3.

15 Paed. II. 23,2f.

16 Paed. II. 24,1.

17 Paed. II. 46,1.

18 Paed. I. 99,2.

wie einer »Kunstfertigkeit für das Leben« (τέχνη περὶ βίον).[19] Der Logos vermittelt dem Menschen also eine Lebenskunst, die den Menschen Zeit seines Lebens auf Erden begleitet. Das gilt deshalb für die gesamte Zeit seines Lebens, weil jeder Mensch und damit eben auch jeder Christ ein körperliches Wesen ist und bleibt. Deshalb will Clemens mit dem Paidagogos auch anschaulich machen, »wie jeder von uns mit dem Körper umgehen soll, vielmehr wie er ihn richtig lenken soll.«[20]

2 EIN ANTIKER RATGEBER FÜR KÖRPERKULTUR?

Das klingt nun sehr nach einem speziellen Ratgeber für Körperkultur, anhand dessen die Reichen und Schönen unter den Christen Alexandrias sich mit allem, was mit ihrer Körperlichkeit zu tun hat, beschäftigen sollen.[21] Und tatsächlich wird die verwöhnte Damenwelt der Stadt davor gewarnt, sich tagtäglich aufwändig frisieren und schminken zu lassen, um den anderen lediglich ein schönes Äußeres zu präsentieren. Clemens argumentiert einmal mehr vom medizinischen Standpunkt her[22] gegen die Vielzahl an kosmetischen Substanzen, die die Alexandrinerinnen zu benutzen pflegen:

»da sie sich nämlich vom frühen Morgen an die Haare ausrupfen und sich abreiben und mit allerhand Mischungen einschmieren lassen, schädigen sie durch die giftigen Mittel ihre Haut und verweichlichen ihren Körper und zerstören durch das Übermaß von Reinigungsmitteln ihre natürliche blühende Schönheit.«[23]

Dass ein Zuviel an Pflegemitteln der Haut keineswegs gut tut, wusste also auch schon Clemens. Liest man seinen Paidagogos, gewinnt man den Eindruck, dass die Verwendung von Kosmetik für die Oberschicht der Stadt eine Selbstverständlichkeit war. Nicht nur die alexandrinischen Frauen, auch die Männer taten offenbar einiges für ein gepflegtes Äußeres. Geradezu angeekelt

---

19 Paed. II. 25,3. Vgl. zu diesem in der Stoa weit verbreiteten Begriff auch John Behr, Asceticism and Anthropology in Irenaeus and Clement, Oxford Early Christian Studies, Oxford 2000, 159.

20 Paed. II. 1,2.

21 Vgl. Pujiula, Körper, 4.

22 Gegenüber vergleichbaren heidnischen Werken zur Lebensführung fällt auf, dass Clemens häufig gesundheitliche Argumente ergänzt; vgl. dazu auch Breitenbach und Pujiula, Körper, 168–236; 341.

23 Paed. III. 2,6.

weiß Clemens zu berichten, dass in der Stadt ganze Heerscharen von Barbieren bereitstehen, um mittels Pechstreifen auch Männerhaut vollständig zu enthaaren,[24] und wendet dagegen ein, dass die natürliche Körperbehaarung, d.h. der Bart und die behaarte Brust der natürliche Schmuck eines jeden Mannes sein sollten.[25] Sowohl bei Männern als auch bei Frauen war es zu jener Zeit offenbar üblich, sich ihre Haare blondieren oder färben zu lassen, um die Anzeichen des Alters zu verstecken.[26] Clemens kann hier nur einen in seinen Augen höchst bedenklichen Jugendwahn seiner reichen Mitbürger konstatieren und wendet dagegen ein: Selbst wenn der Mensch sich noch so sehr darum bemüht, wie eine Schlange seine alte Haut abzustreifen und gleichsam mit einer neuen Haut zu leben, ist das dem Menschen nun einmal nicht gegeben. Darüber hinaus macht Clemens seinen Lesern auch Mut, zu ihrem wahren Alter zu stehen und versichert ihnen:

»Denn es ist nicht schlimm, es ist wirklich nicht schlimm, wie ein Greis auszusehen, wenn man es nicht verbergen kann, dass man ein Greis ist.«[27]

3 Alles längst bekannte Ratschläge?

In dieser Anleitung zu einer christlichen Lebenskunst aus dem beginnenden dritten Jahrhundert wird also nichts ausgelassen; alles Mögliche wird behandelt und kommt in den drei Büchern des Paidagogos vor.[28] Und zugleich dürfte dem kundigen Leser vieles auch sehr bekannt vorgekommen sein. Denn wer den Paidagogos zur Hand nimmt, tut das bestimmt nicht, weil er etwas gänzlich Neues erfahren möchte. Schließlich konnte man sich in einer antiken Großstadt wie Alexandria solche und ähnliche Bücher, die dem Interessierten eine Anleitung zu einer gesunden und verantwortlichen Lebensführung geben wollen, bei Bedarf auf einfache Weise verschaffen. Gerade im Kontext der stoischen Diatribe[29] wurden viele ähnliche Schriften mit Rat-

---

24 Vgl. Paed. III. 15,3f.

25 Vgl. Paed. III. 18,1. Zur Frage des Bartes vgl. auch Jakab, Ecclesia alexandrina, 281f.

26 Vgl. Paed. III. 16,2.

27 Paed. III. 16,3.

28 Vgl. dazu auch Brown, Keuschheit, 141: »Auf den ersten Blick macht der Paidagogos auf uns einen unerhört pedantischen Eindruck. Wenige Einzelheiten bleiben uns erspart«.

29 Vgl. Pujiula, Körper, 42–49; vgl. auch Johannes Stelzenberger, Die Beziehung der frühchristlichen Sittenlehre zur Ethik der Stoa, Hildesheim 1989, 453–459.

schlägen für eine gezielte Einübung in ein tugendhaftes Leben abgefasst.[30] In erster Linie war es vermutlich das Werk des Musonius Rufus,[31] das Clemens gekannt und wohl auch deshalb ausgiebig für seinen Paidagogos verwendet hat,[32] weil er wie Musonius der Ansicht war, dass ein tugendhaftes Leben nicht ohne einen geübten Körper zu führen sei.[33] Doch warum musste Clemens nun noch einen gesonderten Ratgeber für die begüterten Christen in Alexandria verfassen?

Das hat ganz offensichtlich mit der besonderen Situation der Stadt Alexandria zu tun.

Wer hier sein Sozialprestige steigern wollte, der tat das nicht – wie in anderen Städten üblich – durch religiöse Abgrenzung,[34] etwa durch die Übernahme eines wichtigen Priesteramtes oder sonst einer leitenden Funktion im städtischen Kultbetrieb. Zur Erhöhung des eigenen Status wählte man in der Bildungsmetropole Alexandria offenbar häufiger einen etwas anderen Weg, indem man sich im Kontext griechischer Kultur profilierte.[35] Wer also zur alexandrinischen Elite dazugehören wollte, der tat gut daran, seine Bildung und Kultur auch öffentlich zu leben und gleichsam zur Schau zu stellen. Und was eignete sich dazu besser als die eigene Lebensführung? Denn durch sie konnte man ganz offensichtlich seine Beheimatung im kultivierten und ge-

30 Eine kleine Auswahl an Autoren, die Clemens im Paidagogos direkt zitiert, findet sich zusammengestellt bei: Clément d'Alexandrie, Le Pédagogue I, ed. par Henri-Irénée Marrou et Marguerite Harl, SC 70, Paris 1960, 74f.

31 Vgl. James T. Dillon, Musonius Rufus and Education in the Good Life. A Model of Teaching and Living Virtue, Dallas 2004.

32 Allerdings kaum in der Weise, dass Clemens den Musonius Rufus direkt bearbeitet hat, wie Geytenbeek noch annimmt. Vgl. Anton C. van Geytenbeek, Musonius Rufus and Greek Diatribe, Assen 1963, 19f. Vgl. auch Harry O. Maier, Clement of Alexandria and the care of the self, JournAmAcRel 62 (1994), 719–744.

33 Musonius Rufus Diatriben 6. Vgl. dazu auch Pujiula, Körper, 129.

34 Vgl. auch Mühlenkamp, Nicht so wie die Heiden, 149.

35 Vgl. etwa Alfons Fürst, Christentum als Intellektuellenreligion. Die Anfänge des Christentums in Alexandria, SBS 213, Stuttgart 2007, 17. Fürst formuliert etwas plakativ und sehr zugespitzt: »Dieser weitgehende Ausschluss der Alexandriner von politischer Partizipation auch in ihrer eigenen Stadt führte dazu, dass die Oberschicht in Alexandria sich vor allem auf dem Gebiet betätigte, das seit Gründung der Stadt ihr Aushängeschild war: Bildung und Kultur. Politik war in Alexandrien Sache der Römer, das heißt der kaiserlichen Verwaltung der Stadt, Religion Sache der verschiedenen Teile der bunt gemischten Bevölkerung. Die wohlhabende Oberschicht war auf den Sektor Bildung, Kultur, Wissenschaft fokussiert«. (Ebd.)

bildeten Milieu der Stadt für jedermann sichtbar und demonstrativ zum Ausdruck bringen. So versteht Clemens die angemessene und gute Lenkung des Körpers als ein Mittel, die eigene Bildung, die eng mit der eigenen Religion und Frömmigkeit verbunden ist, zu veranschaulichen. Clemens will mit seinem Paidagogos seinem Leserkreis zeigen, dass »das Verhalten des Christen [...] die Unternehmung einer logosgemäßen Seele [...], ausgeführt durch den mit der Seele verwachsenen und mitkämpfenden Körper«[36], sei. Damit wird also klar und verständlich formuliert, warum für Clemens das Verhalten der Christen so wichtig ist. Denn der Körper spielt eine ganz zentrale Rolle im Sinne eines freundschaftlich verbündeten Kombattanten der am Logos und damit an Christus orientierten Seele. Der Körper ist folglich der Seele wichtigstes Ausführungsorgan und damit zugleich so etwas wie ihr sichtbarer Außenposten. Am Verhalten und am Umgang mit dem Körper lässt sich also auf die Seele und damit am Ende auch auf Christus als den Erzieher dieser Seele zurückschließen.

4 Was heisst christliche Lebenskunst?

In welcher Weise sollte sich das Verhalten des reichen Christen nun von dem seines nichtchristlichen Mitbürgers unterscheiden? Vielfach lässt sich kaum ein großer Unterschied erkennen. Wie seine popularphilosophischen Kollegen entfaltet auch der Paidagogos die typischen Themen der traditionellen Luxuskritik, die Clemens jedoch zusätzlich immer auch christlich motiviert.[37] Doch bisweilen differenziert er auch in subtiler Weise,[38] wie anhand eines signifikanten Beispiels zu zeigen sein wird.

Ganz im Sinne der stoisch geprägten Vorstellung von der inneren Freiheit gegenüber jeglichen Äußerlichkeiten, die der Bedürfnislosigkeit eines natürlichen Lebens im Wege stehen,[39] steht auch Clemens dem Tragen von kostbarem Schmuck kritisch gegenüber, lehnt es jedoch nicht gänzlich ab.[40] An einer Stelle führt er genauer aus, welcher Schmuck seiner Ansicht nach

---

36 Paed. I. 102,2; vgl. auch Pujiula, Körper, 119.

37 Vgl. dazu auch Pujiula, Körper, 42–49.

38 Vgl. Adele Monaci Castagno, L'arte sottile della distinzione: il »Pedagogo« di Clemente Alessandrino, Adamantius 9 (2003), 29–37.

39 Pujiula, Körper, 44.

40 Mit Paed. III. 53,1 will Clemens das Tragen von Goldschmuck und den Gebrauch weicherer Kleidung nicht völlig verbieten, vgl. auch Pujiula, Körper, 259 f.

sinnvoll ist. Einer Frau gesteht Clemens zu, einen goldenen Siegelring zu tragen.[41] Diesen sieht er allerdings nicht unbedingt als ein Schmuckstück, sondern als einen Gebrauchsgegenstand an, da Frauen im Haushalt die Aufgabe haben, wertvolle Gegenstände und Vorräte zu versiegeln.[42] Auch Männer brauchen im Geschäftsleben vielfach einen Siegelring und sollen diesen ebenso wenig als eitles Geschmeide, sondern vielmehr unauffällig und deshalb am kleinen Finger tragen.[43] Nun – und das ist für Clemens bezeichnend – gibt er auch noch einige Hinweise zu geeigneten Motiven für solche Siegelringe:

»Unsere Siegelringe aber sollen sein eine Taube oder ein Fisch oder ein Schiff mit geschwellten Segeln.«[44] Für diese Auswahl wird keine nähere Begründung gegeben.[45] Des Weiteren empfiehlt Clemens mit dem Bild der Leier das Musikinstrument, das Polykrates – Herrscher von Samos – angeblich auf dem von ihm so hoch geschätzten Siegelring abgebildet hatte. Der gebildete Leser weiß natürlich sofort, dass Polykrates diesen Ring ins Meer geworfen hatte und ihn dennoch zurück erhielt, weil der Ring im Bauch eines Fisches steckte, den Polykrates von einem Fischer geschenkt bekam.[46] Für geeignet hält Clemens dann aber auch das Motiv des Schiffsankers, das die Zeitgenossen vom Siegel und von den Münzen des Seleukos I. Nikator her kannten.[47] Dabei mag der Christ dann auch an die Apostel und an die aus dem Wasser (der Taufe) emporgezogenen Kinder denken.[48] Clemens rät also nicht zu exklusiv christlichen Symbolen; das liegt ihm offenbar fern.[49] Gegenüber der gebildeten heidnischen Oberschicht in Alexandria muss sich der Christ nicht abgrenzen, hier ist keinerlei Ansatz zu einer Konfrontation zu erkennen.[50] Einmal mehr wird deutlich, dass die Christen, zu denen Clemens im

---

41 Vgl. Paed. III. 57,1 und III. 58,3.

42 Vgl. Paed. III. 57,1.

43 Vgl. Paed. III. 59,1.

44 Paed. III. 59,2.

45 Dass man diese Motive christlich deuten könne, wie Mühlenkamp behauptet, wird von Clemens nicht gesagt. Vgl. Mühlenkamp, Nicht wie die Heiden, 156.

46 Vgl. Herodot, Historien III,39–43.

47 Vgl. Paed. III. 59,2.

48 Vgl. ebd.

49 Vgl. Leo Eizenhöfer, Die Siegelbildvorschläge des Clemens von Alexandrien und die älteste christliche Literatur, JbAC 3 (1960), 51–69. Vgl. jetzt auch James A. Francis, Clement of Alexandria on Signet Rings: Reading an Image at the Dawn of Christian Art, CPh 98/2 (2003), 179–183.

50 So auch Mühlenkamp, Nicht wie die Heiden, 166f.

Paidagogos spricht, ganz selbstverständlich an der gemeinsamen städtischen Wissens- und Erinnerungskultur partizipieren und sich in dieser Hinsicht nicht von ihren nichtchristlichen Mitbürgern unterschieden. Und dennoch: auch die Abbildungen auf den Siegeln sollten Ausdruck einer christlichen Lebensweise sein, denn:

»Gestalten von Göttern dürfen die mit ihren Siegeln nicht abdrücken, denen es auch verboten ist, sie zu verehren.«[51]

Ein getaufter Christ hat den Göttern und ihrem Kult abgeschworen, weshalb er eben auch nicht mit ihrem Abbild siegeln sollte. Weil der Glaubende als solcher nach Frieden streben soll und kein Trunkenbold sein darf, verbieten sich auch Symbole des Krieges und der Trunkenheit.[52] Somit drückt sich die Haltung des Getauften bis in die Einzelheiten – ganz konkret bis in die Wahl oder Ablehnung bestimmter Motive für den goldenen Siegelring am Finger eines christlichen Mannes oder einer christlichen Frau – hinein aus, ohne sich damit aber zugleich in einen Gegensatz zu den heidnischen Zeitgenossen oder deren Lebensweise zu stellen. Und auch noch heute unterscheiden sich die koptischen Christen in Ägypten von ihren muslimischen Zeitgenossen durch das Tragen eines goldenen Ringes.[53]

5 Wider die christlichen Verächter des menschlichen Leibes

Die von Clemens im Paidagogos vertretene Konzeption, wonach der Körper als wichtiger Bündnispartner der Seele anzusehen ist,[54] und man folglich auch anhand des Umgangs mit dem Körper auf den Erzieher der Seele zurückschließen kann, ist dennoch als ein Dokument der Abgrenzung zu lesen. Clemens wollte sich – das haben wir soeben gesehen – nicht von den Heiden distanzieren. Vielmehr ging es ihm darum, sich in aller Deutlichkeit von anderen alexandrinischen Christen zu unterscheiden, die zwar ebenso auf Kultur und Bildung setzten, aber im Unterschied zu Clemens die Welt und damit auch den Körper verachteten.[55] Dass das nicht nur ein bloße Vermutung ist,

---

51 Paed. III. 59,2.

52 Vgl. ebd.

53 Vgl. DIE ZEIT Nr. 4, 20. Januar 2011, 56 (Karin Finkenzeller, Zwischen Kreuz und Sure).

54 Vgl. auch Lukas Thommen, Antike Körpergeschichte, utb 2899, Zürich 2007, 107.

55 Vgl. dazu das treffende Bonmot von Brown: »Bei alledem dürfen wir nicht vergessen,

zeigt einmal mehr die Frage nach dem Weingenuss, der den Christen auch schon deshalb kaum verboten sein könne, weil Jesus selbst schließlich auch Wein getrunken hat. »Dies sei von uns auch gegen die sogenannten Enkratiten festgestellt.«[56] Mit diesen »sogenannten Enkratiten« sind bei Clemens unterschiedliche christliche Gruppierungen gemeint, die alle eine distanzierte bis feindliche Haltung gegenüber dem menschlichen Körper vertraten.[57] Dass sie auf die wohlhabenden Christen in Alexandria ihren wohl nicht ganz unerheblichen Einfluss ausüben konnten, wollte Clemens offensichtlich nicht hinnehmen. Gegenüber diesen Gruppierungen ging es ihm im Paidagogos darum zu zeigen, dass sich eine christliche Lebenskunst selbstverständlich auch auf den Umgang mit der eigenen Leiblichkeit beziehen muss. Diese »Orthopraxie des Körpers«[58] ist demnach kein unwichtiger Nebenschauplatz,[59] sondern ein entscheidendes Feld der Auseinandersetzung mit den genannten christlichen Verächtern der menschlichen Körperlichkeit. Für einen alexandrinischen Christen – so die Quintessenz des gesamten Paidagogos – ist es keineswegs selbstverständlich, den Körper geringzuschätzen und sich nicht um seine Belange zu kümmern.[60] Vielmehr darf der Christ sich um seinen Körper sorgen und auf eine gesunde Lebensweise achten.[61] Schließlich ist » der menschliche Leib [...] nichts Verächtliches, sondern in seiner Gesundheit, Kraft und Schönheit aus der Meisterhand Gottes hervorgegangen und verdiene eine sorgfältige Pflege.«[62] Das heißt aber nun nicht, dass der

---

dass andere Christen und nicht die Heiden die wahren Schrittmacher von Clemens' entzückendem Klassizismus waren« (Brown, Keuschheit, 138). Zu dem gesamten Zusammenhang vgl. auch Pujiula, Körper, 142–152.

[56] Paed. II. 33,1. Vgl. dazu auch Jakab, Ecclesia alexandrina, 266f. und Behr, Asceticism, 165.

[57] Clemens definiert im dritten Buch der Stromateis die Enkrateia »als Geringschätzung des Körpers infolge des Bekenntnisses zu Gott« (Strom. III. 4,1). Vgl. dazu auch Pujiula, Körper, 143f. Im dritten Buch der Stromateis bekämpft Clemens die Lehre der Enkratiten, die sich u. a. wohl auch auf das Ägypterevangelium berufen konnten, vgl. auch Henry Chadwick, Enkrateia, RAC 5 (1962), 343–365.

[58] Pujiula, Körper, 144.

[59] Pujiula, Körper, 337: »Es handelt sich dabei keineswegs um ein nebensächliches Thema, sondern um ein Kernproblem christlicher Lebenspraxis«.

[60] Zur positiven Sicht auf die menschliche Leiblichkeit, vgl. auch Feulner, Clemens, 175.

[61] Pujiula, Körper, 338.

[62] Aegidius Decker, Kenntnis und Pflege des Körpers bei Clemens von Alexandria, Innsbruck 1936, 69.

Christ dieses göttliche Schöpfungswerk korrigieren oder nach eigenem Gutdünken verbessern dürfe, wie Clemens bezüglich des Färbens der grauen Haare deutlich macht:

»Wie können also die gottlosen Leute der Schöpfung Gottes entgegenarbeiten oder vielmehr sich ihm widersetzen, indem sie das Haar, das nach seinem Willen grau geworden ist, verändern oder verfälschen?«[63]

Die göttliche Schöpfungsordnung entspricht also der natürlichen Ordnung, die sich der Mensch auch in seinem Umgang mit dem Körper zum Maßstab nehmen sollte. Doch erschöpft sich die Argumentation des Clemens nicht mit dem Hinweis auf die göttliche Schöpfung, vielmehr macht Clemens seinen Lesern einmal mehr klar, dass Körper und Seele auf das Engste zusammengehören, weil der Körper gleichsam den Außenposten einer vom Logos geleiteten Seele bildet. Insofern kann man von der Erscheinungsweise des Körpers auf den Zustand der Seele schließen, weswegen Clemens denn auch beteuert:

»Es ist aber nicht möglich, es ist wirklich nicht möglich, dass derjenige seine Seele als wahr erweisen kann, der einen verfälschten Kopf hat.«[64]

Wer schon im Umgang mit dem eigenen Körper betrügt, kann kaum für sich in Anspruch nehmen, eine wahrhaftige Seele zu besitzen. Umso wichtiger ist es, sich darüber klar zu werden, dass nicht allein die Seele, sondern auch der menschliche Körper, der aufgrund der Taufe wiedergeboren und damit eng mit dem Logos verbunden wird, etwas geradezu Kostbares ist,[65] das sorgfältig behandelt und mit Bedacht gelenkt werden sollte. So wie es sich bei der Taufe um ein leibliches Geschehen handelt, so manifestiert sich die leitende Funktion des Logos eben auch im Hinblick auf den Körper. Indem der Gottessohn Mensch wurde, erläutert Clemens seinen Lesern, nahm der Logos die Form eines Sklaven an und wurde selbst Fleisch. Doch damit hat er nicht nur unser Leiden auf sich genommen, sondern zugleich auch unser Fleisch befreit, d.h. dem Sklaven die Freiheit geschenkt und der Vergänglichkeit die Unsterblichkeit verliehen.[66] Letztlich bestehe die Schönheit des Leibes gerade in der ihm geschenkten Unsterblichkeit,[67] die in der Ewigkeit dann ihre endgültige Erfüllung finden wird. Nichtsdestoweniger soll sich der alexandrinische Christ schon hier und jetzt danach verhalten. Darauf

---

63 Paed. III. 17,1.

64 Ebd.

65 Vgl. Paed. II. 118,5. Vgl. auch Pujiula, Körper, 149f.

66 Vgl. Paed. II. 3,3. Ähnlich auch Paed. I. 84,3.

67 Vgl. ebd. Vgl. auch Behr, Asceticism, 141.

macht Clemens einigermaßen drastisch im Zusammenhang mit der Frage nach der Enthaarung des männlichen Körpers aufmerksam. Sich den ganzen Leib mit Pech einschmieren zu lassen, ist nicht nur unanständig und zeugt von einer geradezu unerhörten Schamlosigkeit, sondern auch davon, dass ein solcher Mann nicht weiß, dass Christus in ihm ist und in ihm wohnt.[68] Was Clemens damit meint, wird etwas später noch einmal in aller Deutlichkeit entfaltet: wer sich als Mann vollständig enthaaren lässt, erweist sich als gottlos, weil er seinen eigenen Körper schmählich entstellt, »der mit dem Herrn gleicher Gestalt ist.«[69] Denn anders als für die Enkratiten ist der verantwortliche Umgang mit dem Leib allein schon deshalb für Clemens ein wichtiges Thema, weil der inkarnierte Logos selbst einen menschlichen Körper angenommen hat. Das macht einerseits die besondere Würde des menschlichen Leibes aus und legt dem Christen andererseits aber auch eine besondere Verantwortung im Umgang mit dem eigenen Körper auf.[70] Der Christ soll für seinen Körper sorgen, doch soll dieser dem Willen der Vernunft unterworfen sein, wozu es ständiger und intensiver Übung bedarf – das ist mit der von Clemens angesprochenen Kunstfertigkeit im Hinblick auf das Leben und den Körper gemeint.[71] Somit meint Lebenskunst nichts anderes als die Tugend, die Clemens auch als »ein im ganzen Leben mit der Vernunft übereinstimmendes Verhalten der Seele«[72] bezeichnet. Ein solches tugendhaftes und sittlich gutes Leben soll den Auswirkungen der Sünde entgegenwirken, die den Menschen nicht nur haben ungehorsam werden lassen, sondern ihn zu einem unvernünftigen Tier gemacht hat, »von allen Lüsten geritten«[73]. Daher braucht der Christ mit dem Logos einen Erzieher, der ihn zu einer Lebensführung im Gehorsam gegenüber den göttlichen Geboten anhält,[74] bis er schließlich das Ziel der ewigen Ruhe in Gott erreicht

---

68 Vgl. Paed. III. 20,1f. mit Bezug auf 2. Kor. 13,5. Vgl. auch Pujiula, Körper, 148f., der feststellt, dass Clemens nicht nur an dieser Stelle seine Vorlage unter dem Blickwinkel der Frage nach der Körperlichkeit liest.

69 Paed. III. 20,5. Diese Stelle hebt auch Marrou, Clément d'Alexandrie, Le Pédagogue I, 37f. hervor. Vgl. zu Marrou aber auch den Kommentar von Behr: »Marrou … enthusiastically overvalues this passage«. Behr, Asceticism, 141 Anm. 34.

70 Pujiula, Körper, 149 stellt mit Recht fest, dass das »keineswegs ein gewöhnlicher, im zeitgenössischen Christentum verbreiteter Gedanke« war.

71 Vgl. Paed. I. 101,1.

72 Paed. I. 101,2.

73 Paed. I. 102,1.

74 Vgl. zu den göttlichen Geboten, insbesondere zu den 10 Geboten als den Heilmitteln gegen die menschliche Sünde, auch Maier, Clement of Alexandria, 725–728.

hat.[75] Clemens betont noch einmal ganz ausdrücklich, dass es im Paidagogos um die Ausführung der vom Logos gegebenen Lehren – d. h. um Taten und nicht allein um Worte[76] – geht. Für die Abwägung und Entscheidung ist die vernünftige Seele zuständig, doch für die Ausführung dieser Taten bedarf sie unbedingt des ihr »von Natur engverbundenen und mithandelnden Körper[s].«[77]

6 Fazit

Mit dem Paidagogos schrieb Clemens kein fades Benimmbüchlein, das nun den gesellschaftlich aufstrebenden alexandrinischen Christen den allerletzten Schliff beibringen soll, damit sie sich adäquat in der gehobenen Gesellschaft verhalten konnten.[78] Clemens wollte offenbar etwas völlig anderes erreichen und seinen begüterten Glaubensgenossen zeigen, in welcher Weise die göttliche Erziehung den Menschen zu seinem Heil führt.[79] Dabei knüpft diese Form der Erziehung durchaus an die Tradition paganer Modelle einer tugendhaften Lebensführung an, doch sind diese – nach Ansicht von Clemens – lediglich für »das Leben hier unten«[80] geeignet. Zu einem »glücklichen Leben in jener Welt«[81] muß der Mensch noch in einem sehr viel umfassenderen Sinn gesund und deshalb dazu angeleitet werden, auch im Umgang mit dem eigenen Körper die größtmögliche Sorgfalt walten zu lassen. Denn für Clemens ist die menschliche Leiblichkeit keineswegs unwichtig, sondern entscheidendes Ausdrucksmittel für die Seele, die sich gar nicht anders als über den Weg des Tuns und des Körpers wahrnehmbar äußern kann. Mit dieser im Paidagogos so nachdrücklich vertretenen Position grenzt sich Clemens zugleich auch von den als Enkratiten bezeichneten christlichen Gruppierungen ab, die sich im Kontext der gebildeten Oberschicht Alexandrias ebenso erfolgreich profiliert hatten. Die Frage, »wie jeder von uns mit dem Körper umgehen soll, vielmehr wie er ihn richtig lenken

[75] Vgl. Paed. I. 102,2.

[76] Vgl. Paed. I. 102,3.

[77] Ebd.

[78] So verläuft die Argumentation etwa bei Monaci Castagno, L'arte sottile.

[79] Vgl. Paed. I. 103,1.

[80] Paed. I. 103,2.

[81] Ebd.

soll«[82], geht eben nicht nur die kultivierte pagane Bevölkerung in der Metropole am Nil etwas an. Sie hat auch jeden rechtgläubigen – d. h. für Clemens: jeden nicht welt- und leibfeindlichen – Christen intensiv und nachhaltig zu beschäftigen.

Literaturverzeichnis

Behr, John: Asceticism and Anthropology in Irenaeus and Clement, Oxford Early Christian Studies, Oxford 2000

Breitenbach, Alfred: Wer christlich lebt, lebt gesund. Medizinische und physiologische Argumentation im *Paidagogos* des Klemens von Alexandrien, JbAC 45 (2002), 24–49

Brown, Peter: Die Keuschheit der Engel. Sexuelle Entsagung, Askese und Körperlichkeit im frühen Christentum, München 1994 (engl. 1988)

Buell, Denise Kimber: Making Christians. Clement of Alexandria and the Rhetoric of Legitimacy, Princeton 1999

Chadwick, Henry: Enkrateia, RAC 5 (1962), 343–365

Chadwick, Henry: The Church in ancient Society. From Galilee to Gregory the Great, Oxford / New York 2001

Decker, Aegidius: Kenntnis und Pflege des Körpers bei Clemens von Alexandria, Innsbruck 1936

Dillon, James T.: Musonius Rufus and Education in the Good Life. A Model of Teaching and Living Virtue, Dallas 2004

Eizenhöfer, Leo: Die Siegelbildvorschläge des Clemens von Alexandrien und die älteste christliche Literatur, JbAC 3 (1960), 51–69

Feulner, Rüdiger: Clemens von Alexandria. Sein Leben, Werk und philosophisch-theologisches Denken, Bamberger Theologische Studien 31, Frankfurt a. M. 2006

Francis, James A.: Clement of Alexandria on Signet Rings. Reading an Image at the Dawn of Christian Art, CPh 98/2 (2003), 179–183

Fürst, Alfons: Christentum als Intellektuellenreligion. Die Anfänge des Christentums in Alexandria, SBS 213, Stuttgart 2007

van Geytenbeek, Anton C.: Musonius Rufus and Greek Diatribe, Assen 1963

Jakab, Attila: Ecclesia alexandrina. Evolution sociale et institutionelle du christianisme alexandrin (IIe et IIIe siècles), Christianismes anciens, 2. Aufl. Bern/Berlin 2004

Maier, Harry O.: Clement of Alexandria and the care of the self, JournAmAcRel 62 (1994), 719–744

Monaci Castagno, Adele: L'arte sottile della distinzione: il »Pedagogo« di Clemente Alessandrino, Adamantius 9 (2003), 29–37

Mühlenkamp, Christine: »Nicht wie die Heiden«. Studien zur Grenze zwischen christlicher Gemeinde und paganer Gesellschaft in vorkonstantinischer Zeit, JbAC.E Kleine Reihe 3, Münster 2008

[82] Paed. II. 1,2.

Nutton, Vivian: Artorius, in: DNP 2 (1997), 65f.
Pujiula, Martin: Körper und christliche Lebensweise. Clemens von Alexandria und sein Paidagogos, Millenium Studien 9, Berlin / New York 2006
Stelzenberger, Johannes: Die Beziehung der frühchristlichen Sittenlehre zur Ethik der Stoa, Hildesheim 1989
Thommen, Lukas: Antike Körpergeschichte, utb 2899, Zürich 2007

Weisheit im Staube – Vergessene Trost- und Ratgeberliteratur des Protestantismus

Ute Gause

Zusammenfassung:
Der Beitrag zeigt anhand von Beispielen aus der Frömmigkeitsliteratur des 16. und 17. Jahrhunderts die Wandlung von einer anleitenden und den Alltag begleitenden Seelsorge hin zu einer mystischen und emotionalen Form der Frömmigkeit, die sich – so die These – dem weitgehenden Verlust einer praktischen Anleitung zur Frömmigkeit im Protestantismus verdankt.

1 Entwicklungsstränge der Trost- und Ratgeberliteratur des 16. und 17. Jahrhunderts

In der kirchengeschichtlichen Forschung sind sie im 20. und 21. Jahrhundert wenig beachtet worden: die Erbauungsschriften, die Gebrauchsliteratur für jene gläubigen Christenmenschen, die Anleitungen für ihre persönliche Frömmigkeit, die Trost und Rat gesucht haben. Obwohl es noch in der Reformationszeit, innerhalb der lutherischen Orthodoxie und ganz besonders im Pietismus für einen Theologen und auch für einen Theologieprofessor – gelegentlich auch für adlige Frauen wie Zinzendorfs Großmutter – nicht ungewöhnlich war, emphatische Andachtsliteratur zu verfassen, findet diese Tradition mit der Aufklärung und der historisch-kritischen Forschung ein gewisses Ende. Diejenigen Theologen, die fortan mit eigener Erbauungsliteratur hervortreten, sind meist erweckten Kreisen zuzurechnen.

Vielleicht aufgrund dieser Entwicklung hat die Kirchengeschichte die »alten Tröster«, wie Constantin Große im 19. Jahrhundert diese Literatur genannt hat, bislang selten gewürdigt. Nur gelegentlich, und nicht nur von Kirchenhistorikern und -historikerinnen, wurde Interesse an dieser Form der Anleitung zur Frömmigkeit bekundet: z. B. durch Berndt Hamm oder durch den in Bochum lehrenden Historiker Lucian Hölscher mit seiner »Geschichte der Frömmigkeit«.[1] Für Constantin Große waren diese alten Tröster ein Mittel gegen die »öde aufklärende Kanzelweisheit« – er stammte selber aus erwecktem Hintergrund – und er charakterisierte den fundamentalen Wert der Erbauungsliteratur folgendermaßen:

»Das persönliche christliche Leben, das in der Taufe gegründet und durch das unmittelbare Wort Gottes in der Bibel bzw. Predigt und durch das heilige Abendmahl erhalten wird, wird vorbereitet, fortgeführt, befestigt, vertieft durch das abgeleitete Wort Gottes, welches in der Erbauungsliteratur aus dem reinen Quell der Schrift reichlich rein und klar fließt.«[2]

Er beschrieb damit einen Mangel, den die sich konstituierende evangelische Kirche offensichtlich im 16. Jahrhundert bald empfunden hat: Wie soll eine Vertiefung, ja, eine Anleitung zum christlichen Leben geschehen, wenn die Gnade »sola fide« vermittelt wird und das Gottesverhältnis sich ausschließlich über das Wort der Predigt – als »fides ex auditu« – gestaltet?

Nachdem zentrale äußere Gebetsgebärden und rituelle Handlungen, die im Mittelalter verbreitet waren, weggefallen waren, wurde im Spätmittelalter als Ersatz eine Verinnerlichung, die *devotio,* angestrebt. Ein Prozess begann, der in der Reformation eine Steigerung erfuhr. Der Münsteraner Kirchenhistoriker Thomas Lentes sieht diesen jedoch überzeugend schon in Traditionen aus dem 14. Jahrhundert vorgezeichnet. Er beschreibt ihn folgendermaßen:

»Wo der Inhalt des Gebetstextes im Vordergrund stand und Innerlichkeit und Unterweisung als das Wesen des Gebets verstanden wurden, verlor der äußere Bezug seine Bedeutung. Mit dem Verstehen und der Innerlichkeit zerbrach die für die spätmittelalterliche Frömmigkeit spezifische Einheit von Außen und Innen, von Qualität und Quantität. Ideengeschichtlich lässt sich dies aus der inneren Dynamik der mittelalterlichen Frömmigkeitskonzeptionen erklären. Aus ihr selbst erwuchs ja die Forderung nach zunehmender Emotionalisierung des Gebets. Kulturell wirksam jedoch wurde die Trennung erst, als sich die Bildungsvoraussetzungen und der Zugang zum Buch gewandelt hatten. Jenseits von theologischen Debatten und Differenzen erweist sich die Formierung der neugläubigen Bewegung dadurch bedingt,

---

1 Vgl. Berndt Hamm, Was ist Frömmigkeitstheologie: Überlegungen zum 14. bis 16. Jahrhundert, in: Praxis Pietatis (1999), 9–45; vgl. außerdem Gudrun Litz (Hrsg.), Frömmigkeit – Theologie – Frömmigkeitstheologie: Contribution to European Church History. Festschrift für Berndt Hamm zum 60. Geburtstag, Leiden 2005.

2 Constantin Große, Die Alten Tröster. Ein Wegweiser in die Erbauungsliteratur der evang.-luth. Kirche des 16. bis 18. Jahrhunderts, Hermannsburg 1900, 1.

dass sie mit der Transformation der Bewertung des Verhältnisses von Innen und Außen einherging.«[3]

Dabei ist die Ausgangslage der ferneren Jahrhunderte fundamental verschieden von der unseren: Im Vordergrund der aufkommenden Trostliteratur steht nicht der Mensch an sich, der seinen eigenen Weg in der Welt sucht, sondern der zutiefst sündige Mensch, der vor Gott bestehen will und der einerseits Vergebung seiner Sünden sucht, andererseits Hilfe im Umgang mit Problemen, die ihn beschäftigen. Sündenvergebung, Vergewisserung von Gottes Gegenwart, Beistand und Kraft zum Aushalten der Nöte des eigenen Lebens, das sucht und findet man in dieser Literatur.

Einen zweiten Strang, der dieser Literatur zuzurechnen ist, auch wenn er weniger Trost und Rat artikuliert als vielmehr zu einer Identifikation mit Christus auffordert, bildet die mystische Literatur. Sie steht im Gefolge der mystischen Traditionen des Mittelalters. Hier wird unter anderem die Passion Christi intensiv bedacht und die Versenkung in Christus oft in identifikatorischer Form gesucht. Die Emphase dieser Texte unterscheidet sich gravierend von den Alltagsgebeten, die stärker normieren und tatsächlich praktische Anleitung sein wollen. Insofern aber auch hier Hilfen zum Gebetsleben gegeben werden, gilt auch für diesen zweiten Strang das eben Gesagte. Dieser beginnt schon mit Luthers Passional, wird fortgeführt durch Caspar von Schwenckfeld und in der lutherischen Orthodoxie. Schon ab der Mitte des 16. Jahrhunderts kommt es innerhalb der lutherischen Gebetsliteratur außerdem zu einer breiten Übernahme von Gebeten aus der mittelalterlichen und dann der jesuitischen Tradition. Hier profitieren durchaus beide Konfessionen voneinander. Viele evangelische Gebetbücher stellen unbefangen Kompilationen zusammen. Zu dem weit verbreiteten Gebetbuch des Wittenberger Theologen Johannes Habermann (Avenarius), erstmals 1567 erschienen, mit unzähligen Nachdrucken, bemerkte 1914 Paul Althaus kritisch:

»Die Form, die er in seinem Gebetbuche zur Anwendung bringt, hat ihm nicht nur hohes Lob und Bewunderung eingetragen, sondern sie ist bis in die Gegenwart für viele Gebetbücher vorbildlich geworden. Vom Standpunkte der literargeschichtlichen Forschung wird dieses Lob allerdings insofern eine starke Einschränkung erfahren müssen, als sie den Nachweis führt, dass

---

3 Thomas Lentes, ›Andacht‹ und ›Gebärde‹. Das religiöse Ausdrucksverhalten, in: Bernhard Jussen / Craig Koslofsky (Hrsg.), Kulturelle Reformation. Sinnformationen im Umbruch 1400–1600, Göttingen 1999, 29–67; 45.

jene Form keineswegs von Habermann ›neu geschaffen‹, sondern vom Jesuitismus übernommen ist.«[4]

Einen Höhepunkt hat diese mystische Frömmigkeit sicherlich im Pietismus mit Zinzendorfs exaltierter Blut- und Wundenfrömmigkeit gefunden.[5] Weitere mystische Formen, die aus der Tradition der bernhardinischen Brautmystik stammen, prägten sich im 17. Jahrhundert intensiv aus. Ich werde in meinem Ausblick auf das 17. Jahrhundert noch ein Beispiel dafür geben.

Ich versuche im Folgenden eine zugegebenermaßen holzschnittartige Darstellung dieser beiden Stränge anhand von Ausschnitten aus der jeweiligen Trost- und Ratgeberliteratur im Kontext des 16. und in einem Ausblick auf das 17. Jahrhundert. Dabei habe ich mich notwendigerweise auf eine Auswahl beschränken müssen und möchte auch in keiner Weise behaupten, dass es sich bei diesen beiden Richtungen von Frömmigkeits- bzw. Trostliteratur um die einzigen handelt.

Rückschlüsse darauf, wie intensiv diese Bücher von Menschen benutzt und gelesen worden sind, kann man nicht ziehen, d. h. die Veröffentlichungen, gerade wenn sie hohe Auflagenzahlen hatten, deuten auf ein gewisses Interesse hin, letztlich ist es jedoch kaum möglich zu erforschen, wie diese Texte gewirkt haben. Damit will ich davor warnen, vorschnell aus frommen Texten auf fromme Menschen zu schließen oder weniger salopp formuliert: Mit Berndt Hamm muss präzise unterschieden werden zwischen Frömmigkeit als Verhalten und Habitus und einer Frömmigkeitstheologie, die die Anweisungen gibt, wie ein solcher Habitus idealtypisch erreicht werden kann.

2 Konkrete Alltagsfrömmigkeit im 16. Jahrhundert

Im 16. Jahrhundert muss der Protestantismus als Konfession gewissermaßen etabliert werden, muss aus der neuen Theologie eine neue Frömmigkeit entstehen. Das ist Anlass dafür, dass eine Fülle evangelischer Gebetbuchliteratur entsteht, die versucht, für alle Widerfahrnisse eines christlichen Lebens Trost durch das auf die Situation zugespitzte Gebet zu spenden und dabei auch Anweisungen für das angemessene christliche Leben zu geben. Pasto-

---

4 Paul Althaus d. Ä., Forschungen zur Evangelischen Gebetsliteratur, Gütersloh 1927, 122.

5 Vgl. als neuere Darstellung der Sichtungszeit: Paul Peucker, »Blut auf unsre grünen Bändchen«: die Sichtungszeit in der Herrnhuter Brüdergemeine, in: Unitas Fratrum 49/50 (2002), 41–94.

rale Sorge und das Entstehen einer spezifisch evangelischen Konfessionskultur gehen dabei Hand in Hand. In einer Schrift von 1542 z. B. heißt es als Trost für Frauen, deren Kind direkt nach der Geburt gestorben ist:

»[...] Wie wol man nicht wissen sol noch kan Gottes heimlich Gericht in solchem fall, warumb er solche Kindlein, da bey aller müglicher vleis geschehen ist, nicht hat lassen lebendig geborn und getaufft werden, So sollen sich die Müttere doch des zufrieden geben und gleuben, das Gottes wille allzeit besser sey weder unser wille ist, ob uns nach fleischlichem dünckel viel anders ansihet, und zuforderst daran nicht zweifeln, das Gott darumb weder uber die Mütter noch andere, so dazu gethan, erzürnet sey. Sondern sey eine versuchung zur gedult. [...]«[6]

Es ist der undurchschaubare Wille Gottes, der hier geschieht, den die Mütter akzeptieren müssen, der auf jeden Fall besser ist als alles fleischliche Wollen. Die Mütter trifft keine Schuld und sie dürfen sich dessen gewiss sein, dass ihr Kind durch ihr Gebet bei Gott angenommen ist. Niemand geringerer als Luther selbst hat diesem Thema eine kleine Trostschrift gewidmet, die zum Vertrauen in das Gebet auffordert. Sie schließt:

»Summa, sihe du allermeist darauff, das du ein rechter Christen seist / und also im rechten glauben zu Gott beten vnd herztlich seufftzen lerest, es sey in dieser oder allen anderen nöten. Als denn las dir nicht leide sein und sorge nichts, widder für dein Kind noch für dich selbest, Und wisse, das dein gebet angenehm ist und Gott alles viel besser machen wird, weder du begreiffen oder begeren kanst.«[7]

Es gibt keinen moralisierenden Unterton, sondern die Klage ist erlaubt. Gottvertrauen äußert sich in dem Vertrauen, dass, wenn Gottes Handeln die menschliche Vernunft übersteigt, die Menschen sich dennoch geborgen fühlen dürfen, auch in Hinblick auf das verlorene Kind. Ähnlich äußert dies der Augsburger Pfarrer Jeremias Schweiglin, der in einem Trostbuch für schwangere und gebärende Frauen bei Tod des Kindes folgendes Gebet vorschlägt:

»Ach getreuer Gott, barmherziger Vater / wir klagen dir unser ängstliches Betrübnis: Es hat leider der bitter Tod unser liebes Erblein / der Sünde halben / [...] in Mutterleibe jämmerlich ermordet [...] auch ungezweiffelt hoffen, wir werden es dermal einst bei dir in ewiger Gesundheit und englischer Klarheit selig finden und anschauen.«[8]

---

6 Martin Luther, Ein Trost den Weibern, welchen es ungerade gegangen ist mit Kindergebären, 1542, WA 53, 205–208, hier: 205.

7 A. a. O., 207.

8 Jeremias Schweiglin, Ein trefflicher Schöner Lere und Trostspiegel / Auß Gottes Wort /

Hieran sieht man, wie eminent praktisch ausgerichtet diese Literatur ist. Sie will sowohl trösten, als auch die durch die Situation angefochtene Gottesbeziehung wieder herstellen. Der Tod des Kindes wird beklagt, der Grund für seinen Tod liegt in der nicht näher bezeichneten Sünde, im Prinzip in der Erbsündhaftigkeit aller, dennoch ist es ein jämmerlicher Mord! Der Tod wird nicht relativiert. Das Kind ist aber nicht verloren, die Eltern dürfen hoffen, es im Eschaton wohlbehalten, selig und gesund zu treffen.

Zu dieser Gebrauchsliteratur, die man im weiteren Sinne als Ratgeberliteratur bezeichnen könnte, zählt gleicherweise die christliche Hausväterliteratur, die nicht nur den Hausvätern, sondern insgesamt den Eheleuten genaue Anweisungen gibt, wie sie ihre Ehe zu verstehen haben. Hieran wird deutlich, wie die Frömmigkeit mit dem weltlichen Leben verbunden aus der Kirche hinaus in den Raum des Privaten geholt wird. Diese Privatheit spiegelt sich dann auch in den Gebeten und Ratschlägen bzw. Verständnishilfen, die den Menschen gegeben werden, wider.

Der bereits eben erwähnte Pfarrer Jeremias Schweiglin lässt in seinem Trostspiegel – in dem er gerne auch aus Jesus Sirach und den Proverbia zitiert – den christlichen Ehemann ein recht pragmatisches Gebet sprechen:

»Almechtiger gütiger Gott / der du den H. Ehestand selbst eingesezet und durch deines lieben Sons Jesu Christi erstes wunderzeichen / verehret und gezieret hast / als ein solchen stand / der dir angenem ist […] Wehre dem Eheteuffel / dass er nit zwitracht und zanck / zwischen uns erzeuge / vnnd einmenge / vnd wo wir etwan auß Schwachheit vbereilet / uneins würden / so hilff / dass wir vns / baldt miteinander wider versönen.

Gibt auch weiter gnad / dass ich mich keins andern Ehegemals und Weibesbilde gelüsten lasse / oder dasselbige mit einem bösen auge / ihr zu begeren anschaue.

Behüte auch mein Weib / Kinder / vnnd Gesinde / für kranckheit / unnd allem ungemach / nach deinem Göttlichen vätterlichen Willen.

Du wöllest auch mich / durch deinen Geist dermassen regieren / dass ich meines beruffs fleissig warte / im schweiß menes Angesichts mein brote esse / auch mich nichts lasse verdriessen / ob es mir schon blutsauwer muß werden / seitemal du es dergestalt / als zur straffe der sünden / verordnet hast / […].

D. Luthers seligen / vnd anderer Euangelischer Lehrer Büchern / Schrifften / vnd Sendbrieffen / ec., Frankfurt a. M. 1580, 418.

Hilff auch das Creutz (so nicht aussen bleibt / etc.) mit gedult tragen / vnnd nach diesem gantz kurtzem Leben versamle uns in dein Reich / zu allen Gottseligen Eheleuten / Amen.«[9]

Auffällig ist hier, dass die Einsetzung des Ehestandes durch Gott allein nicht ausreicht, sondern noch durch Christi Wunder auf der Hochzeit zu Kana zusätzlich legitimiert wird. Schlimmstes Eheproblem sind Uneinigkeiten und Zankereien, an zweiter Stelle steht die Untreue, von der an anderer Stelle steht, dass sie sowohl bei Frauen als auch bei Männern immer mehr zunehme. Der Ehemann trägt nicht nur Verantwortung für die Ehefrau, sondern auch für Kinder und Gesinde – das Konzept des ganzen Hauses und des Patriarchats des Hausvaters wird vorausgesetzt. Konsequenz des Sündenfalls ist für den Mann die Mühsal der Arbeit, die ebenfalls im Gebet bedacht wird. Im Reich Gottes – so die Hoffnung – werden dereinst die Eheleute, die eine christliche Ehe geführt haben, wieder vereint.

Gebetbücher zeigen somit zum einen die Interessenlagen der damaligen Gesellschaft: Ratgeber für das christliche Ehe- und Familienleben, Sterbetrost und Haushaltsführung, das sind die Zentralthemen. Zum anderen jedoch setzen sie eine Praxis des Gebets voraus, die in Beispielen entfaltet wird, und letztlich zur Selbstreflexion und zur Gottesbeziehung führt, wie es ansatzweise auch im obigen Gebet deutlich wurde. Anfang und Ende des Gebets verweisen jeweils auf Anfang und Vollendung christlichen Lebens bei Gott bzw. im Reich Gottes. Innerhalb dieser Rahmung soll dann offen über eigene Probleme und eigene Gefährdungen reflektiert werden.

Bezeichnenderweise heißt ein evangelisches Gebetbuch aus dem Jahr 1537, das höchstwahrscheinlich von einer Frau verfasst worden ist, »Feurzeug christlicher Andacht«. Das Gebetbuch soll ein Hilfsmittel sein, umden Glauben zu entzünden und zu verifizieren.[10] Wörtlich heißt es in der Vorrede:

»Zu sollichem werck das hertz zubewegen / wirdt diß büchleinfast [=sehr] wohl dienen / als das in sonderheyt die begird vnnd andacht zu Gott erregt vnnd anzündt / also das man in lerne förchten / lieben / loben vnd für augen haben. Möchte auch wol genent werden / Itinerarium salutis / ein wegbericht zum heyl vnnd seligkeyt. Weyl David Gottes lob ein weg zum heyl nennet / aber doch wöllen wirs anders tauffen vnd nennen ein feüerzeüg etc. Als das ein feür im herzen anzündt / welliches vnnser lieber Herr Jesus Christus auff

---

9 Schweiglin, Trostspiegel, 373–375.

10 Feurzeug Christenlicher andacht, Nürnberg 1537, drei weitere Auflagen: Leipzig 1546, Leipzig 1557, Nürnberg 1559. Vgl. zu dieser Schrift auch: Paul Althaus, Gebetsliteratur, 43f.

erden hat wöllen senden / das es brennen solt / vnnd die menschen zu Gott treybenn«.[11]

Das Gebetbuch stellt ein Hilfsmittel für den Weg zum Heil dar, dafür bedient es sich großzügig anderer Vorlagen, u. a. sind Auszüge aus Schriften von Brenz und Luther ohne Angabe übernommen worden. Es handelt sich also um eine Sammlung, die zu privaten Erbauungszwecken zusammengestellt wurde, in der die Selbsteinschätzung der Verfasserin und ihr Anliegen in den wenigen von ihr selbst verfassten Gebeten jedoch deutlich zum Ausdruck kommt. Ich zitiere aus dem Morgengebet:

»Ich arme dein vnnverdiente bildnuß vnnd sündtliche creatur / sage dir groß lob vnd danck / das du mich vnwirdige / die verfallene sünderin / diese nacht bewaret hast für dem bösen feyndt / Ich bitte dich du wöllest heut disen tag /mein leben und arbeyt also wenden vnd richten / nach deinem wolgefallen / das ich den ganzen tag nichts anders thu und schaff / denn das dir angeneme sey«.[12]

Was diese Literatur auszeichnet, ist die stete Bezogenheit auf Gott; d. h., es geht nicht – wie in heutiger Ratgeberliteratur – vornehmlich um das Individuum und seine Befindlichkeit, sondern es geht um ein vor Gott verantwortetes Leben. Der Christ und die Christin dürfen und sollen sich in Anfechtungssituationen bittend an Gott wenden. Neben dem Trost und dem Rat geht es um den kontemplativen Nachvollzug der christlichen Glaubenswahrheiten. Es wird der Versuch gemacht, durch eine emphatische Sprache einen emotionalen Bezug zu Gott zu erreichen. Damit verbunden ist eine individuelle Selbstreflexion.

Ich komme abschließend zu einer im 17. Jahrhundert weit verbreiteten Frömmigkeitsform, die einen scharfen Kontrast zum 16. Jahrhundert bildet.

3 Mystische Jesusminne im 17. Jahrhundert

Das 17. Jahrhundert hat eine reiche Meditationsliteratur, zum Teil durch Rezeption oder Übernahme aus anderen Ländern, hervorgebracht.[13] Es steht insgesamt für eine Intensivierung der Frömmigkeit, die im Pietismus einen Höhepunkt findet. Was die Gebetsfrömmigkeit angeht, entsteht neben den an-

11 A. a. O., Aiii.

12 A. a. O., Fii.

13 Vgl. Udo Sträter, Sonthom, Bayly, Dyke und Hall. Studien zur Rezeption der englischen Erbauungsliteratur in Deutschland im 17. Jahrhundert, Tübingen 1987.

leitenden Schriften eine sehr eigene Richtung der (im weitesten Sinne) Trostliteratur, nämlich eine mystische Jesusminne.

Eine ungedruckte Münchener Dissertation aus dem Jahre 1921, die diese Schriften untersucht, spricht von einer religiösen Liebesdichtung, von einem »letzten späten Höhepunkt religiöser Erotik« im Protestantismus.[14] Als sprechendes Beispiel sei hier nur der mittlerweile fast unbekannte Pfarrer Peter Hesselius aus Hamburg angeführt, der 1672 in seiner Schrift »Sancta Amatoria, geistliche verliebte Gedanken derer, die sich alleine ihrem Heilande verlieben und nach ihm für Liebe, Freude, und Begierde immer brennen« urteilt:

»Ja, wie verliebt sind doch alle rechtschaffenen Christen! Wie manchen Liebeskuss geben sie ihrem Jesu, wenn sie im Glauben zu ihm treten; es mag solche Liebe der Frommen mit dem Sohn Gottes wohl ein Geheimnis sein, nicht genug auszureden [...], Unterdes wird eine jede gläubige Seele, die in Jesum den auserkorenen Schatz liebt, also anstimmen und dies verliebte Liedlein machen:

Ich bin verliebt! Und weiss, worinn,
Deswegen ich so fröhlich bin.
Ich bin verliebt! Herr Jesu Christ
In dich mein Herz verliebet ist,
Du hast mich hart verwundet,
Sieh wie die Lieb mich krank gemacht und innerlich entzundet.«[15]

Auch wenn Martin Brecht in seiner Geschichte des Pietismus noch 1993 geurteilt hat, dass die Schrift mit dem schönen Titel »Himmlischer Liebes-Kuß oder Übung des wahren Christentums, fließend aus der Erfahrung Göttlicher Liebe«, von dem Pastor und Theologieprofessor Heinrich Müller (1631–1675) im Jahr 1659 verfasst, »längst nicht so erotisch [sei], wie der Titel andeutet«, muss eben diese Erotik doch konstatiert werden.[16] Neben Titelblättern solcher Schriften gibt es andere, sogar farbige Darstellungen der Jesusminne wie das Bild der Aemilie Juliane von Schwarzburg-Rudolstadt als Jesusbraut.[17]

---

14 Paul Alverdes, Der mystische Eros in der geistlichen Lyrik des Pietismus, München Diss. Phil. (ungedruckt) 1921, 25.

15 Zitiert nach Alverdes, Eros, 34.

16 Martin Brecht, Das Aufkommen der neuen Frömmigkeitsbewegung in Deutschland, in: Ders. (Hrsg.), Der Pietismus vom siebzehnten bis zum frühen achtzehnten Jahrhundert, Göttingen 1993, 173f.

17 Vgl. zu ihr neuerdings: Susanne Schuster, Aemilie Juliane von Schwarzburg-Rudol-

Aemilie Juliane von Schwarzburg-Rudolstadt hatte bereits im Alter von neun Jahren eine Vision, in der Jesus ihr sagte, er wolle sich in Ewigkeit mit ihr verloben. Im Alter von zwölf Jahren kam eine weitere Vision hinzu, in der er ihr sein Leiden und seine Wunden zeigte. Beide Erfahrungen spiegeln sich in dem Bild, das eine innige Beziehung zu Jesus darstellt – jeder der beiden trägt ein Briefchen mit den Initialen des Anderen in der Hand, die sie umschlingende herzförmig verlaufende Kette wird von aus dem Himmel kommenden Händen gehalten. In den dort befestigten Medaillons sind Szenen aus dem Leben Jesu abgebildet. Die Verbindung leitet sich jedoch nicht nur aus Jesu Leben als Exempel ab, sondern vor allem aus seiner Leidensgeschichte, die in dem Blütenkranz aus roten Rosen und weißen Passionsblumen in Schriftbändern beschrieben wird. In der Mittelachse steht auf den Spruchbändern von oben nach unten: »Jesus ist Dir – Dir ist Jesus«, »Ich bin Dein und Du bist mein«, »Victoria nostra« sowie »Jesus ist Mir – mir ist Jesus«.[18]

Dieses Kapitel protestantischer Frömmigkeit des 17. Jahrhunderts wurde in den letzten Jahrzehnten als offensichtlich zu randständig fast unbeachtet gelassen. Es ist insofern aber wichtig, als zu der für das 16. Jahrhundert beschriebenen Alltagsfrömmigkeit nun eine breite und durchaus eigenwillige mystische Literatur hinzukommt, die aus der bernhardinischen Brautmystik schöpft und die eine leidenschaftliche Verschmelzung der Seele mit Christus propagiert oder aber in Fortführung mittelalterlicher Passionsliteratur eine Blut- und Wundenfrömmigkeit vertritt, die im 18. Jahrhundert mit Zinzendorf ihren Höhepunkt und ihr Ende finden wird. Sie verschwindet mit der Aufklärung aus dem Bewusstsein des Luthertums bzw. sie wird aus der Tradition ausgeschieden.

Abschließend möchte ich zumindest noch die Schrift, die diesem Beitrag seinen Titel gegeben hat, nennen. Es handelt sich um eine Veröffentlichung des früh verstorbenen Pfarrers Johann Ludwig Fricker (1729–1766). Sie wurde postum, nämlich erst 1775, herausgegeben und mit dem Titel versehen: »Weisheit im Staube, d. i. Anweisung, wie man unter den allergewöhnlichsten gemeinsten Umständen, die man gleichwie Staub gering ansieht und wenig beachtet, auf die einfältig leitende Stimme Gottes bei sich merken soll«. Diese Schrift bietet eine Anleitung, wie man es lernen kann, Gottes Stimme zu hören und aus ihr das richtige Handeln abzuleiten.

---

stadt und Ahasver Fritsch. Eine Untersuchung zur Jesusminne im späten 17. Jahrhundert, Leipzig 2006.

18 Vgl. die Abbildung und die von dort entnommene Beschreibung unter: www.museum-digital.de/thue/index.php?=objekt&oges=461.

In pietistischen und erweckten Kreisen geht es bei intensiver Gebetsfrömmigkeit stets um Anleitung zu religiöser Erfahrung sowie um praktische Handlungsanweisungen und Ratschläge, etwas, was die kurz erwähnte mystische Literatur des 17. Jahrhunderts zum großen Teil aus dem Blick verloren hatte. Im 16. Jahrhundert wiederum wurde eine enge und bewusste Verknüpfung von einem persönlichen Gottesverhältnis mit genauen Anweisungen vorgenommen. Die Gebetsfrömmigkeit hatte alltagspraktische Konsequenzen. Es wurde aber zunächst nicht problematisiert, wie überhaupt die Stimme Gottes gehört werden kann, anders gesagt, wie sich das Gottesverhältnis herstellt, vielmehr stand die Vermittlung evangelischer Glaubensinhalte im Vordergrund. Die innige Gottesverbindung galt anscheinend als unhinterfragbare Selbstverständlichkeit, die mit der Rechtfertigung des Sünders und der Sünderin vorausgesetzt werden konnte. Aus dem Blick geriet die contemplatio, die dann in der Jesusminne des 17. Jahrhunderts als innige Verschmelzung mit Gott kurze Zeit Konjunktur hatte, letztlich aber wegen ihrer Exaltiertheit verdrängt wurde. Sie kann eventuell als Reflex auf die eben benannte Selbstverständlichkeit des vorausgesetzten Gottesverhältnisses – das eben als nicht selbstverständlich erfahren wurde – entstanden sein.

4 Fazit

Wie ist nun die beschriebene Entwicklung zu interpretieren und einzuschätzen? Sehr grob würde ich für das 16. Jahrhundert von einer Verbindung von inniger Gottesbeziehung im Gebet mit Alltagsratschlägen sprechen, während im 17. Jahrhundert ein bedeutender Strang evangelischer Gebetsliteratur das Alltagspraktische völlig außen vor lässt. Bemerkenswert ist, wie stark die protestantische Trost- und Ratgeberliteratur eben nicht im 16., sondern im 17. Jahrhundert zu Meditation, Kontemplation und Gebet anleitet. Im 18. Jahrhundert ist schließlich die Verbindung beider Haltungen vor allem in pietistischen und später dann in erweckten Kreisen noch präsent. Weggefallen ist im Vergleich mit dem Katholizismus die Gebärde, stattdessen wird versucht, die affektive Seite der Frömmigkeit durch sprachliche Innigkeit und exaltierte Bildlichkeit zu betonen. Ich vertrete hier sehr bewusst eine Gegenthese zu Susan Karant-Nunn, die meint, mit der Reformation beginne die »Unterdrückung der religiösen Emotionen«.[19]

---

19 Susan Karant-Nunn, ›Gedanken, Herz und Sinn‹. Die Unterdrückung der religiösen

Vermutlich ist dieser Weg ein Weg von der Gottesvergewisserung zur Selbstvergewisserung – um etwas abgewandelt eine These von Ryoko Mori weiterzuführen –, den die Ratgeberliteratur vom 16. zum 20. Jahrhundert geht.[20] Während in früheren Jahrhunderten der Gottesbezug das Fundament war, ist das heute nicht mehr zwangsläufig so. Mit den sorgfältig beschriebenen Techniken und Praktiken der Selbstbetrachtung, um ein Gottesverhältnis herzustellen, wird ein Weg beschritten, der später in eine säkulare Selbstbetrachtung führen kann. Aus ihr wiederum kann die Notwendigkeit von Veränderung abgeleitet werden. Diese wird dann nicht mehr als ein Verhältnis von Sündhaftigkeit – Buße – Wiedergeburt/Erneuerung definiert, sondern ohne Gottesbezug thematisiert.

Die Trost- und Ratgeberliteratur des 16. Jahrhunderts wurde demnach aus zweierlei Absicht verfasst: Sie diente einer verständlichen Vermittlung der evangelischen Glaubensinhalte und verknüpfte diese gleichzeitig mit der durch den Protestantismus massiv aufgewerteten Alltagswirklichkeit der Gläubigen. Die reiche Passions- und Brautmystik des 17. Jahrhunderts verstehe ich als Versuch, Gottes- und Christusnähe durch Meditation und Kontemplation herzustellen.

In pietistischen und erweckten Traditionen des 18. und 19. Jahrhunderts ist dann eine Verbindung beider Stränge häufiger versucht worden, ist jedenfalls der Gedanke lebendig geblieben, dass bevor Trost und Rat den Christen und die Christin erreichen, zunächst einmal der Mensch in Kontakt mit Gott treten können muss.

LITERATURVERZEICHNIS

Althaus d. Ä., Paul: Forschungen zur Evangelischen Gebetsliteratur, Gütersloh 1927

Alverdes, Paul: Der mystische Eros in der geistlichen Lyrik des Pietismus, München Diss. Phil. (ungedruckt) 1921

Anonym: Feurzeug Christenlicher andacht, Nürnberg 1537, drei weitere Auflagen: Leipzig 1546, Leipzig 1557, Nürnberg 1559

Brecht, Martin: Das Aufkommen der neuen Frömmigkeitsbewegung in Deutschland, in:

Emotionen, in: Bernhard Jussen / Craig Koslofsky (Hrsg.), Kulturelle Reformation. Sinnformationen im Umbruch 1400–1600, Göttingen 1999, 69–95, 69.

[20] Vgl. Ryoko Mori, Ich-Entdeckung unter Zwang. Die Suche nach dem Selbst im radikalen Pietismus, in: Wolfgang Breul (Hrsg.), Der radikale Pietismus. Perspektiven der Forschung, Göttingen 2010, 369–384, 370.

Ders. (Hrsg.), Der Pietismus vom siebzehnten bis zum frühen achtzehnten Jahrhundert, Göttingen 1993

Große, Constantin: Die Alten Tröster. Ein Wegweiser in die Erbauungsliteratur der evang.-luth. Kirche des 16. bis 18. Jahrhunderts, Hermannsburg 1900

Hamm, Berndt: Was ist Frömmigkeitstheologie: Überlegungen zum 14. bis 16. Jahrhundert, in: Praxis Pietatis (1999), 9–45

Karant-Nunn, Susan: ›Gedanken, Herz und Sinn‹. Die Unterdrückung der religiösen Emotionen, in: Bernhard Jussen / Craig Koslofsky (Hrsg.), Kulturelle Reformation. Sinnformationen im Umbruch 1400–1600, Göttingen 1999, 69–95

Lentes, Thomas: ›Andacht‹ und ›Gebärde‹. Das religiöse Ausdrucksverhalten, in: Bernhard Jussen / Craig Koslofsky (Hrsg.), Kulturelle Reformation. Sinnformationen im Umbruch 1400–1600, Göttingen 1999, 29–67

Litz, Gudrun (Hrsg.), Frömmigkeit – Theologie – Frömmigkeitstheologie: Contribution to European Church History. Festschrift für Berndt Hamm zum 60. Geburtstag, Leiden 2005

Luther, Martin: Ein Trost den Weibern, welchen es ungerade gegangen ist mit Kindergebären, 1542, WA 53, 205–208

Mori, Ryoko: Ich-Entdeckung unter Zwang. Die Suche nach dem Selbst im radikalen Pietismus, in: Wolfgang Breul (Hrsg.), Der radikale Pietismus. Perspektiven der Forschung, Göttingen 2010, 369–384

Peucker, Paul: »Blut auf unsre grünen Bändchen«: die Sichtungszeit in der Herrnhuter Brüdergemeine, in: Unitas Fratrum 49/50 (2002), 41–94

Schuster, Susanne: Aemilie Juliane von Schwarzburg-Rudolstadt und Ahasver Fritsch. Eine Untersuchung zur Jesusminne im späten 17. Jahrhundert, Leipzig 2006

Schweiglin, Jeremias: Ein trefflicher Schöner Lere und Trostspiegel / Auß Gottes Wort / D. Luthers seligen / vnd anderer Euangelischer Lehrer Büchern / Schrifften / vnd Sendbrieffen / ec., Frankfurt a. M. 1580

Sträter, Udo: Sonthom, Bayly, Dyke und Hall. Studien zur Rezeption der englischen Erbauungsliteratur in Deutschland im 17. Jahrhundert, Tübingen 1987

Überall Engel? Über himmlische und andere Hilfen bei der mühsamen Arbeit an der Gestaltung des Selbst

Traugott Jähnichen

Zusammenfassung:
Es ist ein Kennzeichen moderner Gesellschaften, dass die von Schichten- und Rollenerwartungen weitgehend befreiten Individuen sich vor die Aufgabe der Arbeit an der Gestaltung des Selbst gestellt sehen. Dies ist Chance und Bürde zugleich. Die Literatur zur Lebenskunst ist ein Ausdruck dieser Herausforderung. Eng verknüpft mit diesen Phänomenen ist ein Boom moderner Spiritualität, die in diesem Beitrag exemplarisch anhand des Engel-Glaubens dargestellt und sozialethisch wie theologisch diskutiert wird. Für Theologie und Kirche ist dieser Bereich besonders interessant, da biblische Motive erinnert und gleichzeitig transformiert werden. Der Engel-Glaube ist ein Ausdruck populärer Spiritualität, dessen Bedeutung theologisch zu würdigen und dessen Einseitigkeiten kritisch zu problematisieren sind.

1 Einleitung

In Deutschland glaubten im Jahr 2005 laut einer Forsa-Umfrage 64% der Deutschen an Gott und 66% an Engel.[1] Dies ist ein bemerkenswerter Befund, der zeigt, wie traditionelle, kirchlich geprägte Glaubensvorstellungen zusehends durch neue Formen populärer Spiritualität ersetzt oder gar verdrängt werden. Spielten Engel noch vor rund 25 Jahren in der Frömmigkeit kaum

---

1 Vgl. Hubert Knoblauch, Populäre Religion. Auf dem Weg in eine spirituelle Gesellschaft, Frankfurt a. M. 2009, 172f. In den USA lagen die Zahlen insgesamt höher, mit einer stärkeren Zustimmung zum Gottesglauben (86%) im Vergleich zum Engelsglauben (75%).

eine bedeutende Rolle und standen wenig im Fokus öffentlicher Aufmerksamkeit oder theologischer Debatten, so hat sich dies seither deutlich geändert. In der Populärkultur oder auch in anspruchsvolleren Werken der Filmkunst wie in Wenders' »Engel über Berlin« haben sie mehr und mehr an Attraktion gewonnen. In der zeitgenössischen Kultur wie vor allem in der Spiritualität kommt Engeln eine nicht zu unterschätzende Bedeutung zu. Jährlich findet in Hamburg seit sechs Jahren ein gut besuchter internationaler Engelkongress statt, allein in den letzten fünf Jahren wurden mehrere theologische Dissertationen und Monographien zum Thema veröffentlicht.

Wofür aber stehen Engel? Was bedeutet das zunehmende Interesse an ihnen in religiöser Hinsicht? Auf diese Fragen soll versucht werden, eine Antwort zu geben, indem zunächst die für die gegenwärtige Kultur typische Arbeit an der Gestaltung des eigenen Selbst thematisiert wird, wie sie sich nicht zuletzt in der Literatur zur Lebenskunst bzw. in der Ratgeberliteratur niederschlägt. Engel, so die hier zu entfaltende These, sind ideale Medien der Kontaktaufnahme mit dem eigenen Selbst und der Gestaltung des Selbst. Dieser Zusammenhang soll am Beispiel der auf Engel konzentrierten Spiritualität in einem zweiten Schritt sozialethisch und theologisch diskutiert werden.

2 Auf der »fortwährenden Suche nach dem eigenen Selbst«[2]

2.1 Die »Bürde« des Selbst als Ausgangspunkt der Suche nach Rat und Lebenskunst

Eine Konsequenz der Prozesse gesellschaftlicher Modernisierung, speziell der Ausdifferenzierung einzelner gesellschaftlicher Handlungssphären, ist für die Individuen die zunehmende Notwendigkeit der Thematisierung des eigenen Selbst. Dieser als Individualisierung und Pluralisierung der Lebensführung zu beschreibende Prozess hat die Bedeutung der Tradition und speziell die Zuweisung bestimmter Rollen- und Lebensmuster nachhaltig unterminiert. Nicht zuletzt die Definitionsmacht der Kirchen über alle Lebensbereiche wurde auf diese Weise zunehmend zurückgedrängt und in vielen Bereichen grundsätzlich hinterfragt.

---

2 Richard Sennett, Verfall und Ende des öffentlichen Lebens. Die Tyrannei der Intimität, Frankfurt a. M. 1986 (Original New York 1974), 396.

Bereits in den 1960er Jahren hat Thomas Luckmann diese Entwicklung als Privatisierung der Lebensführung sowie der Religionspraxis beschrieben. Dies bedeutet einerseits die Privatisierung der religiösen Entscheidungen der Einzelnen, deren Konzepte der Lebensdeutung sich immer mehr von den kirchlichen oder von anderen, durch Weltanschauungssysteme organisierten Vorgaben entfernt haben. Das Individuum wird weniger durch die Zugehörigkeit zu einer bestimmten gesellschaftlichen Schicht oder durch die Tradition geprägt, sondern steht vor der Aufgabe, angesichts einer Wirklichkeit mit vielfältigen Lebensentwürfen und Mustern der Selbst- und Sinndeutung einen Kosmos letzter Bedeutung eigenständig konstruieren zu müssen. Parallel zu dieser Entwicklung haben sich nach Luckmann auch die Themen religiöser Kommunikation deutlich verschoben, indem die Thematisierung der sogenannten großen Transzendenzen immer mehr in den Hintergrund getreten ist und stattdessen Fragen der mittleren und der kleineren Transzendenzen, d.h. Fragen der individuellen Lebensführung, mehr und mehr ins Zentrum religiöser Kommunikation gerückt sind.[3]

Aus einer anderen Perspektive hat Richard Sennett in seiner Studie »Verfall und Ende des öffentlichen Lebens« aus dem Jahr 1974 diese Thematik aufgegriffen und vertieft. Nach Sennett bestimmt eine zunehmend narzisstisch geprägte Mentalität die Lebensführung in modernen Gesellschaften, welche das individuelle Erleben und damit den Bereich der Privatsphäre in den Mittelpunkt rückt, was zu einem zunehmenden Bedeutungsverlust des öffentlichen Lebens geführt habe. Als typisch für diese Haltung beschreibt Sennett die Frage, was andere Menschen, bestimmte Ereignisse oder einzelne Aspekte der Wirklichkeit für das eigene Selbst bedeuten. In diesem Sinn spricht er von einer »Versenkung in die Bedürfnisse des Selbst«[4], wodurch andere Menschen und Ereignisse der äußeren Wirklichkeit immer mehr zum bloßen »Spiegel für das eigene Selbst«[5] werden. Eine solche Grundhaltung lässt sich als narzisstisch geprägtes Persönlichkeitsmuster deuten, indem die Wirklichkeit sowie andere Menschen letztlich auf Bilder des eigenen Selbst reduziert werden. Allerdings führt diese Haltung nach Sennett zu einer ständigen Selbstblockade, da die derart interpretierten Begegnungen mit anderen Menschen oder äußeren Ereignissen zu keiner Erfüllung des Selbst führen und aus ihnen insofern Gefühle des Unbehagens oder Formen der Selbstan-

---

3 Vgl. Thomas Luckmann, Die unsichtbare Religion, Frankfurt a.M. 1991 (Original New York 1967), insbes. 108–116.

4 Sennett, Verfall, 25.

5 Ebd.

schuldigung resultieren. Dieses Unbehagen wird erneut in die Außenwelt projiziert, indem die äußere Wirklichkeit angeklagt wird, da sie keine echten Empfindungen hervorzurufen vermag, was wiederum zu einer neuen Versenkung in das eigene Selbst führt. Dieser ununterbrochen verlaufende Prozess ersetzt die Formung des Menschen durch Erfahrungen mit und in der Welt zunehmend durch die »fortwährende Suche nach dem eigenen Selbst.«[6] Daher kann die Thematisierung des Selbst geradezu als »Grundprinzip der Gesellschaft«[7] bezeichnet werden, freilich mit dem paradoxen Effekt, dass das eigene Selbst für immer mehr Menschen zu einer Bürde wird. Die Konzentration auf das eigene Selbst und die Thematisierung der damit verbundenen Herausforderungen hat ein allseits therapeutisch bestimmtes Grundklima in der Gesellschaft herbeigeführt, was insbesondere durch den Psychoboom seit den 1970er Jahren zum Ausdruck kommt.

Als Ergebnis dieses speziell in der Zeit der beschleunigten Moderne seit den 1960er Jahren noch einmal dynamisierten Prozesses verstehen sich viele Menschen immer weniger auf eine ihnen gemäße Form der Lebensführung und sie verstärken ihre »Bemühungen, sich um sich selbst zu sorgen.«[8] Diese moderne Form der Selbstsorge kann sich in immer raffinierteren Weisen der Selbstinszenierung ebenso ausdrücken wie in der philosophisch angeleiteten Reflexion über Lebenskunst, in der Suche nach religiös-spirituellen Erfahrungen oder in der Suche nach dem ultimativen Ratgeber. Auf diese Weise ist seit den 1980er Jahren auch in Deutschland ein enormer Markt von Angeboten für Therapien, neuen religiösen Experten[9] und allgemeinen Beratern und Ratgebern entstanden. Dies betrifft entsprechende personennahe Dienstleistungsangebote – vornehmlich mit psychotherapeutischer und alternativ-religiöser Ausrichtung – sowie ein ausgeprägtes literarisches Angebot, die sogenannte Ratgeberliteratur. Bei allen Einzelfragen, welche in diesem Spektrum thematisiert werden, geht es im Kern immer wieder um die Suche nach dem eigenen Selbst, häufig verknüpft mit holistisch orientierten und in diesem Sinn religiös grundierten Sinndeutungsperspektiven.

---

[6] A. a. O., 395.

[7] A. a. O., 426.

[8] Wilhelm Schmid, Philosophie der Lebenskunst. Eine Grundlegung, 3. Aufl. Frankfurt a. M. 1999, 9.

[9] Vgl. Markus Hero, Vom Guru zum religiösen Entrepreneur. Neue religiöse Experten und die Entstehung eines alternativ-religiösen Marktes, in: Wilhelm Damberg (Hrsg.), Soziale Strukturen und Semantiken des Religiösen im Wandel. Transformationen in der Bundesrepublik Deutschland 1949-1989, Essen 2011, 55–69.

Den traditionellen christlichen Kirchen fällt es schwer, auf diesen Trend angemessen zu reagieren, zumal sich viele Formen neuer Spiritualität, gespeist aus asiatischen Weisheitstraditionen, aber auch aus mystisch-christlichen Quellen, auf diesem Markt etablieren. Immerhin gelingt es einzelnen Vertretern der Kirchen, sich in diesem weiten Feld zwischen einer neureligiösen, konfessionell indifferenten Spiritualität und der christlichen Tradition zu platzieren. Zu nennen sind hier Anselm Grün, Fulbert Steffensky und Margot Käßmann als kirchlich geprägte Vertreter oder Werner Küstenmacher und Jürgen Fliege, die eine große Offenheit für eine nicht konfessionell orientierte Spiritualität zeigen.

Versucht man mit Hilfe eines typologischen Rasters die vielfältigen Ratgeber- und Beratungsangebote zu klassifizieren, lässt sich grundsätzlich ein an eindeutigen Regeln und Imperativen ausgerichteter Typus von einem offenen, eher hermeneutisch orientierten Muster unterscheiden, das durch einen ständigen Prozess der Arbeit am eigenen Selbst geprägt ist. Während der erste Typus sich theologisch in den Horizont der Kategorie des »Gesetzes«[10] einordnen lässt, ist der andere Typus theologisch im Umfeld der Diskurse über moderne Spiritualität oder über Fragen der Lebenskunst zu verorten.

2.2 Lebenskunst als Arbeit an der Gestaltung des eigenen Selbst

Einen der ambitioniertesten Beiträge zu einer hermeneutisch orientierten Form der Sorge um das eigene Selbst hat Wilhelm Schmid in seiner »Philosophie der Lebenskunst« vorgelegt. Ausgehend von der Charakterisierung des modernen Menschen als eines »Wesens der Wahl«[11], dessen freie Entscheidungen die Fraglichkeit der eigenen Lebensführung ebenso wie seine »Selbstmächtigkeit«[12] begründen, ist der Mensch unentrinnbar mit der Aufgabe konfrontiert, sich in seiner Lebensführung an selbstgewählten – und darum immer wieder fraglichen – Maßstäben zu orientieren. Diese Situation, die in Aufnahme der Analysen Sennetts zu einer tendenziell narzisstisch geprägten Grundeinstellung führt, provoziert die Aufgabe, wenn das Selbst »sich nicht im Disparaten, Diffusen, unentwegt in Transformation Befindlichen verlieren soll, […] ihm Gestalt zu verleihen, um es wirklich, d. h. bewusst zu leben: Das ist Lebenskunst, eine fortwährende Arbeit der Gestaltung des Lebens und des Selbst.«[13]

---

10 Vgl. dazu den Beitrag von Günter Thomas in diesem Sammelband.

11 Schmid, Philosophie, 85.

12 Ebd.

13 A. a. O., 71 f.

Dieses Verständnis von Lebenskunst mit der Grundfrage »Wie kann ich mein Leben führen?«[14], die das eigene Leben als Kunstwerk begreift, das in autonomer Weise immer wieder neu selbständig zu gestalten ist und um das es sich eigenverantwortlich zu sorgen gilt, wird in positiver Aufnahme antiker, nicht zuletzt stoischer Traditionen profiliert und in einen betonten Gegensatz zur christlichen, als heteronom bezeichneten Seelsorge gestellt. Der Mensch wird in diesem Sinn von Schmid als »Wesen der Sorge«[15] charakterisiert und für diese Sorge gilt es das richtige Maß zu finden, indem eine kalkulierte Sorglosigkeit und Selbstvergessenheit mit der berechtigten Selbstsorge auszutarieren sind.

Diese für die antike Philosophie grundlegende Perspektive ist nach Schmid durch die christliche Kultur weithin verdrängt, ja geächtet worden, indem die christlichen Theologen allein den Seelsorger zum Subjekt der Sorge werden ließen, welcher »die Seelen der ihm Anvertrauten […] zum ewigen Heil zu führen«[16] hatte. Die Selbstsorge hingegen wurde von theologischer Seite mit dem Verdacht konfrontiert, letztlich der Selbstsucht zu dienen. Die christliche Tradition habe sodann immer mehr zu einer Beherrschung und Prägung der Individuen geführt, weshalb erst nach dem Ende des großkirchlichen Einflusses über die Gesellschaft die Frage nach einer angemessenen Selbstsorge erneut kultiviert werden kann. In diesem Sinn versteht Schmid sein Werk als Anleitung zu einer freien Suche nach der eigenen, dem Individuum angemessenen Lebensform, was zumindest eine weltanschauliche, wenn nicht religiöse Konnotation aufweist, indem das Ziel der Sinngebung explizit in die Aufgabe der Lebenskunst einbezogen wird. Neben der grundlegend hermeneutisch orientierten Anlage dieser Lebenskunst zeigen sich in seinem Werk allerdings auch viele Hinweise auf Übungen und Techniken der Lebenskunst, die – wenngleich in seinem Werk als Infinitive formuliert – durchaus im Sinn von Imperativen zu verstehen sind.[17] Insofern ist die von Schmid betonte Abgrenzung gegenüber gesetzlich regelhaften Vorgaben und das Plädoyer für individuelle, eigenständige Entscheidungen zumindest zu hinterfragen.

Ungeachtet dieser kritischen Anfrage kann als charakteristisch für diese Form der Lebenskunst herausgestellt werden, dass sie nicht mit einfachen Regeln und Imperativen arbeitet, sondern das Besondere des je eigenen Selbst

[14] A. a. O., 89.

[15] A. a. O., 86.

[16] A. a. O., 248.

[17] Vgl. a. a. O., 325 ff.

zu pflegen vorgibt. Im Zentrum steht die Sorge des Subjekts um sich selbst und die Stärkung des Selbst. In diesem Sinn arbeiten die Subjekte der Lebenskunst an einer internen, intrasubjektiven Kohärenz im Blick auf ihre Identität und an einer externen Kohärenz im Blick auf das Bild, das sie ihrer Umwelt vermitteln wollen. In diesem Zusammenhang wird von Schmid sehr deutlich herausgestellt, dass das Selbst wesentlich auf andere Menschen angewiesen ist. Allein ein Selbst, das sich in Beziehungen zu Anderen versteht, arbeitet erfolgreich am Kunstwerk seines Lebens, da nur durch Beziehungen Ähnlichkeits- und Fremdheitserfahrungen ermöglicht werden. Von daher reformuliert Schmid das Ideal der Freundschaft, wobei durchaus Anklänge an antike Freundschaftsideale zu finden sind.[18]

Letztlich soll nach Schmid die Selbstsorge über die Einbeziehung des Anderen und die Sorge für den Anderen auch zur Sorge um die Gesellschaft führen. Allerdings bleibt diese Perspektive recht vage, indem immer wieder auf das Selbst als Ausgangspunkt verwiesen wird und der Bezug zu gesellschaftlichen Debatten letztlich unterbestimmt bleibt. Zu erinnern ist diesbezüglich an die kritischen Diagnosen Sennetts, der den Verfall und das Ende des öffentlichen Lebens geradezu als Kehrseite der konzentrierten Sorge um das eigene Selbst bezeichnet hat.

Als weiteres, grundlegendes Kennzeichen der Lebenskunst im Sinn einer Kultivierung des eigenen Selbst ist schließlich eine Haltung herauszustellen, welche auf Authentizität abstellt. Das Besondere des je eigenen Selbst kann und muss möglichst authentisch herausgestellt werden. Diese Perspektive findet sich bereits in den Diagnosen Sennetts, der auf die Schlüsselworte der Sprache verwiesen hat, mit denen die Authentizität von Menschen beschrieben wird und die im Zuge der Suche nach dem eigenen Selbst immer mehr in den Mittelpunkt getreten sind.[19] Authentischer Ausdruck und authentisches Empfinden werden auf diese Art und Weise zum Zentrum des Strebens, wobei diesbezüglich immer eine Form der Selbstblockade mitschwingt, da man nie genau wissen und bestimmen kann, ob man sich gegenüber Anderen hinreichend authentisch präsentiert bzw. ob man selbst authentisch empfindet.

Ungeachtet oder vermutlich sogar aufgrund dieser Fraglichkeit und Unbestimmtheit ist Authentizität in den letzten Jahrzehnten auch im Bereich der

---

[18] Vgl. a. a. O., 258 ff.; vgl. zur antiken Freundschaftsethik auch den Beitrag von Reinhard von Bendemann in diesem Band.

[19] Vgl. Sennett, Verfall, 24 f.

religiösen Kommunikation zu einer Schlüsselkategorie geworden, sowohl in normativer als auch in empirischer Hinsicht. In der Gegenwart wird immer weniger der Wahrheitsanspruch religiöser Lehren thematisiert, vielmehr steht die Authentizität der religiösen Akteure im Mittelpunkt der Aufmerksamkeit. Die Thematisierung der Wahrheitsfrage wird vor dem Hintergrund einer häufig unbestimmten Toleranzforderung sogar kritisch zurückgewiesen und stattdessen wird Authentizität zum zentralen Ausweis der Anerkennungsfähigkeit des Religiösen. Neben dieser eher normativen Bezugnahme auf Authentizität wird von Soziologen herausgestellt, dass es ein spezifisches Kennzeichen der religiösen Kommunikation sei, dass diese hauptsächlich im Medium der Authentizität erfolge. Authentische Rede wird in dieser Weise als spezifische Artikulationsform des religiösen Glaubens verstanden: »Wer im Medium des Glaubens spricht, setzt sich selbst in eine Position des authentischen Sprechers.«[20] Empirisch lässt sich nach Nassehi signifikant zeigen, dass religiöse Akteure – auch unabhängig von organisierter Kirchlichkeit oder Religion – »einem auf Authentizität zielenden Erwartungsstil [...] folgen und darin tatsächlich ›religiös‹«[21] sind. Insofern öffnet sich die Arbeit an der Gestaltung des Selbst nicht allein im Blick auf die Einbeziehung von Sinndeutungsperspektiven, sondern auch durch die geforderte Form des authentischen Ausdrucks gegenüber der religiösen Sphäre.

2.3 Engel als Medien der Kontaktaufnahme mit dem Selbst

Die unablässige Arbeit an der Gestaltung des Selbst mit der Suche nach möglichst authentischen Ausdrucksformen führt, wie bereits mit dem Verweis auf Nassehi angedeutet, in den Bereich religiöser Kommunikation. Nicht allein die Form der Authentizität, sondern mehr noch die mit der Arbeit an dem Selbst verbundene Sinnsuche – zu erinnern ist hier an die Beschreibung der kleinen Transzendenzen durch Thomas Luckmann[22] – sind religiös besetzt. Für diese moderne Form des Religiösen hat sich in den letzten Jahren in der religionssoziologischen und z. T. auch in der theologischen Literatur der Begriff »Spiritualität« durchgesetzt. Spiritualität schließt insbesondere die Betonung einer erfahrungsorientierten Religiosität und dabei die Betonung der

---

[20] Armin Nassehi, Thesen zur Vorbereitung der Konsultation, in: Mareile Lasogga / Martin Heimbucher / Joachim Ochel / Udo Hahn (Hrsg.), Der Bedeutungswandel christlicher Religion in der Gesellschaft. Herausforderungen für Theologie und Kirche, Hannover 2011, 9.

[21] A. a. O., 10.

[22] Vgl. Luckmann, Unsichtbare Religion, 211 ff.

Subjektivität der Individuen ein. Ulrich Beck sieht in der unablässigen Suche nach dem Selbst eine verdeckte Form der Suche nach dem je »eigenen Gott«. In seiner Sicht dreht sich moderne Spiritualität um das eigene Selbst, so dass die Religion faktisch zur »Selbst-Religion« werde und »konkurrierende Religionen des wahren Selbst«[23] entstehen. Allerdings ist diese von Beck formulierte Diagnose[24] vermutlich zu ungenau, da die moderne Form der Spiritualität zwar stark subjekt- und erfahrungsorientiert ist, jedoch nicht ausschließlich auf eine angemessene Gestaltung des Selbst zielt, sondern »wie jede Transzendenzerfahrung [...] (auch) auf etwas anderes.«[25] Auch wenn moderne Spiritualität somit auf das Selbst der Individuen konzentriert ist, bleiben deren »Formen und Inhalte kulturell geprägt«.[26] Die kulturellen Prägungen moderner Spiritualität beziehen sich zum einen auf klassische religiöse Traditionen, welche im Prozess der Rezeption durch moderne Spiritualität prägnant transformiert werden, indem aus traditionellen Religionen spirituelle Ressourcen werden. Daneben bezieht sich moderne Spiritualität auf einen großen Fundus populärer Kultur, wobei einerseits die Populärkultur religiös aufgeladen werden kann und andererseits auch in der volkstümlichen oder populären Kultur präsente religiöse Symbole, welche in der offiziellen Theologie und der Verkündigung der Kirchen keine oder nur eine Randrolle spielen, eine neue Aufwertung erfahren. Für den Bereich der christlich geprägten populären Kultur können diese Transformationen von religiösen Traditionen exemplarisch anhand der Bedeutung von Engeln gezeigt werden, wie sie in der gegenwärtigen spirituellen und esoterischen, aber auch kirchlich geprägten Szene zu beobachten sind. [27]

Der Engel-Glaube stellt eine typisch individualistische Form moderner Spiritualität dar, weil Engel und die Erfahrungen mit Engeln einen sehr persönlichen Bezug ausdrücken, insbesondere in der Form des Schutzengels, den jeder für sich individuell beanspruchen kann. In diesem Sinn ist die auf Engel konzentrierte Spiritualität ein weit verbreiteter und populärer Ausdruck einer religiös orientierten Sorge um das eigene Selbst. Ein Star der Engelszene, die norwegische Prinzessin Märtha-Louise, hat dies wie folgt kom-

---

23 Ulrich Beck, Der eigene Gott, Frankfurt a. M. 2008, 166.

24 Ähnliche Analysen finden sich bereits bei Paul Heelas, The New Age Movement, Oxford 1996, der von self- spirituality und ähnlich wie Beck von einer Religion des »Selbst« spricht.

25 Knoblauch, Populäre Religion, 129.

26 A. a. O., 41.

27 Vgl. a. a. O., 172 ff.

mentiert: Die Engel »erinnern uns an unser Selbst [...], das Hören auf die eigene Stimme ist ein Schritt auf dem Weg, um mit den Engeln in Kontakt zu treten.«[28] In diesem Sinn sind Engel, die idealtypisch zum Spiegel des eigenen Selbst werden können, eine Projektionsfläche für die Selbst-Suchenden, da sie für Pluralität stehen und mit den eigenen Wünschen in höchster Weise kompatibel sind. Zudem ist der Engel-Glaube in hohem Maße erfahrungsorientiert, weil Menschen sehr subjektive Erfahrungen – auch Körpererfahrungen – als Hinweise für die Nähe von Engeln deuten.

Neben diesem stark subjektiven und erfahrungsorientierten Bezug lässt sich eine sichtbare Kultur des Engelkultes identifizieren. So gibt es in diesem Kontext eine Vielzahl von Veranstaltungsformen, massenmedial aufbereiteten Informationen und persönlich zu erwerbenden Gegenständen einer religiös-materialen Kultur: Die bereits genannte Märtha-Louise hat im Frühjahr 2011 ein Projekt »Triff deinen Schutzengel« gestartet, das Formen von Meditation, Malen, Tanzen, den Umgang mit Duftölen, Kerzen und Kristallen usw. beinhaltet. Neben solchen interaktionsbezogenen Angeboten des Engel-Glaubens finden sich insbesondere eine Vielzahl von Medien, speziell auch Büchern, welche über Engel informieren und Anleitungen zur Begegnung mit Engeln aufzeigen wollen. So gibt es Geschichten und Beispiele, wie Engel helfen, schützen, Menschen begleiten und heilen oder auch ganz banal im Alltag die richtige Autobahn oder einen Parkplatz finden lassen. Schließlich findet sich im Blick auf die materiale Kultur des Engelkultes eine Vielzahl von Engelsfiguren, Kalendern, Kartensets und verschiedene Schmuckengel, die zum Teil durch besondere Edelsteinanhänger mit besonderer Energie aufgeladen sein sollen.[29] Diese Angebote in der spirituellen Engelszene sollen letztlich dazu verhelfen, mit dem eigenen Schutzengel oder mit anderen Engeln in Kontakt zu treten, da diese einen positiv-heilenden Einfluss ausüben können. Allgemein ausgedrückt geben Engel den Gläubigen eine Inspiration, sie stehen in schwierigen Lebenssituationen bei und sind insgesamt ein Ausdruck der Stärkung des Selbstwertgefühls.

Ein Clou dieser Thematisierung des Engel-Glaubens ist es, dass die Engel von ihrem ursprünglich biblischen Fundament weitgehend gelöst werden, ohne dass dieses Fundament völlig aufgegeben wird.[30] Engel haben ihren ur-

---

28 Interview von Benjamin Lassiwe mit der norwegischen Prinzessin Märtha-Louise »Öffnet das Herz«, in: Christ und Welt, Beilage zu »Die Zeit«, Nr. 12/2011, 5.

29 Vgl. hierzu Knoblauch, Populäre Religion, 173.

30 Vgl. hierzu die Feststellung Knoblauchs, dass der Bereich »Christentum und Engel«

sprünglichen Ort in der hebräischen Bibel sowie in Aufnahme dieser Traditionen im Neuen Testament oder auch im Koran. Biblische Assoziationen bleiben in der spirituellen Beschäftigung mit Engeln präsent, wenngleich in sehr selektiver Form. So ist etwa die Rede von kämpfenden Engeln oder Engeln mit Schwertern in der Regel nicht zu finden. Zudem werden Engel in der modernen Spiritualität zumeist weiblich dargestellt, ganz im Unterschied zur biblischen Tradition. Insofern handelt es sich um eine partielle Bezugnahme auf traditionelle religiöse Traditionen, die in der modernen Spiritualität wesentlich transformiert werden. Durch eine gewisse Nähe zu Engelsvorstellungen in der traditionellen religiösen Kultur wird für christlich und kirchlich geprägte Kreise dennoch ein recht leichter Zugang zu dieser Art der Spiritualität eröffnet, was gegenwärtig etwa durch den großen Erfolg des Bronzeengels der Hamburger Initiative »Andere Zeiten« oder auch durch die nachhaltige Wirkung des Bonhoeffer-Liedes »Von guten Mächten« deutlich wird. Insofern ist die Engelspiritualität ein exemplarisches Feld der Transformation traditioneller Religiosität im Horizont moderner Spiritualität. Engel helfen den Menschen bei der Gestaltung und im Umgang mit ihren eigenen Selbstbildern, gleichzeitig verweisen sie auf eine transzendente Wirklichkeit außerhalb des eigenen Selbst und vermitteln den Gläubigen Gefühle von Geborgenheit und Vertrauen. Zudem ist diese Religiosität höchst individuell, da sie jedem Einzelnen einen eigenen Zugang und Erfahrungsbezug ermöglicht, ohne die explizite Thematisierung von Zumutungen und ethischen Anforderungen, wie sie eine universalistisch angelegte Religion beinhaltet. In diesem Sinn vereinigt der Engel-Glaube idealtypisch wesentliche Charakteristika moderner Spiritualität, indem nicht zuletzt seine flexiblen Ausprägungen sich als eine geradezu ideale Projektionsfläche für die Wünsche und Hoffnungen der religiös suchenden Menschen erweisen.

---

nur ein kleines Segment von ca. 15 % der Publikationen zum Thema umfasst. Vgl. Knoblauch, Populäre Religion, 173.

3 SOZIALETHISCHE UND THEOLOGISCHE ANFRAGEN AN DIE KULTUR DER SELBST-SORGE

3.1 ZUR FRAGE NACH DEN SOZIOLOGISCHEN TRÄGERN EINER KULTIVIERUNG DES SELBST

Eine Konzentration auf die Privatsphäre und die damit einhergehenden Versuche einer Kultivierung der eigenen Lebensführung ist, wie von Sennett eindrücklich beschrieben, erst in modernen Gesellschaften zu einem Massenphänomen geworden.[31] In antiken Gesellschaften war eine individualisierte Lebensführung und die entsprechende Wertschätzung von Traditionen der Lebenskunst oder auch Weisheit auf kleine, elitäre Kreise beschränkt. Dies gilt z. B. im Alten Testament für die weisheitliche Suche nach allgemeinen Ordnungsprinzipien der Wirklichkeit,[32] welche vorrangig am Hof in Jerusalem als Orientierungswissen gepflegt und gefördert wurde und insbesondere »eine große Rolle bei der Heranbildung des Beamtennachwuchses gespielt hat.«[33] Auch wenn die israelitische Weisheit im Unterschied zur ägyptischen – so Gerhard von Rad – weniger »standesgebunden und auf die Welt des Beamten abgestellt«[34] war, muss man sich ihre Tradierung und ihre besondere Relevanz vorrangig in gebildeten und damit im Kontext der damaligen Gesellschaft elitären Gesellschaftszirkeln vorstellen.

Dies gilt vermutlich noch stärker für die skeptische Weisheit des Kohelet-Buches, welche die Infragestellung grundlegender Ordnungsprinzipien der klassischen Weisheitsliteratur, wie den Tun-Ergehens-Zusammenhang, reflektiert. Dieses Denken, das sozialgeschichtlich als Teil der Selbstreflexion der aristokratischen Schicht in Juda zu verorten ist, reagiert mit Skepsis auf die zunehmende wirtschaftliche Ungleichheit und die Infragestellung der traditionellen Solidarität der alt-israelitischen Gesellschaft, ohne diese Entwicklungen jedoch grundsätzlich in Frage zu stellen.[35] Weisheit ist hier die

---

31 Vgl. Sennett, Verfall, 287 ff., 418 ff.

32 Vgl. hierzu auch die Beiträge von Beate Ego und Jan-Dirk Döhling in diesem Band.

33 Gerhard von Rad, Theologie des Alten Testaments. Bd. 1. Die Theologie der geschichtlichen Überlieferungen Israels, München 1960, 442.

34 A. a. O., 443.

35 So die kritische Lektüre des Kohelet durch Frank Crüsemann, Die unveränderbare Welt. Überlegungen zur Krisis der Weisheit beim Prediger, in: Willi Schottroff / Wolfgang Stegemann (Hrsg.), Der Gott der kleinen Leute. Sozialgeschichtliche Auslegungen. Altes Testament, München 1979, 80–104, insbes. 88, 92.

skeptische Selbstreflexion einer durch äußere politische und ökonomische Einflüsse in die Defensive geratenen Gruppe, der es allerdings nur noch bedingt gelingt, die gemeinschaftlichen Solidarstrukturen der Vergangenheit zu bewahren und für die Gegenwart zu aktualisieren. Diese kritischen Anmerkungen im Blick auf Kohelet können auch als Anfragen an den gegenwärtigen Boom der Lebenskunst und Ratgeberliteratur verstanden werden, sofern sie lediglich auf die Situation individueller Lebensführung reflektieren und gesellschaftliche Zusammenhänge sowie die Frage nach dem gemeinsamen Guten aus dem Blick verlieren.

Auch in der Zeit des Neuen Testaments und der Alten Kirche bis hin zur Reformationszeit und frühen Neuzeit ist die Suche nach Weisheit und die Frage der Kultivierung der eigenen Lebensführung weithin auf gesellschaftliche Eliten beschränkt, wie in je verschiedener Weise die Ausführungen zur antiken Freundschaftsethik, die Schriften für eine christliche Kultivierung der Lebensführung der Reichen etwa bei Clemens von Alexandrien oder auch die Entfaltung individueller Religiosität im Kreis adeliger Frauen während der Reformationszeit zeigen.[36] Wenn die Kultivierung des Selbst in der Vergangenheit vorrangig ein Projekt gesellschaftlicher Eliten war, so kann im Blick auf die Gegenwart von einer Demokratisierung der Suche nach Lebenskunst gesprochen werden. Zur Illustration kann diesbezüglich die von Abraham Maslow entwickelte Bedürfnishierarchie herangezogen werden, nach der zunächst elementare Grundbedürfnisse der Menschen gesichert sein müssen, bevor die Pflege und Kultivierung höherer Bedürfnisse in den Blick tritt.[37] Dementsprechend können moderne Wohlstandsgesellschaften als Ermöglichungsgrund einer allgemeinen und weitverbreiteten Thematisierung der Selbst-Sorge verstanden werden. Indem auf diese Weise das Ethos der Lebenskunst demokratisiert wird, wird es gleichzeitig popularisiert, da bestimmte Ideale und Anforderungen aus der Zeit der Tradierung dieses Ethos in elitären Kreisen nur schwer allgemein rezipiert und als Massenphänomen in Erscheinung treten können. Ungeachtet dieser Tendenz einer Popularisierung der Lebenskunst – wie sie sich vor allem in der Ratgeberliteratur niederschlägt – ist der tendenziell egalitäre Grundzug der modernen Thematisierung der eigenen Lebensführung positiv zu würdigen.

---

[36] Vgl. hierzu die Beiträge von Reinhard von Bendemann, Ute Gause und Katharina Greschat in diesem Band.

[37] Vgl. Abraham Maslow, Motivation und Persönlichkeit, Reinbeck 1981.

Die Hinwendung zur Aufgabe der Kultivierung des Selbst setzt somit bestimmte ökonomische und gesellschaftliche Bedingungen voraus, welche die Thematisierung dieser Fragestellungen überhaupt erst ermöglichen. Auf der Grundlage der Befriedigung elementarer Bedürfnisse, welche durch entsprechende ökonomische Standards zu sichern ist, wird in der modernen Gesellschaft zunehmend eine Emanzipation von starren Rollenmustern ermöglicht. Folglich dürfte diese Entwicklung – anders als bei Sennett formuliert – nicht einseitig als Verfallsgeschichte im Sinn einer Auflösung der öffentlichen Foren als Orte der politischen Willensbildung verstanden werden. Ebenso wenig sollte die Kultivierung des Selbst als eine rein narzisstische Haltung kritisch gedeutet werden, wenngleich kaum zu bezweifeln ist, dass der narzisstische Persönlichkeitstyp durch den geschilderten gesellschaftlichen Wandel befördert und möglicherweise zu einem dominanten Einstellungstyp geworden ist.

Doch die Kultivierung des Selbst ist als Ausdruck einer Emanzipation von gesellschaftlichen Rollenerwartungen gleichzeitig positiv zu würdigen. Die Möglichkeiten der Wahl der eigenen Lebensführung und damit die Aufgabe einer Gestaltung des eigenen Selbst bedeuten für die Individuen die Eröffnung von Freiheitsräumen, wie sie in früheren Zeiten nur kleinen Kreisen gesellschaftlicher Eliten vorbehalten war. Insofern kann – gerade im Vergleich zu den antiken Gesellschaften – die Thematisierung des Selbst und die damit verbundene Frage nach Lebenskunst und Beratung als Ausdruck einer Demokratisierung der Traditionen weisheitlichen Wissens bezeichnet werden. Diese demokratisierende Tendenz ist bereits in der Bibel angelegt, wenngleich sie für die damalige Gesellschaft nur bedingt realisiert werden konnte. Dabei bleibt allerdings die Frage nach den gesellschaftlichen Konsequenzen dieser Lebenshaltung, etwa im Blick auf die Wahrnehmung sozialer Verantwortung, kritisch zu hinterfragen.

3.2 Die Kompatibilität der Selbst-Sorge mit der Marketinggesellschaft

Die Lebenskunst als Arbeit an der Gestaltung des Selbst bzw. im religiösen Bereich die Suche nach Spiritualität ist vielfach mit einem Rückzug aus gesellschaftspolitischen Verantwortungsbezügen verknüpft. Dies bleibt eine zentrale Anfrage Sennetts angesichts des Verfalls öffentlicher Kultur. In stark zugespitzter Weise haben die beiden Religionssoziologen Jeremy Carrette und Richard King diesen problematischen Zug moderner Spiritualität thematisiert. Sie fragen, inwieweit hinter dem Konzept moderner Spiritualität eine Kommerzialisierung von Religion steht, die im Horizont eines übergeordneten politischen Projektes zu bewerten ist, das auf eine allgemeine Vermarktlichung des Lebens zielt.[38] Spiritualität dient nach Carrette und King in diesem Kontext vorrangig als ein Anpassungsbetrieb für die Individuen, welche in die moderne Marktlogik eingepasst werden sollen. Auf diese Weise wird der neoliberale Grundgedanke einer radikalen gesellschaftlichen Individualisierung verstärkt, da gesellschaftliche Probleme und ihre Behebung allein am Ort der Individuen thematisiert werden. Die moderne Spiritualität ist anders als traditionelle Religiosität nicht durch einen Rückzug aus der Welt oder durch Unterbrechungen oder Störungen der Alltagsabläufe gekennzeichnet, sondern dient einer Intensivierung und Optimierung des Selbst in einem affirmativen Sinn im gegebenen gesellschaftlichen Kontext. Auf diese Weise trägt sie zur Stabilisierung des gesellschaftlichen Konsenses bei.[39]

Carrette und King sprechen diesbezüglich von einer individualisierten, konsumistischen Spiritualität, die für die Moderne kennzeichnend geworden ist und die als religionskulturelle Entsprechung neoliberalen Denkens zu bewerten ist. Diese Spiritualität ist im Wesentlichen durch einen Mix verschiedener religiöser Traditionen und der Rezeption verschiedener psychologischer Richtungen – vor allem der sogenannten positiven Psychologie[40] – geprägt. Typisch hierfür sind die Atomisierung der Einzelnen, das vorrangige Bearbeiten individueller Problemstellungen und Interessen sowie eine konsumistische Grundhaltung, wie sie der Marketinggesellschaft entspricht. Nicht allein traditionelle Waren- und Dienstleistungsangebote, sondern auch Angebote im Bereich religiöser Dienstleistungen sorgen dafür, dass durch den Konsum dieser Güter Individuen ihre Bedürfnisse befriedigen. Im Blick auf die Religionskultur werden auf diese Weise auch spirituelle Traditionen für eine Selbstoptimierung und Selbstkontrolle instrumentalisiert.

Im Blick auf die gesellschaftspolitische Ebene ist die moderne Spiritualität zumeist durch einen ausgeprägten Quietismus gekennzeichnet. Gesellschaftspolitische Fragen werden entweder vollständig ausgeblendet oder es findet sich ein ausgesprochen affirmativer Grundzug gegenüber den herrschenden gesellschaftlichen und ökonomischen Trends. Eine kritische Infragestellung gesellschaftlicher Entwicklungen, wie sie etwa den prophetischen Traditionen der Bibel entspricht, findet sich demgegenüber nicht. Hinzu

---

38 Vgl. Jeremy Carrette / Richard King, Selling Spirituality, Cambridge 2008, 16f.

39 Vgl. a. a. O., 13f.

40 Als einer der Nestoren dieser Bewegung gilt der Psychologe Christopher Petersen aus Michigan / USA. Vgl. Chr. Peterson / L. M. Bossio, Health and Optimism, New York 1991.

kommt, dass für diese Formen der Spiritualität eine ausgesprochen antiinstitutionelle Haltung charakteristisch ist. Wenngleich sich bestimmte Formen von Vernetzungen und Ansätze der Gemeinschaftsbildung in diesem Spektrum finden, bleibt eine strikt individualistische Ausrichtung oder ein rein eventbezogener institutioneller Zusammenhang kennzeichnend. Die Ausbildung institutioneller Formen wird häufig explizit abgelehnt oder zumindest nicht angestrebt. Schließlich kennzeichnet die moderne Spiritualität eine nicht-dogmatische Ausrichtung, die eine Pluralität von religiösen Traditionen harmonisch nebeneinander zu stellen versucht. Angestrebt wird nicht die Suche nach Wahrheit, da eine solche Thematisierung der auf Pluralität bezogenen Grundhaltung moderner Spiritualität widerspricht. Angestrebt wird die Authentizität des je eigenen Erlebens und religiösen Ausdrucks, weniger die Frage nach der Bedeutung dieser Religiosität für Andere oder gar die Thematisierung der Wahrheitsfrage. Damit verbunden ist, dass weite Bereiche traditioneller Religiosität, etwa die ethischen Fragen nach Solidarität und sozialer Gerechtigkeit, nahezu durchgängig ausgeblendet bleiben.[41]

Die kritische Diagnose von Carrette und King im Blick auf moderne Spiritualität trifft paradigmatisch viele Phänomene des Engel-Glaubens. Engelspiritualität ist stark individualisiert, sie speist sich aus einem Mix unterschiedlicher religiöser Traditionen und psychologischer Versatzstücke und ist durch einen besonders starken antiinstitutionellen Grundzug geprägt. Gesellschaftspolitische Themenstellungen werden hier fast komplett ausgeblendet, Fragen der Ethik und Solidarität spielen so gut wie keine Rolle. In diesem Sinn lässt sich die Kritik von Carrette und King an einer individualisierten, konsumistischen Spiritualität auf den Engel-Glauben übertragen. Vielleicht fragt die Kritik jedoch zu einseitig nach der gesellschaftlichen Funktionalität und wird den im Medium der Spiritualität bearbeiteten Problemen auf der Ebene der Individuen nicht gerecht.

3.3 Theologische Anfragen an die moderne Spiritualität in Form des Engel-Glaubens

In Ergänzung zur sozialethischen Kritik an der modernen Spiritualität ist schließlich nach deren spezifisch religiöser Funktion zu fragen. Wenn die Ratgeberliteratur der Imperative in theologischer Perspektive als eine Form des Gesetzes zu interpretieren ist, könnte es sich bei der Suche nach einer offe-

41 Vgl. Carrette / King, Spirituality, 19 f.

nen Gestaltung des Selbst und speziell bei der Engelspiritualität um Aspekte einer modernen Form der Erfahrung des Evangeliums handeln. Menschen, die von Erfahrungen mit Engeln berichten, erleben solche Begegnungen als eine Entlastung, die ihnen in einem umfassenden Sinn Schutz und Geborgenheit vermittelt. Die Aussage, es ist »etwas da, das mich liebt«[42], drückt bei aller Unbestimmtheit eine Grundperspektive des Vertrauens aus, wie sie auch in der theologischen Tradition thematisiert wird. In der traditionellen dogmatischen Sprache könnte man diesbezüglich von der »fides, qua« sprechen, d. h. von dem Glauben, mit dem geglaubt wird bzw. der Subjektivität des Glaubens. In theologischer Perspektive gehört freilich die »fides, qua« untrennbar mit der »fides, quae« zusammen, d. h. es geht nicht allein um die Subjektivität des Glaubens, sondern auch um den Glauben, der geglaubt wird, um die Inhalte und das Gegenüber des Glaubens, womit sich erneut die Wahrheitsfrage stellt. Aus theologischer Sicht ist an die moderne Spiritualität und nicht zuletzt an den Engel-Glauben die kritische Frage zu stellen, inwieweit durch die starke Betonung der Subjektivität des Glaubens die Dimension der Vertrauenswürdigkeit dessen bzw. derer, auf die sich das Vertrauen richtet, ausgeblendet wird. Eng verknüpft ist damit die einseitige Über- und Vorordnung einer authentischen Glaubenshaltung gegenüber der Wahrheitsfrage. Indem aus theologischer Sicht diese Anfragen an die moderne Spiritualität gerichtet werden, gilt es gleichfalls deren Bedeutung und Relevanz anzuerkennen. Auf der Grundlage einer solchen ambivalenten Wahrnehmung der Engelspiritualität ist in einem weiteren Schritt auch nach möglichen Rezeptionsformen im Kontext christlicher Theologie und Kirchlichkeit zu fragen.

Als weitere Anfrage an diese Form der Spiritualität sind die Defizite im Blick auf den Gemeinschaftsbezug und die Entwicklung eines Ethos zu nennen. Wenn Gemeinschaftsbeziehungen fehlen und ethische Fragen ausgeblendet oder stark in den Hintergrund gerückt werden, besteht die Gefahr, dass sich diese Form der Spiritualität als eine bloße Projektion eines idealen Selbst erweist, wobei die Wünsche der Betreffenden letztlich unkontrolliert und ohne Infragestellung durch andere Menschen, durch ein Ethos oder durch religiöse Tradition kultiviert werden. Insofern ist an die Engelspiritualität die Frage zu richten, inwieweit eine Auseinandersetzung mit den Widerständigkeiten des Lebens erfolgt und in welcher Weise Irritationen und Brechungen der eigenen Selbstbilder und Wünsche kommuniziert werden

---

42 Prinzessin Märtha-Louise im Interview mit Benjamin Lassiwe, a. a. O., 5.

können. Diese Kennzeichen der traditionellen, nicht zuletzt der christlichen Religion, die weit über eine bloße Bestätigung des eigenen Selbst hinausführen und gerade durch irritierende Erfahrungen neue Dimensionen der Wirklichkeit und der Transzendenzerfahrung eröffnen, sind in der Engelspiritualität kaum ausgeprägt. Dies lässt sich gerade auch im Blick auf die explizite Thematisierung der Engel aufzeigen, denen im biblischen Kontext durchaus ambivalente Eigenschaften zukommen, indem sie als Boten unangenehmer Nachrichten oder auch als gefährliche Akteure in Erscheinung treten können. Demgegenüber dominieren in der Engelspiritualität einseitig die mit dem Wunschdenken kombinierbaren »freundlichen« Traditionen, so dass diesbezüglich von einer »banalen Allerweltsbotschaft«[43] von »Wohlfühlengeln« gesprochen werden kann.

Angesichts der genannten Anfragen ist die Engelspiritualität theologisch ambivalent zu bewerten, wobei schließlich die Frage nach der Möglichkeit einer theologischen Rezeption dieser Spiritualität und ihrer Integration in kirchliche Handlungsmuster zu stellen ist. Da sie sich auch aus biblischen und kirchlichen Traditionen speist, bieten sich Anknüpfungspunkte für eine theologisch reflektierte Rezeption dieser Frömmigkeit an. Als ein Beispiel ist Margot Käßmanns Buch »Sehnsucht nach Leben« zu nennen, in welchem sie auch die Sehnsucht der Menschen »nach einem Engel« positiv würdigt, gleichzeitig aber einen Bezug zur christlichen Gottesvorstellung herzustellen vermag.[44]

In exemplarischer Weise hat der katholische Theologe Thomas Ruster diese Problemstellung aufgegriffen. Er versteht Engel als Teil der Ordnung der Gnade. In diesem Sinn leisten Engel Hilfe gegen die Mächte der Finsternis, wobei Ruster diese gesellschaftspolitisch als verselbständigte Systeme in der ausdifferenzierten Gesellschaft versteht. Erst und vor allem mit Hilfe der Engel lässt sich das Böse in seiner Gesamtheit überwinden, wobei es Ruster immer wieder um den Rückbezug auf die biblischen Traditionen geht.[45] In diesem Zusammenhang thematisiert er in besonderer Weise ethische Aspekte

---

[43] Diese Kritik von Friedrich Wilhelm Graf, Kirchendämmerung. Wie die Kirchen unser Vertrauen verspielen, München 2011, 63 zielt auf die Predigten über einen »Wohlfühlgott« (ebd.), von den »Wohlfühlengeln« gilt dies umso mehr.

[44] Vgl. Margot Käßmann, Sehnsucht nach Leben, Asslar 2011, 100ff. Freilich bleiben auch bei Käßmann Engel auf ihre freundliche Seite reduziert, das Abgründige, wie der Kampf eines Engels mit Jakob, fehlt in dieser Passage.

[45] Vgl. Thomas Ruster, Von Menschen, Mächten und Gewalten. Eine Himmelslehre, Mainz 2005, insbs. 62ff., 305ff.

einer kirchlich geprägten Engelspiritualität, wie sie der biblischen Tradition entsprechen. So ist die Gabe der Thora und das Handeln im Sinne der Thora in der Bibel oft eng mit dem Erscheinen von Engeln verknüpft, so dass die Bedeutung der Engel gerade auch im Sinn einer ethischen Orientierung zu thematisieren ist.[46] Diese von Ruster aufgezeigte Fragestellung lässt sich gegenüber der modernen Engelspiritualität in einem Bonmot treffend wie folgt bündeln: »Warum hören wir nie von Engeln, die zum öffentlichen Nahverkehr raten?«[47] Die im Blick auf ethische Fragen präzisierte Anknüpfung an biblische Vorstellungen von Engeln und ihre Verknüpfung mit der modernen Engelspiritualität, wie sie Ruster skizziert, könnte einen Weg aufzeigen, wie auch im Blick auf andere problematische Aspekte eine konstruktive Auseinandersetzung mit dieser Form moderner Spiritualität theologisch möglich ist.[48]

4 Ausblick

In der biblischen Tradition kommt Engeln grundlegend eine Dienstfunktion zu, insofern sie dem Handeln Gottes und der Durchsetzung seines Willens untergeordnet werden. Demgegenüber lässt sich in der modernen Engelspiritualität ein Trend zur Verselbständigung der Engel als selbstmächtige Größen und damit letztlich als beliebige Projektionsflächen der Wünsche und Sehnsüchte von Gläubigen erkennen. Ungeachtet dessen kann die für die Moderne typische Arbeit an der Gestaltung des Selbst gerade auch in dieser sehr populär-religiösen Form erfolgen. Offenkundig lässt sich ein nicht unbeträchtlicher Teil moderner Spiritualität in der populären Kultur verorten.[49] Dies zeigt auch die Resonanz auf entsprechende Phänomene im kirchlichen Bereich. Insofern sollte sich die Theologie nicht mit einer überheblichen Pose diesem Trend verweigern, sondern ihn kritisch und konstruktiv zugleich zu bearbeiten versuchen. Die Rede von Engeln sollte auch in theologischer Perspektive wichtig genug sein, um sie nicht der modernen Spiritualität und der esoterischen Szene zu überlassen.

---

46 Vgl. a. a. O., 317 ff.

47 Dieses Bonmot Thomas Rusters zitiert Wolfgang Thielemann, Unsere gefiederten Freunde, in: Christ und Welt, Beilage »Die Zeit« Nr. 12/2011, 5.

48 Vgl. auch Thomas Ruster, Die neue Engelreligion, Kevelaer 2011.

49 Vgl. Knoblauch, Populäre Religion, 193 ff.

LITERATURVERZEICHNIS

Beck, Ulrich: Der eigene Gott, Frankfurt a. M. 2008

Carrette, Jeremy / King, Richard: Selling Spirituality. The silent takeover of religion, Cambridge 2008

Crüsemann, Frank: Die unveränderbare Welt. Überlegungen zur Krisis der Weisheit beim Prediger, in: Willi Schottroff / Wolfgang Stegemann (Hrsg.), Der Gott der kleinen Leute. Sozialgeschichtliche Auslegungen. Altes Testament, München 1979, 80–104

Heelas, Paul: The New Age Movement, Oxford 1996

Hero, Markus: Vom Guru zum religiösen Entrepreneur. Neue religiöse Experten und die Entstehung eines alternativ-religiösen Marktes, in: Wilhelm Damberg (Hrsg.), Soziale Strukturen und Semantiken des Religiösen im Wandel. Transformationen in der Bundesrepublik Deutschland 1949–1989, Essen 2011, 55–69

Graf, Friedrich Wilhelm: Kirchendämmerung. Wie die Kirchen unser Vertrauen verspielen, München 2011

Käßmann, Margot: Sehnsucht nach Leben, Asslar 2011

Knoblauch, Hubert: Populäre Religion. Auf dem Weg in eine spirituelle Gesellschaft, Frankfurt a. M. 2009

Luckmann, Thomas: Die unsichtbare Religion, Frankfurt a. M. 1991 (Original New York 1967)

Maslow, Abraham: Motivation und Persönlichkeit, Reinbeck 1981

Nassehi, Armin: Thesen zur Vorbereitung der Konsultation, in: Mareile Lasogga / Martin Heimbucher / Joachim Ochel / Udo Hahn (Hrsg.), Der Bedeutungswandel christlicher Religion in der Gesellschaft. Herausforderungen für Theologie und Kirche, Hannover 2011

Peterson, Christopher / Bossio, L. M.: Health and Optimism, New York 1991

von Rad, Gerhard: Theologie des Alten Testaments. Bd. 1. Die Theologie der geschichtlichen Überlieferungen Israels, München 1960

Ruster, Thomas: Von Menschen, Mächten und Gewalten. Eine Himmelslehre, Mainz 2005

Ruster, Thomas: Die neue Engelreligion, Kevelaer 2011

Schmid, Wilhelm: Philosophie der Lebenskunst. Eine Grundlegung, 3. Aufl. Frankfurt a. M. 1999

Sennett, Richard: Verfall und Ende des öffentlichen Lebens. Die Tyrannei der Intimität, Frankfurt a. M. 1986 (Original New York 1974)

Lässt sich das Leben mit klugen Regeln bewältigen? Erwägungen zu einer evangelischen Theologie des Gesetzes[1]

Günter Thomas

Zusammenfassung:
Der Beitrag bearbeitet die Leitthese, dass die Beratungsliteratur für die Systematische Theologie ein Phänomen dessen ist, was innerhalb der Theologie »Gesetz« genannt wird. In diesem Verständnishorizont stellt die Beratungsliteratur eine Anfrage an die Theologie dar. Vor dem Hintergrund der drei traditionellen Funktionen des Gesetzes wird die These entfaltet, dass die vorneuzeitliche Einheit des Gesetzes aus Naturrecht, biblischem Gebot und positivem Recht hinsichtlich des empirischen Nachweises zerfallen ist und sich dies an der zunehmend schwierigen Rede vom »Gesetz« zeigen lässt. In diesen Schwierigkeiten ›überrascht‹ die Beratungsliteratur die Theologie. Der zweite Teil des Beitrags beschreibt mehrere markante Aspekte der Beratungsliteratur als neues »Gesetz« und formuliert auf der Basis einer langen Tradition der protestantischen Gesetzeskritik Anfragen an diese Literatur.

1 Einleitende Beobachtungen und Rückfragen

1.1 Annäherungen

Eine kleine empirische Studie soll am Anfang stehen:

> Es sind genau 30 Meter Regallänge. Jeweils fünf Regale übereinander, drei solche Türme nebeneinander und von zwei Seiten bestückbar. Bei einer durchschnittlichen Dicke der Bücher von 17 mm ergibt dies genau 1764,70 Einzelbände. Für Doppelbestückungen und für Bände, die zur besseren Sichtbarkeit des Covers quer

---

[1] Der sich dem Entstehungskontext verdankende Vortragsstil wurde in dieser Druckfassung des Textes bewusst beibehalten.

> eingestellt sind, halte ich einen pauschalen Abschlag von 25% für angemessen. Wir reden also von 1323,52 Büchern. Geht man von einem durchschnittlichen Kaufpreis von 16 Dollar (inkl. Mehrwertsteuer) aus und unterstellt zugleich nur ca. 20 tröstende Ratschläge pro Band, so lassen sich mit 21.176 Dollar 26.470,58 Ratschläge kaufen – vorausgesetzt, alle 30 Regalmeter werden leer gekauft.

Soweit die empirisch-ethnologische Studie, die ich am 25. Mai 2011 im Harvard Bookstore in Cambridge/Mass. anstellen konnte. Das Themenspektrum ist weit. Es reicht vom Umgang mit Kolleginnen und Kollegen bis zum Aufbau der eigenen Fitness, von der Organisation der Finanzen bis zur Gestaltung des Sexuallebens, von der Technik des Mittagsschlafes bis zum Mobbing am Arbeitsplatz, vom Leben um die 50 bis zum letzten Abschied von den Kindern.

Es gibt wohl kaum einen Lebensbereich des Menschen in der Spätmoderne, der durch die Beratungsliteratur nicht schon abgedeckt ist. Führt man sich die oftmals nicht gerade niedrig bemessene Auflagenhöhe vor Augen, so stellt die gesamte Beratungsliteratur ein Phänomen von Gewicht und – für die akademische Reflexion – von einem hohen Irritationspotential dar.

Welche Erkenntnis spricht sich im Boom der Self-Help Literatur aus? Wofür steht sie? Warum stellt diese Literatur für die akademische Reflexion eine solche Irritation dar – abgesehen von den erwartbaren Neidreflexen angesichts der Auflagen und der Honorare? Die Tatsache, dass es keinen Lebensbereich zu geben scheint, dessen verantwortliche Gestaltung nicht beratungsbedürftig ist, stellt zwei Selbstverständlichkeiten der Moderne in Frage: Das Bedürfnis nach Beratung, nach Ratschlag, Hinweis und tröstender Anleitung problematisiert empirisch und machtvoll die allzu schlichte Unterstellung von Autonomie. Das moderne Subjekt scheint viel weniger frei und autonom zu sein und sein zu wollen, als es den Anschein hat. Die Bereitschaft des autonomen Subjektes, sich Hinweisen, Tipps, Erfahrungsgeneralisierungen und hilfreichen Worten anderer zu unterwerfen, spricht im wahrsten Sinne des Wortes Bände. Selbst in Dingen des weitverzweigten lebensweltlichen Alltags scheint die Regelgebung schwierig und des intensiven intersubjektiven Abgleichs bedürftig.

Die Beratungs- und Self-Help-Literatur versieht aber noch eine weitere Selbstverständlichkeit mit Fragezeichen, nämlich die Lebenswelt, die für viele Kritiker der systemischen Vermachtung der Gesellschaft nicht nur ein Ort der natürlichen Vertrautheit, sondern auch der moralischen Ressourcen ist. Für manchen Frankfurter ist es ja just die Lebenswelt, die der Hort religiöser Orientierung und religiöser Praxis ist – wohl gefährdet, aber im Grunde verschont von der alles zersetzenden Macht der Reflexion und den

Vermachtungen der Systeme.[2] Doch jedes neue erfolgreiche Beratungsbuch dementiert die Selbstverständlichkeiten der Lebenswelt. Reflexion und Kommunikation werden auch dann noch gegen die Selbstverständlichkeit der Lebenswelt geführt, wenn es darum geht, das Leben zu vereinfachen. Martin Heideggers berühmte, anhand eines Hammers durchgeführte Analyse der vertrauten Zuhandenheit praktischer Gegenstände dürfte ihre Gültigkeit verloren haben, denn zwischen den Menschen und den Hammer tritt selbst in der vertrauten Lebenswelt der Ratgeber – und wo das enden kann, dies hat Paul Watzlawick in seiner Anleitung zum Umgang mit dem Hammer beschrieben.[3]

Beide Infragestellungen – die des Subjektes wie auch die der Vertrautheit der Lebenswelt – werfen ein Licht auf die Verfassung der spätmodernen Gesellschaft und der in ihr gepflegten Subjektivität. Ohne Zweifel sind diese Infragestellungen valide – doch sind sie für die Theologie relevant? Vorausgesetzt, die Theologie erliegt nicht der Versuchung, aus diesen Krisen irgendwie theologischen Honig zu saugen, was hat dann die Ratgeberliteratur systematisch, strukturell und sachlich – d. h. über die Feststellung historischer Ähnlichkeiten hinaus – mit der gegenwärtigen Systematischen Theologie zu tun?

Könnte es nicht sein, dass die Ratgeberliteratur doch primär ein Fall für die theologische Ethik ist, weil sie ein klassisches Luxusphänomen ist – eben für Leute, die fließend Wasser, jederzeit Strom, ausreichend Nahrung, Wohnung, Kranken-, Arbeitslosigkeits- und Rentenversicherung haben, die lesen und schreiben können, frei reisen und sich kulturell engagieren können – und dann noch Zeit für ein paar wirkliche oder vermeintliche Restprobleme haben? Eine sozialkritische und kulturvergleichende Diskursanalyse dürfte manche Evidenz für diese Hypothese erschließen.

1.2 Die These

Bei der Beratungsliteratur handelt es sich um ein theologisch relevantes Phänomen, weil sie die Frage nach der gegenwärtigen Gestalt und der speziellen Funktion dessen aufwirft, was die Theologie Gesetz nennt.

2 Siehe Ulf Matthiesen, Das Dickicht der Lebenswelt und die Theorie des kommunikativen Handelns, München 1983; und Georg Kneer, Die Pathologien der Moderne. Zur Zeitdiagnose in der »Theorie des kommunikativen Handelns« von Jürgen Habermas, Opladen 1990, Kap. 2.2.

3 Vgl. Martin Heidegger, Sein und Zeit, Halle 1931, 69 ff.; Paul Watzlawick, Anleitung zum Unglücklichsein, München u. a. 1983.

Auch wenn die genannte Anfrage zur sozialstrukturellen Verortung der Beratungsliteratur nicht ganz aus der Luft gegriffen ist, auch dann, wenn sich die Theologie weder an die Krise des Subjektes noch an die Krise der Lebenswelt anhängen sollte, auch dann handelt es sich um eine produktive Herausforderung für die Systematische Theologie. Die 30 Meter Self-Help-Literatur verweisen auf *zweifache* Weise auf eine *Theologie des Gesetzes*. Unter der Voraussetzung, dass diese Literatur in der Tat ein mögliches Phänomen des Gesetzes ist, wirft sie ein Licht auf den Verlauf, die Krise und die mögliche Entwicklung einer Theologie des Gesetzes. Unter der gleichen Voraussetzung lässt sich aber auch umgekehrt von der theologischen Tradition kulturanalytisch ein Blick auf die Ratgeberliteratur werfen.

Methodisch geht es mir um eine Doppelbewegung: Die Ratgeberliteratur fordert die Systematische Theologie zu einer Relektüre der eigenen Tradition heraus und zugleich unternimmt die Theologie – im Sinne einer religiösen Aufklärung der Gegenwartskultur – eine Lektüre der Ratgeberliteratur aus ihren Beständen der Reflexion und symbolischen Kommunikation. Beide Bewegungen zusammengenommen konstituieren das Resonanzverhältnis zwischen Systematischer Theologie und diversen kulturellen Umgebungen.

Daher nun der erste Schritt: Welchen Blick auf sich selbst, auf die Theologie, eröffnet die Ratgeberliteratur? Zu welchen Selbstwahrnehmungen innerhalb der Theologie fordern die 30 Meter auf?

2 Konturen und Konjunkturen einer evangelischen Theologie des Gesetzes im 20. Jahrhundert

2.1 Stellung und Funktionen des Gesetzes

Für Generationen von Theologinnen und Theologen war evident, was Martin Luther im Blick auf die Unterscheidung von Gesetz und Evangelium festgehalten hatte. Die Rede vom *Evangelium* Gottes war nicht möglich, ohne auch vom *Gesetz* Gottes zu sprechen. Das anklagende wie auch tötende Gesetz war notwendiges Element des in der Rede tröstenden und lebendig machenden Evangeliums.[4] Die höchste Aufgabe des Theologen und der Theologin ist, Gesetz und Evangelium zu unterscheiden, d. h. beides zu erfassen, zu verkün-

4 Oswald Bayer, Martin Luthers Theologie. Eine Vergegenwärtigung, Tübingen 2003, 22 und 35.

digen, aber letztlich zu differenzieren. »Wer das Evangelium recht vom Gesetz zu unterscheiden weiß, der danke Gott und darf wissen, daß er ein Theologe ist«, so formuliert Martin Luther.[5] Das Gesetz ist von zentraler Bedeutung, denn Christus ist, wie schon Paulus festgehalten hat, die Erfüllung und das Ende des Gesetzes.

Fragt man vor diesem Hintergrund nun nach einer Theologie des Gesetzes im 20. und beginnenden 21. Jahrhundert, so stößt man auf einen erstaunlichen Befund: Wurden noch in den frühen 1970er Jahren theologische Beiträge zum Gesetz – aus den frühen 60er Jahren – zu Forschungsüberblicken zusammengefasst, so ist es heute sehr still geworden um eine Theologie des Gesetzes.[6] Die einerseits so gewichtige und oftmals so laute theologische Rede vom Gesetz scheint in eine Sprachlosigkeit versunken zu sein. Ist sie ein spätes Opfer von 1968 geworden?

Es sollte m. E. zu denken geben, dass in der vom Heidelberger Systematiker und Ethiker Wilfried Härle – also einem hinsichtlich theologischer Abenteuer eher unverdächtigen Lutheraner – edierten Ausgabe der »Grundtexte der neueren evangelischen Theologie« kein einziger Text zum Gesetz zu finden ist.[7] Manches weitere Beispiel ließe sich anführen. Meine Frage ist also: Warum ist es so still geworden um das Thema »Gesetz«? Um sich der Antwort anzunähern, gilt es, sich kurz die drei theologischen Funktionsweisen des Gesetzes vor Augen zu führen.

Im Blick auf das Zusammenleben der Menschen steht der *usus civilis* im Vordergrund, d. h. der weltliche Gebrauch, in dem das Gesetz ethische Grenzziehungen vornimmt, dem Bösen wehrt und als weltliche Ordnung ein soziales Zusammenleben ermöglicht. »Wie man den besessenen Menschen, in denen der Teufel mächtig regiert, Fesseln und Ketten anlegt, daß sie niemanden beschädigen, so muß die Obrigkeit [durch das Gesetz] der ganzen Welt, die von dem Teufel besessen ist und geradeaus in alle Verbrechen gestürzt wird, Fesseln und Ketten anlegen, d. h. diese Welt muß mit Gesetzen, die Hand und Füße binden, in Zaum gehalten werden, daß sie nicht geradeaus in alle bösen Dinge stürzt«, so formuliert Luther so plastisch wie drastisch in der Auslegung des Galaterbriefes zu Galater 3,19.[8]

---

5 Martin Luther, WA 40/I, 207, 17 f. Siehe Ulrich H. J. Körtner, Theologie des Wortes Gottes: Positionen, Probleme, Perspektiven, Göttingen 2001, 194 ff.

6 Vgl. Ernst Kinder / Klaus Haendler, Gesetz und Evangelium. Beiträge zur gegenwärtigen theologischen Diskussion, Darmstadt 1968.

7 Siehe Wilfried Härle, Grundtexte der neueren evangelischen Theologie, Leipzig 2007.

8 Martin Luther, Der Galaterbrief, Göttingen 1987, 184.

Dieser politischen Funktion steht der *usus elenchticus*, auch *usus theologicus* genannt, gegenüber, also die Funktion, durch das Gesetz den Menschen in seinem permanent unternommenem Versuch der Selbstrechtfertigung seines Sünderseins zu überführen, das Gesetz, mit dem Gott anklagt, richtet und vernichtet: »[…] denn durch das Gesetz soll die Sünde wachsen und vermehrt werden, zumal im Gewissen. […] So ist es das wahre Amt und der hauptsächliche und eigentliche Gebrauch des Gesetzes, daß es dem Menschen seine Sünde, Blindheit, Elend, Gottlosigkeit, Unwissenheit, Haß, Gottesverachtung, Tod, Hölle, Gericht und verdienten Gotteszorn offenbar macht. […] Gott will niedertreten und zermalmen jenes Ungeheuer und jenes wütende wilde Tier, nämlich die Meinung, sich Gerechtigkeit verdienen zu können«, so wiederum Martin Luther an gleicher Stelle.[9]

Und dann ist da der zwischen den Lutheranern und Reformierten in seiner Existenz umstrittene Gebrauch des *tertius usus legis*, des *usus didacticus*, der das Leben der Glaubenden und der Kirche in Gestalt des neuen Gesetzes leiten soll.

Wenn wir all dies wissen, warum hat sich dennoch eine Sprachlosigkeit breit gemacht, die vielerorts auch die Gestalt eines bemühten Wiederholens der Tradition annimmt?[10]

Meine These bzw. meine begründete Vermutung an dieser Stelle ist: *Das Schweigen hat seinen Grund darin, dass wir nicht mehr sagen können, wo das Gesetz zu finden ist, worin es empirisch greifbar ist.*

2.2 Die Suche nach dem empirischen Ort des Gesetzes

Es ist eine theologisch nicht unbedeutende Frage, wenn nach dem empirischen Ort des theologischen Gesetzes gefragt wird. Wo finde ich das Gesetz, das die genannten zwei oder drei Funktionen erfüllt?

Finde ich es in der Straßenverkehrsordnung Spaniens? Wer hier emphatisch nein sagt und keine lebensförderliche Wohlordnung Gottes erkennen will, versuchte wohl noch nie in Madrid über eine große Kreuzung zu fahren.

---

9 A. a. O., 184.

10 Es steht natürlich die Frage im Raum, ob weite Bereiche einer radikalen Ökotheologie, die international überaus präsent ist, nicht als aktuellste Varianten einer Gesetzestheologie gelesen werden müssen bzw. können. Auch was sich mancherorts als ›öffentliche Theologie‹ annonciert, dürfte eine Variante der Gesetzestheologie sein. Beide Ansätze fusionieren jedoch den usus politicus und den usus didacticus, also die Lebensanweisung für die Welt und für die Gemeinde – *ohne* einen *usus elenchticus*.

Finde ich es in der Gesetzgebung des Bundestages zu Patientenverfügungen oder in der Verlängerung des Mandates für den Bundeswehreinsatz in Afghanistan? Schmieden sich im Parlament, in dem das Volk selbst die Obrigkeit ist, die wilden Tiere selbst die Ketten – oder legen sie dort die Ketten, die sie eigentlich bräuchten, ab? Findet sich das Gesetz in den Menschenrechten – aber wer will sagen, dass diese zur Erkenntnis der Sünde gegeben sind? Wo ist das neue Gesetz hier und heute? Im CO_2-Zuschlag der Airlines, in der Kostenübernahme der Krankenkassen für die künstliche Befruchtung, in der Reduktion des Fleischverbrauchs oder in der evangelischen Freiheit, die Pille zu nehmen?

Nicht wenige Christen sind geneigt, auf die Frage »Wo ist das Gesetz« auf die Bibel zu verweisen und – ja was dann – auf die 10 Gebote zu zeigen. Aber warum, so muss man fragen, die 10 Gebote, warum nicht die Goldene Regel, das Liebesgebot oder – ganz biblisch – nach dem Apostelkonzil in Jerusalem in Apg 15 die noachitischen Gebote? Warum nicht, wie der eine oder andere Exeget geneigt zu sein scheint, die Tora – und überhaupt, was machen wir mit der Erkenntnis der historischen Relativität und Kontextualität dieser Gebote – ganz abgesehen von der Frage, wie dabei die Brücke zur Straßenverkehrs- und Emissionsordnung oder zum modernen Scheidungsrecht zu schlagen ist?[11]

Findet sich das Gesetz mehr oder weniger unausgesprochen schon in den Routinen, Verlässlichkeiten und Erwartungssicherheiten des Alltags? Dass morgens die Kaffeemaschine läuft, die Zeitung da ist, Strom vorhanden ist, so dass der Heizboiler für das Duschwasser läuft und ein lieber Mensch ›guten Morgen‹ sagt? Wer hier allzu schnell nein sagt, weiß zu wenig von den Zerrüttungen des Alltags durch Stromausfall, Einsamkeit, schlampige Zeitungsausträger und nicht zuletzt durch Krankheit.

Kurz: Es ist nicht leicht, heute theologisch qualifiziert so vom Gesetz zu sprechen, dass zugleich ein empirischer Ausweis möglich ist.

Meine an dieser Stelle anschließende, wenngleich nur anzureißende These ist:

Um das Gesetz wurde es so still, weil unter den Bedingungen der späten Moderne die kompakte Einheit dessen, was das Gesetz im ganz empirischen Sinne ist bzw. war, zerfallen ist.

---

11 Siehe exemplarisch Frank Crüsemann, Die Tora. Theologie und Sozialgeschichte des alttestamentlichen Gesetzes, München 1992; und Frank Crüsemann, Maßstab Tora. Israels Weisung und christliche Ethik, Gütersloh 2003.

2.3 Der Zerfall der strukturierten Einheit von »Gesetz« in der späten Moderne

Was theologisch als Gesetz gehandelt wurde, war nicht nur im Sinne der drei Gebrauchsweisen *multifunktional* zu verstehen. Vielmehr repräsentierte es auch eine *strukturierte Einheit aus drei Elementen.* Alle Versuche im 20. Jahrhundert theologisch vom »Gesetz« zu sprechen, schließen faktisch nur an *einzelne* Elemente dieser strukturierten Einheit an – und erreichen daher nicht mehr die Wucht, nicht die Evidenz und auch nicht die phänomenologische Dichte des vormodernen, vorneuzeitlichen Gesetzesverständnisses. Um diese These zu plausibilisieren (sie zu belegen würde ein kleines Forschungsprogramm erfordern), gilt es einen knappen Blick auf dies zu werfen, was ich die strukturierte, aber dennoch kompakte *Einheit* nenne.

Worin besteht nun die kompakte Einheit des Gesetzes – oder umgekehrt formuliert: Was wird unter dem Stichwort »Gesetz« zur Einheit synthetisiert? Obwohl die Entwürfe von Thomas von Aquin, von Martin Luther, Philipp Melanchthon und der so genannten Altprotestantischen Orthodoxie sich in Vielem und in Wichtigem unterscheiden, so werden doch mit unterschiedlicher Gewichtung und Hierarchisierung stets *drei* Elemente verklammert:

1. das sogenannte Naturrecht,
2. das biblische Gebot, konkret die Zehn Gebote und
3. das positive Recht, das durch eine hierarchische Ordnung stabilisiert wird.

Die Vernetzung, Verklammerung dieser drei Elemente macht die intellektuelle wie religiös-praktische Attraktivität des »Gesetzes« aus. Nur in dieser Einheit kann das Gesetz so multifunktional wirken, wie es die Tradition annahm. Für die vorneuzeitliche theologische Tradition ist die Einheit dieser drei Elemente – bei sehr verschiedenen Modellen der Zuordnung – konstitutiv. Und der Zerfall dieser Einheit ist, so ist mit Gründen zu vermuten, das Ende einer bestimmten Theologie des Gesetzes und führt zu einer Krise des theologischen Gesetzes.

In der weit verzweigten und komplexen Geschichte des Naturrechts – das von den Vorsokratikern bis zu gegenwärtigen Debatten in der Biologie reicht – waren es vier funktionale Elemente, die das Naturrecht so attraktiv machten und in der Moderne dann zugleich in seine Krise führten.[12] Die Suche

---

[12] Vgl. einführend Matthias Kaufmann, Rechtsphilosophie, Freiburg 1996, 30–137; siehe auch Ingolf U. Dalferth, Naturrecht in protestantischer Perspektive, Baden-Baden

nach einem Naturrecht stellt ab auf eine Universalität jenseits der Partikularität des Rechtes. Sie zielt aber auch auf eine unstrittige Evidenz jenseits von Bildungsprozessen und kulturellen Partikularitäten, eine Evidenz, die letztlich im Gewissen ihren Kristallisationspunkt findet. Das Naturrecht beansprucht darüber hinaus, eine Norm für die Norm zu sein, etwas, was es in der Aufarbeitung manifester Unrechtssysteme für die einen so attraktiv macht und für die anderen so obsolet erscheinen lässt. Vom Naturrecht spricht, wer einen Maßstab zur Beantwortung der Frage sucht, ob dieses Recht wirklich Recht oder nicht vielmehr Unrecht ist. Die vierte Funktion rückte in rechtstheoretischen Debatten in den Hintergrund, ist aber für das theologische Gesetzesverständnis elementar: Das Naturrecht verklammert biologische Prozesse (und ihre Teleologie) mit kulturellen Prozessen. Der Charme und das Unheilspotential dieser Verklammerung sind – wie die katholische Sexualethik noch heute deutlich macht – nicht zu überschätzen. Obwohl das Naturrecht im Raum des Rechts in der modernen Emanzipation des Rechts von der Religion eine große Rolle spielte, wurde es durch das Aufkommen der Naturwissenschaften wie auch durch den Kulturvergleich in eine tiefe Krise geführt. Wie auch immer man diese Entwicklung bewerten mag und ihren weiteren Verlauf prognostiziert, die enge Verbindung zum biblischen Gebot und zum positiven Recht ist nicht mehr gegeben.

Man könnte nun vergleichbare innere Entwicklungen in den zwei anderen Bereichen aufzeigen. Die historische und die religionsvergleichende Forschung zur Bibel wie auch die Entwicklungen der Hermeneutik führten zu einem Umbau im Verständnis der 10 Gebote, in dessen Folge es fraglich erscheint, sie mit dem Naturrecht parallel zu führen. Zugleich brach das positive Recht aus der strukturierten Einheit heraus. Um in Luthers Worten zu sprechen: Mit dem Aufkommen der Demokratie haben die Bestien angefangen, ihre eigenen Ketten zu schmieden – eine Vorstellung, die wohl für Luther und für viele Lutheraner bis in die frühen sechziger Jahre des 20. Jahrhunderts noch undenkbar war.[13] Es sind also die inneren Krisen der drei Ele-

---

2008; für die Rezeption im neueren Protestantismus vgl. einschlägig Klaus Tanner, Der lange Schatten des Naturrechts. Eine fundamentalethische Untersuchung, Stuttgart 1993.

[13] So stellt der lutherische Ethiker Wolfgang Trillhaas noch 1956 fest: »Unser Staatsproblem in der westlichen Welt ist heute unübersehbar die Demokratie. Unter dieser vielleicht noch mehr soziologischen als staatsrechtlichen Voraussetzung wandelt sich aber alles von Grund auf, was wir bisher als Obrigkeit, als staatliche Autorität anzusehen gewohnt

mente und die damit verbundenen Spannungen, die letztlich das Auseinanderfallen der kompakten Einheit befördert haben.[14]

Die *protestantische Theologie* des 20. Jahrhunderts kann nun als ein großes Laboratorium betrachtet werden, in dem verschiedene Varianten eines *selektiven* Umgangs mit den *Fragmenten* dieser Einheit durchgetestet wurden – mit einem wenig durchschlagenden Erfolg.

Ich möchte nur drei idealtypisch stilisierte Vorschläge aus diesem Laboratorium kurz umreißen. Der lutherische Theologe Emanuel Hirsch (1888–1972) und in Phasen auch Friedrich Gogarten (1887–1967) gehörten zu denen, die das Gesetz Gottes im Nomos des Volkes, in dem Amalgam aus Ethos, Common sense, öffentlicher Meinung und illiberaler Gesetzgebung begreifen wollten.[15] Der Offenheit hinsichtlich der geschichtlichen und soziokulturellen Entwicklung stand die krasse Ablehnung einer pluralitätsoffenen, weimarisch-demokratischen und diskursiv-konfliktreichen Findung des Gesetzes gegenüber. In dialogistischer Manier wurde die geschichtliche Stunde zum gegenüberstehenden Gesetz, dem Folge zu leisten ist. Dieses Experiment einer inhaltlichen Füllung des Gesetzes, die zugleich die Erfahrungssättigung und Evidenz des vormodernen Gesetzes anstrebte, hat von Anfang an wesentliche Einsichten in den Zusammenhang von Gesetz, Recht und Barmherzigkeit verraten.

Die Theologie Gerhard Ebelings (1912–2001) hat das Gesetz radikal existentialisiert. Für Ebeling geht es – auf den ersten Blick – in der Unterschei-

---

waren. [...] Damit aber entspricht diese moderne Staatsauffassung nicht mehr dem, was nach tiefgehender theologischer Überzeugung der lutherischen Reformation von der Autorität der weltlichen Gewalt gefordert werden muß.« (Wolfgang Trillhaas, Die lutherische Lehre von der weltlichen Gewalt und der moderne Staat, in: Hans Dombois / Erwin Wilkens [Hrsg.], Macht und Recht. Beiträge zur lutherischen Staatslehre der Gegenwart, Berlin 1956, 22–33, 27 u. 32).

14 Selbstverständlich müsste eine Geschichte des Gesetzes die nachreformatorische Rechtsgeschichte vor allem im reformierten Raum, die aufsteigende Naturwissenschaft und ihre Auseinandersetzung mit dem Naturrecht, die Umbauten in der Kantschen Philosophie und nicht zuletzt die vielgestaltige Auseinandersetzung mit Charles Darwin mit berücksichtigen.

15 Zu Hirsch siehe exemplarisch Emanuel Hirsch, Deutschlands Schicksal. Staat, Volk und Menschheit im Lichte einer ethischen Geschichtsansicht, Göttingen 1920; vgl. instruktiv auch Otto Dibelius, Gott und die deutsche Zuversicht. Drei Reden in dunkler Zeit, Berlin 1918, 3. Das Ewige und das Vaterland. Diesseits und Jenseits zu Gogarten vgl. Theodor Strohm, Theologie im Schatten politischer Romantik. Eine wissenschaftssoziologische Anfrage an die Theologie Friedrich Gogartens, München u. a. 1970.

dung von Gesetz und Evangelium um die »Logik der Sache der Theologie«, sachlich jedoch um eine »existentiale [...] Interpretation« des Gesetzes.[16] Einerseits ereignet sich die Differenz zwischen Gesetz und Evangelium im *Gewissen* des Menschen im Wirken des Heiligen Geistes. Was sich im Gesetz anzeigt, ist aber andererseits zugleich die »Wirklichkeit des gefallenen Menschen«. So ist das Gesetz nicht in seinen empirischen Verästelungen von Interesse, sondern das eine Gesetz ist die gemeinsame Struktur der Wirklichkeitserfahrungen und der Lebenswirklichkeit (beides Begriffe Ebelings). Ist das Gesetz dasjenige, das in allen und durch alle Gestaltungen der Wirklichkeit erfahren wird, so wird es faktisch damit aller spezifischen Inhalte beraubt und zu einem schlichten abstrakten »Gefordertsein« (*usus politicus legis*) reduziert. Daher ist das Gesetz in allem Leben in Aktion – aber immer gleich. »Die geschichtliche Vielfalt lässt sich als Vielzahl von Deutungen des Gesetzes auffassen, das in und mit dem Leben schon immer in Aktion ist«.[17] Die Frage der Lokalisierbarkeit des Gesetzes in einer Welt der naturwissenschaftlichen Welterschließung und einer soziokulturellen Pluralisierung wird von Ebeling daher mit einem emphatisch vorgetragenen »überall« beantwortet. Die grenzenlose Generalisierung, die mit der Existentialisierung verknüpft ist, geht dabei einher mit einer faktischen Entleerung.

Auf eine sehr spezifische Weise verbindet Karl Barth (1886–1968) durch die Verknüpfung von Gesetz und Gottes Gebot eine relative ›Entleerung‹ mit einer momenthaften Partikularisierung *und* Realisierung. Seine bekannten Distanzierungen gegenüber einer natürlichen Theologie zielen zunächst kritisch auf die lange Verbindung von Gesetz und Naturrecht. Die mit dem Naturrecht verknüpfte Erwartung einer allgemeinen Erkenntnisquelle führte ja in der Tradition – so die These Barths – zu einer ›Natürlichen Theologie‹ bzw. einer außerchristlichen religiösen Erkenntnisquelle. Anzumerken ist an dieser Stelle allerdings, dass dies nur dann der Fall ist, wenn das Naturrecht theistisch gerahmt wird – ein Streitpunkt zwischen katholischen Theologen und Philosophen auf der einen Seite und manchen heutigen rechtsphilosophischen Diskursen, ein Streit, der bekanntermaßen noch den Europäischen Konvent prägte. Die enge Parallelisierung von Gesetz und Gebot bei Barth führt dazu, dass das Gesetz in *je spezifischen Gebieten* Gottes im *Hier und Jetzt*,

---

16 Gerhard Ebeling, Studium der Theologie. Eine enzyklopädische Orientierung, Tübingen 1975, 144f.

17 Gerhard Ebeling, Dogmatik des christlichen Glaubens, Bd. 3. Der Glaube an Gott den Vollender der Welt, Tübingen 1986, 271.

im Heute und im konkreten Da zu finden ist. Gottes gnädiges Gesetz findet sich im konkreten Ereignis der Gnade im Jetzt, im Anspruch, der jetzt ergeht, und diese Gestaltung verlangt. »Immer indem die Gnade Ereignis und Offenbarung wird, kommt es zur Aufrichtung des Gesetzes«.[18] Der Anspruch Gottes im Hier und Heute ist aber weder in einer Kasuistik vorauszusehen, noch durch irgendwelche Bibelverse zu binden. Letztlich ist es bei der aktualen Entscheidung nur die Suche nach Analogien, Grundlinien und Gleichnissen im Christusgeschehen, die diese Position davon abhält, in einen Dezisionismus abzugleiten. Im historischen Vergleich wird allerdings sichtbar, dass die ungeheure Flexibilisierung und Situationssensibilität erkauft ist durch eine Verabschiedung einer quasi-wissenschaftlichen Orientierung an einem Naturrecht wie auch einer strikt biblizistischen Orientierung.[19]

Diese hier nur äußerst knapp und ebenso äußerst exemplarisch vorgestellten evangelischen Theologien des Gesetzes stecken in ihrer mehr oder weniger großen Distanzierung von einem dauerhaften Gesetz das Terrain ab, auf dem die Beratungsliteratur als Form des Gesetzes ›auftaucht‹.

3 Beratungsliteratur und Annäherungen an eine Theologie des Gesetzes

3.1 Anfragen an die Theologie

Blickt man auf die krisenhaften Umbauten der evangelischen Theologie des Gesetzes im 20. Jahrhundert, so steht immer noch die Frage im Raum: Was hat dies alles mit der Beratungsliteratur zu tun? Zunächst hat die Welle der Beratungsliteratur die in Sachen Gesetz weithin sprachlose Theologie sozusagen ›kalt erwischt‹. Wenn, dies ist die Ausgangsthese, die Beratungsliteratur eine

---

[18] Karl Barth, Die kirchliche Dogmatik, Bd. II/2. Die Lehre von Gott, Zürich 1948, 64.

[19] Die Ethik R. Bultmanns dürfte durch dieselben Grundzüge charakterisiert sein. Dass just Barth dann an manchen Stellen kräftig naturrechtlich argumentiert (z. B. beim Verhältnis Mann/Frau), gehört zu den ironischen Wendungen der neueren Theologiegeschichte. Nicht zu übersehen ist zugleich, dass Barth die Gesetzestheologie nicht nur relativiert hat, sondern auch enorm zugespitzt: Barth dürfte der letzte große Theologe des Protestantismus gewesen sein, der die gesamte Versöhnungslehre letztlich an einem juridischen Modell (mit einem Urteilsspruch, einem Richter, einem gerichteten Richter etc.) ausgerichtet hat – ein Modell, das heute nur noch wenig Plausibilität beanspruchen kann.

spezifische Form von »Gesetz« repräsentiert, dann problematisiert sie auf sehr spezifische Weise verschiedene Gesetzesverständnisse:

Mit vielen tausenden Ratschlägen stellt diese Literatur die inhaltliche Entleerung der Gesetzestheologie in Frage. Es scheint wohl nicht zu stimmen, dass es nur um das formale Gefordertsein überhaupt geht. Es scheint überaus fraglich zu sein, dass es *nur* um *mich* in diesem Hier, diesem Heute und diesem Jetzt geht. Es scheint in aller Vielfalt der Lebenswelten Sedimente der gemeinsamen Erfahrung zu geben, die Menschen Orientierung zu geben vermögen. Das durch die verschiedenen Systemrationalitäten (in Recht, Kunst, Bildung, Wirtschaft, Religion etc.) wie auch durch weitgehende Autonomiezumutungen gestresste spätmoderne Individuum sucht nach Ratschlägen, nach der Bildung imaginierter Schicksals- und Problemgemeinschaften, nach dem *anderen* Wort. Die Freiräume des Privaten und des Zivilgesellschaftlichen sind nicht frei von erwartbaren Strukturen, beobachtbaren Regelmäßigkeiten und schwer zu ignorierenden biologischen Rahmenbedingungen.

Welche Form und Figuration des Gesetzes ist in der Beratungsliteratur greifbar? Worin weicht es signifikant von dem ab, was in der Vergangenheit als Gestalt des Gesetzes begriffen wurde?

Begreift man die Beratungsliteratur als eine Gestalt des Gesetzes und blickt mit den Traditionshintergründen der Theologie auf diesen Korpus, welche Entdeckungen sind dann zu machen? Was kann die Theologie zur Lektüre dieses kulturellen Textes beitragen? Was »sieht« die Theologie? Welche Differenzmomente treten hervor? Sieben Aspekte erscheinen mir bemerkenswert:

1. *Demokratisierung des Gesetzes.* Die Ratgeberliteratur lebt zweifellos von der Unterscheidung zwischen Ratgebenden und Ratsuchenden. Dennoch wohnt der Bewegung eine demokratisierende Tendenz inne, da zumindest potentiell jeder einen Ratgeber schreiben kann. Wer meint, einen Schlüssel zur übersichtlichen Büroorganisation gefunden zu haben, kann damit an den Markt gehen.

2. *Therapeutische Umformung des Gesetzes.* In der Mehrzahl der Beratungsliteratur tritt an die Stelle einer direkten und ›unerbittlichen‹ Forderung des ›Müssens‹ eine tröstende und verstehende Aufforderung. Trotz des Aufforderungscharakters geht es um das Versprechen eines auch barmherzigen Umgangs mit dem ›bisherigen‹ Leben und um einen bewältigbaren Zumutungsgehalt. Dies zeigt sich u. a. darin, dass ein beachtlicher Teil der Lebensberatungsliteratur nicht zu einem Handeln, sondern zu einem Unterlassen auffordert und mit Formen des Nicht-Handelns vielfältigste Verspre-

chungen verbindet. ›Lassen‹ und ›Entlastung‹ wird so zu einem Teil von Gesetz.

3. Die ausgreifende Beratungsliteratur dokumentiert eine *produktive Partikularisierung* des Gesetzes auf einzelne Sphären und Lebensbereiche. Die Momente der Universalität und der Partikularität werden hier so kombiniert, dass die Allgemeinheit des Problems mit einer radikalen Eingrenzung des Problemfeldes einhergeht. Die Ratschläge für den Umgang mit pubertierenden Jugendlichen müssen nicht mit denen zu Karriere und Netzwerkbau weiblicher Managerinnen abgestimmt sein.

4. Die wachsende Zahl der Beratungsbücher verweist auf eine eigene Verarbeitung einer klassischen Spannungslage in der traditionellen Gesetzestheologie, die letztlich auf eine Unterscheidung von Gesetz und Gebot zielt: Ist das Gesetz nur dort wirksam, wo es explizit erkannt und ebenso explizit realisiert wird oder ›wirkt‹ es auch dort, wo es missachtet, nicht erkannt, nicht gewusst und nicht angeeignet wird? Die Beratungsliteratur offeriert so etwas wie eine *Possibilisierung des Gesetzes*: Nur, wer die Ratschläge braucht, braucht sie anzunehmen. Der offene Zumutungsgehalt des Gesetzes wird dramatisch reduziert. Interessanterweise geschieht die Durchsetzung des Gesetzes dann vielfach – mit Max Weber gesprochen – über Formen der *charismatischen Herrschaft*: Wer ein öffentlichkeitswirksamer Berater, Coach oder ähnliches werden will, sollte über Witz, Esprit und Charisma verfügen, um Menschen über Begeisterung zu diesem Gesetz zu verpflichten. Nur Menschen mit Charisma können eine Marke werden.

5. *Personale Verdichtung zu Marke und Zeugnis.* Ein großer Teil der Beratungsliteratur hat Zeugnischarakter, d. h. die Erfahrungen der Autorin oder des Autors sind selbst das Gegenstandsfeld, aus dem Erkenntnisse abzuleiten und anzueignen sind. Die Beraterperson ist dann das Paradigma und das öffentliche Exemplar, sozusagen eine individuelle Manifestation des Gesetzes. Die Kälte des Gesetzes kann dann mit der Wärme des Herzens und des Blicks kompensiert werden. Der Berater, der Coach oder die öffentliche Seelsorgerin, ist bekräftigt und bewirbt dann nicht eine fremde Botschaft, ein fremdes Gesetz. Vielmehr ist er oder sie selbst die Botschaft, die durch das Gesetz erschlossene Wirklichkeit. Selbstverständlich kann dies nur gelingen, wenn das Gesetz in seiner sachlichen Reichweite radikal beschnitten wird.

6. Die Beratungsliteratur zeigt in hohem Maße eine *resonanzabhängige und dynamische Entwicklungsoffenheit und Plastizität.* Sie kann damit sehr schnell auf technologische, kulturelle, organisatorische Entwicklungen in der spätmodernen Gesellschaft reagieren. Die Beratungsliteratur wirkt so als Innovationspuffer. Ob das Gesetz ›funktioniert‹, ist auch nur über Reso-

nanz zu messen – es sei denn, es werden das Medium der Literatur überschritten und reale Selbsthilfegruppen oder sonstige lokale Gemeinschaften ›Betroffener‹ gegründet.

7. Wie schon angemerkt, reagiert die Beratungsliteratur sowohl auf die Ausdifferenzierung der Systemrationalitäten der gesellschaftlichen Subsysteme als auch auf den Umstand, dass die Lebenswelten nicht so homogen und zugleich so frei von Regelungsbedarf sind, wie es auf den ersten Blick erscheinen mag. Die Universalität und Generalität des Gesetzes wird damit zugunsten einer *Anerkennung einer Vielfalt von Lebens- und Erfahrungswelten* aufgegeben: Was im Haus gilt, gilt nicht im Beruf, was für die ersten Karriereschritte richtig ist, kann für die Gestaltung der Lebensmitte nicht orientieren und die Weisheiten für eine gelingende Partnerschaft helfen wenig im Kontext von geordneten Finanzen und zu entrümpelnden Dachböden.

Die Beratungsliteratur vermittelt einerseits Elemente bzw. Fragmente der traditionellen Momente des Gesetzes: Sie reicht bis in das Feld der kosmisch-biologischen Dimension des Naturrechts, es enthält auch Aspekte des tröstenden biblischen Gebotes und nimmt Impulse des positiven Rechtes für das Zusammenleben sozialer Formationen auf. Hinzu kommen Elemente aus der Therapiekultur. Die Kombination dieser Momente zeigt eine Nähe zum traditionellen Gesetz an, wobei die genannten sieben Punkte z. T. deutliche Differenzmarkierungen darstellen.

Theologisch vor dem Hintergrund der klassischen drei Funktionen des Gesetzes betrachtet, scheint ab und an der *primus usus legis* als Instrument des Kampfes gegen Säkularisate der Sünde auf. Und doch dominiert relativ unkritisch der sogenannte *tertius usus legis*: Es handelt sich immer um einen Weg zu Glück, Gelingen, Wohlbefinden und einem wirklich guten und positiv gesteigerten Leben. So bleibt die indirekte Anfrage an die Theologie: Kann heute überhaupt noch mit Blick auf *ein* Gesetz von den *drei Funktionen* des Gesetzes gesprochen werden?

3.2 Theologische Anfragen an die Beratungsliteratur

Die Beratungsliteratur stellt nicht nur eine Anfrage an die theologische Rede vom Gesetz dar, auch umgekehrt lassen sich Anfragen von Seiten der Theologie an die Beratungsliteratur stellen. Innerhalb des kanonischen Gesprächs in den biblischen Traditionen wie auch innerhalb der Theologiegeschichte haben sich Anfragen an die Leistungsfähigkeit und die unbedingte Lebensförderlichkeit des Gesetzes verdichtet. Fünf solcher Kritiken am Gesetz möchte ich kurz benennen:

1. *Beobachtung oder Vollzug des Lebens?* Eine skrupulöse Beobachtung des Lebens anhand des Gesetzes führt zu einer gewissenhaften Dauerbeobachtung des Lebens. Soziologisch gesprochen führt dies zu einer Dauerreflexion des Gegebenen, die wohl nicht alles, aber vieles als kontingent setzt. Die dem gelebten Leben zugute kommende Dauerbeobachtung droht das Leben zu blockieren oder gar zu ersetzen. Am Ende dreht sich alles nur noch um die Erfüllung des Gesetzes. Dann dient nicht mehr das Gesetz dem Leben, sondern die Menschen dienen dem Gesetz.

2. *Im Zweifelsfall gegen den Angeklagten*: Eine Schwierigkeit des Gesetzes ist, die eigene Grenze zu erkennen, die fehlende Passung, die Revisions- und Entwicklungsbedürftigkeit. Wem wird das Problem zugerechnet, wenn das Leben nach dem Gesetz scheitert? Liegt es an dem Gesetz oder an dem Gesetzesanwender? Die vielfach pausbäckig-naive Gewissheit vieler Berater, die Rhetorik und sprachliche Performanz der Publikationen lässt Zweifel an der Existenz einer selbstkritischen, die eigenen Grenzen in Rechnung stellenden Haltung aufkommen. Im Zweifelsfall wird das Scheitern der Beratung dem Anwender zugerechnet. Wer scheitert, scheitert nicht wegen der Ratschläge, sondern wegen mangelnder Konsequenz, Einsicht oder Bereitschaft. Darum ist jedes Scheitern ein weiteres Indiz für die Wahrheit und Notwendigkeit *weiterer* Beratung.

3. *Die Paradoxie des Gesetzes* – oder: die Lösung verstärkt das Problem: Der in der christlichen Tradition, speziell der lutherischen Theologie vertraute Gedanke, dass das Gesetz die Sünde nicht begrenzt, sondern anstachelt und befördert, lässt sich auch bei der Beratungsliteratur ins Spiel bringen. Das Gesetz ist eine Lösung, die stets zugleich das Problem vermehrt – und sich so selbst nie überflüssig macht. Man kann sich dies an dem Beratungsbrief »Simplify your Life« klar machen: Nichts ist so kompliziert, wie das Leben zu vereinfachen. In der Logik problemverstärkender Lösungen werden die Menschen nie in die Freiheit entlassen. Darum muss jedes Gesetz in seiner Dynamik die paradoxe Wirkung verschleiern. Aufgrund dieser Dynamik muss sich das Gesetz stets fragen lassen: Ist dies ein Gesetz, das frei macht? Und wenn ja, wann?

4. Viel – wenngleich nicht alle – Beratungsliteratur ist enorm aktivierungs- und aktivitätsorientiert und möchte einen *Stolz für die eigene Leistung* fördern. Selbst das Lassen ist zumeist das Resultat aufwändiger Aktivitäten. Der Ermutigungsgestus, der den schon kleinen Erfolg positiv verstärkt, die messbaren Erfolgsbilanzen, all dies macht den ›homo faber‹, den sich selbst, seine Identität, seine verschiedenen Umwelten gestaltenden Menschen aus. Auf diese Gestaltung darf und muss der Beratene stolz sein. Doch wann kippt

der Stolz über einen selbst gestalteten Lebensbereich in ein Vergessen der Tatsache, dass Menschen stets zugleich und viel mehr Empfangende und so Verdankende sind? Wann kippt das gediegene Selbstbewusstsein in das, was die religiöse Tradition Selbstrechtfertigung nennt?

5. *Die Komplexität des Lebens*: Die Beratungsliteratur lebt von der – wohl ausschnitthaft begrenzten, nur im Modus des Vorschlags zugemuteten und therapeutisch angedienten – Gewissheit, dass sich die Komplexität des Lebens in Regelhaftigkeiten einfangen lässt. Schon die innerkanonische Entwicklung des Gesetzes wirft die Frage auf, wie das Gesetz – ohne an Konkretheit und Lebensorientierung einzubüßen – der Komplexität, riskanten Unvorhersehbarkeit, Abgründigkeit und Fülle des Lebens gerecht werden kann. Für ein in das individuelle Begreifen einholbares Gesetz erscheint das Leben zu widersprüchlich, zu offen und zu unbestimmbar zu sein. Am Ende scheint nicht nur der Mensch am Gesetz zu scheitern, sondern auch das Gesetz am Leben.

In diesen fünf Punkten zeigt sich auch in der Beratungsliteratur eine Ohnmacht und Missbrauchbarkeit des Gesetzes, die evangelischerseits fragen lässt, was denn in diesem Feld nun das Evangelium ist.

4 Schlussüberlegungen

Eine für kulturelle Umwelten sensible und die eigenen Traditionen selbstkritisch aneignende Theologie wird durch die Beratungsliteratur provoziert. Diese Literatur fordert die Theologie dazu heraus, über die theologischen Funktionen, die Umbauten und die empirische Nachweisbarkeit dessen nachzudenken, was innertheologisch im christlichen und insbesondere im evangelischen Symbolsystem als »Gesetz« gilt. Folgt man der heuristischen Annahme, dass die Beratungsliteratur ein Fall des Gesetzes ist, dann zeigt sie eine ungeheure Dynamisierung, Pluralisierung und zugleich Einschränkung des Gesetzes in der späten Moderne. Allerdings zeigt ein die innerkanonischen und theologiegeschichtlichen Erfahrungen ernst nehmender Blick auf die Beratungsliteratur, dass auch diese Weiterentwicklung des Gesetzes nicht vor der Förderung von Ohnmacht, Missbrauch und Manipulation des Gesetzes geschützt ist. Eine qualifizierte, d. h. realistische und theologisch in diese Zeit sprechende Rede vom »Evangelium« wird die Tatsache voraussetzen dürfen (nicht müssen), dass sich das Leben eben auch anhand der neuesten und besten Beratungsliteratur nicht in kluge Regeln fassen lässt.

Literaturverzeichnis

Barth, Karl: Die kirchliche Dogmatik, Bd. II/2. Die Lehre von Gott, Zürich 1948

Bayer, Oswald: Martin Luthers Theologie. Eine Vergegenwärtigung, Tübingen 2003

Crüsemann, Frank: Maßstab Tora. Israels Weisung und christliche Ethik, Gütersloh 2003

Crüsemann, Frank: Die Tora. Theologie und Sozialgeschichte des alttestamentlichen Gesetzes, München 1992

Dalferth, Ingolf U.: Naturrecht in protestantischer Perspektive, Baden-Baden 2008

Dibelius, Otto: Gott und die deutsche Zuversicht. Drei Reden in dunkler Zeit, Berlin 1918

Ebeling, Gerhard: Dogmatik des christlichen Glaubens, Bd. 3. Der Glaube an Gott den Vollender der Welt, Tübingen 1986

Ebeling, Gerhard: Studium der Theologie. Eine enzyklopädische Orientierung, Tübingen 1975

Härle, Wilfried: Grundtexte der neueren evangelischen Theologie, Leipzig 2007

Heidegger, Martin: Sein und Zeit, Halle 1931

Hirsch, Emanuel: Deutschlands Schicksal. Staat, Volk und Menschheit im Lichte einer ethischen Geschichtsansicht, Göttingen 1920

Kaufmann, Matthias: Rechtsphilosophie, Freiburg 1996

Kinder, Ernst / Haendler, Klaus: Gesetz und Evangelium. Beiträge zur gegenwärtigen theologischen Diskussion, Darmstadt 1968

Kneer, Georg: Die Pathologien der Moderne. Zur Zeitdiagnose in der »Theorie des kommunikativen Handelns« von Jürgen Habermas, Opladen 1990

Körtner, Ulrich H. J.: Theologie des Wortes Gottes: Positionen, Probleme, Perspektiven, Göttingen 2001

Luther, Martin: Der Galaterbrief, Göttingen 1987

Luther, Martin: WA 40/I, Weimar 2006

Matthiesen, Ulf: Das Dickicht der Lebenswelt und die Theorie des kommunikativen Handelns, München 1983

Strohm, Theodor: Theologie im Schatten politischer Romantik. Eine wissenschaftssoziologische Anfrage an die Theologie Friedrich Gogartens, München u. a. 1970

Tanner, Klaus: Der lange Schatten des Naturrechts. Eine fundamentalethische Untersuchung, Stuttgart 1993

Trillhaas, Wolfgang: Die lutherische Lehre von der weltlichen Gewalt und der moderne Staat, in: Hans Dombois / Erwin Wilkens (Hrsg.), Macht und Recht. Beiträge zur lutherischen Staatslehre der Gegenwart, Berlin 1956

Watzlawick, Paul: Anleitung zum Unglücklichsein, München u. a. 1983

Auf der Suche nach Rat. Paradoxien, Herausforderungen und Perspektiven

Isolde Karle

Zusammenfassung:
Die soziologische Analyse der Beratungsgesellschaft führt die Paradoxien des Ratgebergeschäftes vor Augen. Besonders problematisch erscheint die Vorstellung, über Willenskraft gute Absichten in erwünschte Ergebnisse umsetzen und das eigene Selbst optimal entfalten zu können. Doch kann sich die Kirche trotz aller Ambivalenzen der Ratgeberliteratur der Suche nach konkreter Hilfe und Orientierung für die Lebensführung nicht entziehen. In diesem Zusammenhang geht der Beitrag dem Sinn ritueller Handlungen und Verhaltensmuster nach, der Frage, wie der Rat in der Seelsorge zu reetablieren sein könnte und warum und inwiefern die Predigt die Aufgabe der Lebensberatung ernstnehmen müsste. Schließlich wird geklärt, was all dies mit der Botschaft des Evangeliums und der Gnade der Selbstakzeptanz zu tun hat.

1 Die Beratungsgesellschaft

Auf allen Ebenen des täglichen Lebens suchen Individuen heute nach professionellem Coaching, nach Expertise und Rat: in Erziehungsfragen, auf der Suche nach Muße in der Beschleunigungsgesellschaft, der Karrieregestaltung, bei Fragen der gesunden Ernährung bzw. der Suche nach der richtigen Diät, der work-life-balance von Beruf und Privatleben oder der richtigen Spiritualität. Offenbar verstehen sich viele Vollzüge des Alltags nicht mehr von selbst. Wir leben nicht nur in einer Risiko-, Erlebnis- und Informationsgesellschaft, sondern auch in einer Beratungsgesellschaft.[1]

---

[1] Vgl. Peter Fuchs / Eckart Pankoke, Beratungsgesellschaft (Hrsg. Gerhard Krems), Veröffentlichungen der Katholischen Akademie Schwerte 42, Schwerte 1994. Vgl. überdies:

Die Selbstverständlichkeit in der Lebensführung scheint abhanden gekommen zu sein. Das hat mit einer gesellschaftlichen Entwicklung zu tun, die die Moderne schon seit Beginn kennzeichnet, die aber in den letzten Jahrzehnten noch einmal eine erhebliche Dramatisierung erfahren hat. Die moderne Gesellschaft ist eine Multioptionsgesellschaft,[2] eine Gesellschaft, die uns durch die Individualisierungs- und Pluralisierungsprozesse der letzten Jahrzehnte, durch die immense Ausweitung an Kommunikationsmöglichkeiten über Computer, Internet und Smartphones, durch die erheblich gestiegene Mobilität und Variabilität ständig und überall mit einer Überfülle an Waren, Informationen, Lebensstilen, Werten und Normen konfrontiert. Der Sozialpsychologe Kenneth Gergen beklagt in diesem Zusammenhang das erschöpfte, beunruhigte und verunsicherte Selbst, das völlig überfordert ist mit den vielen Wahl- und Informationsmöglichkeiten.[3] Die Massenmedien, die Werbeindustrie, die Kleidungsindustrie und die Lifestylestandardisierungen machen uns vor, wie wir uns zu geben und zu kleiden haben, wie viel wir wiegen dürfen, was wir besitzen müssen, ja sogar, was wir essen sollen, um überzeugende Individualitäten darzustellen: »Alle copieren, alle richten sich nach der Mode.«[4] Das ist die Paradoxie des modernen Individuums, des modernen *homme-copie*.[5] Muss sich das Individuum selbst bestimmen, »liegt nichts näher als der Vergleich mit an-

---

Peter Fuchs, Die magische Welt der Beratung, in: Rainer Schützeichel / Thomas Brüsemeister (Hrsg.), Die beratene Gesellschaft. Zur gesellschaftlichen Bedeutung von Beratung, Wiesbaden 2004, 239–257. Der vorliegende Beitrag greift in manchen Teilen auf den gleichzeitig erscheinenden Aufsatz der Autorin »Das Streben nach Glück. Eine Auseinandersetzung mit der Beratungsgesellschaft« zurück, in: Heinrich Bedford-Strohm (Hrsg.), Glück-Seligkeit. Theologische Rede von Glück in einer bedrohten Welt, Neukirchen-Vluyn 2011, 51–69.

2 Vgl. Peter Gross, Die Multioptionsgesellschaft, Frankfurt a. M. 1994.

3 Vgl. Kenneth J. Gergen, Das übersättigte Selbst. Identitätsprobleme im heutigen Leben, Heidelberg 1996.

4 Niklas Luhmann, Individuum, Individualität, Individualismus, in: Ders., Gesellschaftsstruktur und Semantik. Studien zur Wissenssoziologie der Moderne, Bd. 3, Frankfurt a. M. 1989, 149–258, 222 f.

5 »[…] dem Individuum wird jetzt erlaubt, sich selbst als einzigartig zu behaupten. Für die praktischen Verhältnisse der sozialen Kommunikation bedeutet dies aber nur, daß es nicht erlaubt ist, einer solchen Behauptung zu widersprechen, auch wenn die Copie des Individualitätsmusters auf der Hand liegt.« (Niklas Luhmann, Die Autopoiesis des Bewußtseins, in: Alois Hahn / Volker Kapp [Hrsg.], Selbstthematisierung und Selbstzeugnis: Bekenntnis und Geständnis, Frankfurt a. M. 1987, 25–94, 69).

deren. Andersseinkönnen heißt dann eben: so sein können wie ein anderer.«[6]

Weil ständig neue Reize, Ansprüche und Kommunikationsangebote aus allen möglichen Richtungen auf uns einstürmen, haben wir überdies das Gefühl, viel zu wenig Zeit zur Verfügung zu haben, obwohl die Technik heute viele Prozesse erleichtert und beschleunigt. Es ist der »aufmerksamkeitsfressende *information-overload*«[7], wie es Ulrich Schnabel formuliert, der das Leben immer mehr verdichtet. Mancher leidet unter seinem E-Mail-Postfach schon am Morgen wie der antike Held Sisyphos, »der sich täglich mit äußerster Kraft gegen sein Schicksal stemmt und dessen Last doch nie geringer wird.«[8] Deshalb hat Schnabel auch gleich ein Ratgeberbuch verfasst, um seinen Leserinnen und Lesern zu zeigen, wie sie der Verstrickung in die Sofort- und Endloskommunikation wenigstens ab und an entkommen können.

Lebenspraktisch wird die Lage noch dadurch verschärft, dass jeder und jede Einzelne das Problem lösen muss, wie die vielen und nicht selten widersprüchlichen Ansprüche der unterschiedlichen Funktionssysteme unter einen Hut zu bringen sind, wie Beruf und Privatleben, die Erziehung von Kindern und die Pflege gebrechlicher Eltern, wie die Kultivierung von Freundschaft und der Konsum von Gütern im individuellen Leben zu vereinbaren sind. Kein Wunder, dass unter solchen gesellschaftlichen Rahmenbedingungen guter Rat teuer ist.

2 Steuerungsexperten für das gute Leben

Mit der abnehmenden Orientierungsverbindlichkeit von Lebenslaufmustern und identitätsstiftenden Leitbildern ist undeutlicher und unanschaulicher geworden, was ein angemessenes, gutes Leben ist. »Man kann darin ein hohes Autonomiepotential für das Individuum, aber auch die Gefahr ständiger Überlastung durch Reflexionsansprüche sehen […], die Bedeutung von Steuerungsexperten für ein ›gutes Leben‹ nimmt zu.«[9] Wenn alles kontingent und prinzipiell wählbar wird, kann nichts mehr selbstverständliche Geltung

---

6 Luhmann, Individuum, Individualität, Individualismus, 221.

7 Ulrich Schnabel, Muße. Vom Glück des Nichtstuns, München 2010, 65.

8 A. a. O., 66.

9 Hanns-Georg Brose / Bruno Hildenbrand, Biographisierung von Erleben und Handeln, in: Brose (Hrsg.), Vom Ende des Individuums zur Individualität ohne Ende, Opladen 1988, 11–30, 23.

beanspruchen: »Ohne Rezept ist man hilflos.«[10] Äußere Verlässlichkeiten gehen verloren und sollen durch innere Verlässlichkeit ersetzt werden. Und um diese kümmern sich nun die Ratgeber: »Keiner weiß mehr, wer er ist, was er will, was er soll. Jemand muss es ihm sagen. [...] Der professionelle Identitätskonstrukteur muss dem Einzelnen sagen, wonach er sich sehnt und wozu er da ist.«[11]

In einer Gesellschaft, die sich nicht mehr an Herkunft und Schicht orientiert, sondern die Lebens- und Karrierechancen an das Individuum delegiert, entstehen aber nicht nur neue Freiheiten, sondern auch »neue Formen der Schuldzuweisung«[12]. Nach dem Verschwinden aller Instanzen, die man bislang für sein Schicksal verantwortlich machen konnte, müssen sich Individuen zunehmend Ereignisse und Entscheidungen selbst zuschreiben. »Ist das Ereignis schlecht, hat der Akteur falsch entschieden. [...] Der Einzelne ist immer schuld, angesichts seiner vielen Möglichkeiten.«[13] Das macht es noch schwerer als es ohnehin ist, mit Niederlagen, mit dem Scheitern in Ehe oder Beruf, nicht zuletzt auch mit Krankheit, für deren Entstehen viel zu häufig psychische Ursachen geltend gemacht werden, umzugehen.[14]

Die Ratgeberliteratur und Ratgeberszene verschärft diesen Modus individueller Zurechnung, weil sie ihrerseits von einer sehr *weitreichenden Gestaltbarkeit und Steuerbarkeit des Lebens* ausgeht. »Jeder kann ganz anders werden. Es gibt keine Grenzen: Ratgeber sind selbst ein gutes Beispiel für das gesamtgesellschaftlich dominante Steigerungsspiel.«[15] Insbesondere bei der Motivationsliteratur fällt das auf. Dort scheint man beinahe von einer beliebigen Gestaltbarkeit des »Menschenmaterials« auszugehen. Den Individuen wird suggeriert, sie könnten letztlich alles, was sie wollten, wenn sie es nur ernsthaft wollten und dabei ein paar gute Ratschläge befolgten. Es gibt freilich anspruchsvolle Ratgeber, die auf solche Trivialisierungen verzichten, aber die Mehrheit geht davon aus, dass sich Menschen jederzeit ändern kön-

---

10 Manfred Prisching, Die Ratgeber-Gesellschaft, in: ThPQ 154 (2006), Heft 2, 115–126, 116.

11 A. a. O., 118.

12 Ulrich Beck, Risikogesellschaft. Auf dem Weg in eine andere Moderne, Frankfurt a. M. 1986, 218.

13 Prisching, Ratgeber-Gesellschaft, 119.

14 Vgl. zum letzten: Isolde Karle, Sinnlosigkeit aushalten! Ein Plädoyer gegen die Spiritualisierung von Krankheit, in: WzM 61 (2009), Heft 1, 19–34 und: Susan Sontag, Krankheit als Metapher. Aids und seine Metaphern, 2. Aufl. Frankfurt a. M. 2005.

15 Prisching, Ratgeber-Gesellschaft, 122.

nen, wenn sie es denn wollen. Selbst Eckart von Hirschhausen unterstellt, dass man Glück lernen kann wie ein Musikinstrument.[16]

Die Ratgeberliteratur nimmt eine *Volitionswelt* an, so formuliert es Peter Fuchs,[17] also eine Welt, in der alles über Willenskraft und über Selbststeuerung läuft und Absichten gezielt in Ergebnisse umgesetzt werden können. Damit sollen Individuen für sich selbst kalkulier- und handhabbar werden. Dass sich viele Einflussfaktoren dem Individuum entziehen, ja, dass das eigentliche Leiden vieler Individuen gerade darin besteht, sich nicht nach Wunsch und auf Kommando hin verändern zu können, wird in der Regel ausgeblendet. Menschen sind aber keine Trivialmaschinen. Sie ändern sich zwar, aber nicht teleologisch bestimmbar, ihre Entwicklung ist in aller Regel unvorhersehbar und unberechenbar. Dies gilt nicht nur im Hinblick auf die gezielt beabsichtigte Änderung anderer Menschen in der Erziehung, sondern auch im Selbstbezug. Komplexe Wesen, wie wir Menschen es sind, sind für sich selbst in hohem Maße intransparent und haben »ein hochgradig unscharfes Bild ihrer selbst. Diese Unschärfe läßt sich gerade noch ahnen, jedoch konstitutiv nicht: beheben.«[18] Der Mensch ist deshalb »alles andere denn hellsichtig im Umgang mit sich selbst«[19]. Die biblischen Überlieferungen sehen das sehr sensibel und betonen, dass es – bei allem persönlichen Involviertsein – ein weithin unverfügbares Geschehen ist, wenn Menschen umkehren, wenn sich eine grundlegende Wende wie bei Paulus vollzieht und das Selbst und die Welt plötzlich mit ganz anderen Augen wahrgenommen und erkannt werden können.

3 Neoliberale Selbstoptimierung und die Abwertung der Normalität

In gewisser Weise werden Individuen in der Ratgebergesellschaft auf ihre Freiheit und ihr Glück verpflichtet: »Ob man das Glück und damit das wahre Leben wählt, wird zu einer Frage der Entscheidung.«[20] Dadurch entsteht ein

16 Vgl. Eckart von Hirschhausen, Glück kommt selten allein, Reinbek 2009.

17 Vgl. Fuchs, Die magische Welt der Beratung, 244.

18 Peter Fuchs, Blindheit und Sicht. Vorüberlegungen zu einer Schemarevision, in: Peter Fuchs / Niklas Luhmann, Reden und Schweigen, Frankfurt a. M. 1992, 178–208, 206.

19 Ebd.

20 Stefanie Duttweiler, Vom wahren und falschen Leben. Glücksratgeber als Lebenshelfer im Neoliberalismus, in: PrTh 45 (2010), Heft 1, 6–11, 9.

Handlungs- und ein Konformitätsdruck, der die Individuen an die Bedürfnisse einer ökonomisierten Gesellschaft anpasst. Stefanie Duttweiler hat diese Dynamik im Anschluss an Foucault als *neoliberale Regierungstechnologie*[21] bezeichnet: Individuen sorgen für ihre Selbstoptimierung mit Hilfe von Beratungsliteratur und passen sich gerade so an die ökonomisierte Gesellschaft an, die wie die Ratgeberliteratur auf Wachstum, Steigerung und kreative Entfaltung setzt. Jeder soll zu seinem eigenen Unternehmer werden und lernen, sein Leben, sein Glück, selbst seine Konflikte zu managen und die Kontrolle über sich selbst und seine soziale Umwelt zu steigern. Alle Probleme werden dabei letztlich als lösbar aufgefasst. Dass manche Probleme nicht lösbar sind, dass man mit gewissen Spannungen und Ambivalenzen leben muss – und kann und *darf* – kommt dabei nicht in den Blick.

Bei den Glücksratgebern fällt zudem ins Auge, dass die ganze Welt mit der Unterscheidung glücklich/nicht-glücklich gelesen wird. Zwischentöne und Zwischenlagen fallen mehr oder weniger aus. Die jeweiligen Zustände im Leben werden vereindeutigt und dramatisiert. Die Normalität des Alltags wird damit aus dem Bereich des Akzeptablen verdrängt. Normalität wird prinzipiell verdächtig. Denn »das Leben gilt erst dann als erfüllt, wenn es mit dem Gefühl der Freude einhergeht und sich energiegeladen und lebendig anfühlt«[22]. Ratgeber versuchen deshalb nicht selten, »normalen« Menschen ihre Normalität auszureden und ihnen Originalität und Superiorität zu suggerieren.[23] Doch damit wird der ganz normale Alltag, das ganz normale Leben der Mehrheit diskriminiert und abgewertet.

Gerhard Schulze hat mit seiner Analyse der Erlebnisgesellschaft schon vor Jahren darauf aufmerksam gemacht, dass das allzu absichtsvolle Verfolgen des eigenen Glücks höchst risikoreich, enttäuschungsanfällig und in aller Regel kontraproduktiv ist. »Es ist deshalb weder erstaunlich, daß unsere Gesellschaft nicht glücklich scheint, noch ist der steigende Aufwand unerklärlich, mit dem sie nach Glück sucht.«[24] Dem Glücksstreben haftet deshalb tragischerweise »etwas Unglückseliges« an. »Wer strebt, ist wie ge-

---

[21] Vgl. Stefanie Duttweiler, Sein Glück machen. Arbeit am Glück als neoliberale Regierungstechnologie, Konstanz 2007.

[22] Duttweiler, Vom wahren und falschen Leben, 9.

[23] Vgl. Prisching, Ratgeber-Gesellschaft, 120.

[24] Gerhard Schulze, Die Erlebnisgesellschaft. Kultursoziologie der Gegenwart, 8. Aufl. Frankfurt a. M. 2000 (1992), 14.

trieben, nie zufrieden, zerfahren, nie dort angekommen, wo er hinzugehören meint.«[25]

4 Zwischenfazit

Die soziologische Analyse deckt die Paradoxien und illusionären Versprechen der Ratgeberszene auf. Doch die Praktische Theologin bleibt damit zugleich etwas ratlos zurück. Soll sie den nach Glück und Erfüllung strebenden Menschen denn nun in aufklärerischer Manier sagen, dass ihre Glückssuche verkehrt ist, weil sie oft genug zum Gegenteil dessen führt, wonach sie eigentlich suchen? Soll sie mit dem Hinweis auf die Unverfügbarkeit des Augenblicksglücks, das die Bibel als Gnade bezeichnet, die Menschen in ihrer Suche nach Orientierung, bei ihren Fragen nach der richtigen Lebensführung oder in ihrer Sehnsucht nach Hilfe und Rat alleine lassen oder auf das rätselhafte »ubi et quando visum est deo« verweisen? Soll sie der Kirche raten, sich beim hoch riskanten und mit Paradoxien behafteten Geschäft der Lebensberatung nicht die Hände schmutzig zu machen, um damit zu erreichen, dass die Esoterikszene gänzlich das Feld beherrscht?

Es ist ein Gebot theologischer Barmherzigkeit, die Menschen, die in der späten Moderne mit all ihren Widersprüchlichkeiten, Ambivalenzen und Übererwartungen leben, nicht alleine zu lassen, sondern an ihre Bedürfnisse, Sehnsüchte und Fragen anzuknüpfen und sie nicht lediglich ad absurdum zu führen. Die biblischen Überlieferungen sind voll von konkreten Auseinandersetzungen bezüglich der Frage der richtigen Lebensführung. Sie führen uns anhand der Bergpredigt, anhand von Tugend- und Lasterkatalogen vor Augen, welche Praxis sie als lebensdienlich und welche sie als zerstörerisch betrachten. Ich möchte im Folgenden an vier Beispielen und einer Problemanzeige erläutern, wie die Kirche konstruktiv mit der Suche nach Lebensregeln, nach Lebensweisheit, nach hilfreicher Spiritualität und konkretem Rat umgehen könnte. Sie ist dabei herausgefordert, die Fallen und Paradoxien, die die soziologische Analyse konsequent vor Augen führt, differenziert wahrzunehmen und wenn irgend möglich zu vermeiden.

---

25 Johann Hinrich Claussen, Ein theologischer Blick auf die gegenwärtige Suche nach dem Glück, in: PrTh 45 (2010), Heft 1, 11–17, 15.

5 Wachsen von aussen nach innen: Rituelle Abläufe als Strukturgeber

Fulbert Steffensky hat vielfach darauf hingewiesen, wie wichtig für den Menschen die Orientierung an äußeren Strukturen ist: »Meinen Mut, meine Hoffnung und meine Lebensvision habe ich nicht nur verschwiegen in mir selbst. [...] Ich habe sie auch, indem ich sie mir begegnen lasse in Gestaltungen von außen: in Gesten, in Bezeichnungen, in Übungen. Die Innerlichkeit ist außen!«[26] Immer wiederkehrende Abläufe, Regeln, Formen und Rituale geben dem Leben Struktur, sie schenken Geborgenheit und stärken das Ich-Gefühl. Sie helfen Menschen, den Raum und die Zeit zu ordnen. Sie erleichtern den Tagesablauf und vermitteln Sicherheit und Vertrauen.

Führen wir uns die Funktion äußerer Struktur am Beispiel Dietrich Bonhoeffers vor Augen. Bonhoeffer schreibt in einem Brief aus dem Tegeler Gefängnis gegen Ende des Jahres 1943: »Ich war manchmal in der Versuchung, morgens einfach nicht um 6 Uhr aufzustehen wie üblich, – was durchaus möglich gewesen wäre, – sondern länger zu schlafen. Ich habe mich bisher immer noch dazu zwingen können, das nicht zu tun; es war mir klar, dass das der Anfang der Kapitulation gewesen wäre, dem vermutlich Schlimmeres gefolgt wäre: und aus der äußeren und rein körperlichen Ordnung (morgendliches Turnen, Kaltabwaschen) geht schon etwas Halt für die innere Ordnung aus.«[27] Die äußere Ordnung gibt Bonhoeffer innere Ordnung. In diesem Fall versteht sich die äußere Ordnung alles andere als von selbst. Bonhoeffer muss sie sich in einer äußerst chaotischen und bedrohlichen Umgebung selbst geben: frühes Aufstehen, Sport treiben, gründliche Hygiene. Die äußere Ordnung gibt ihm die Kraft, nicht in Selbstmitleid und im Gefühlschaos zu versinken, sich körperlich nicht zu vernachlässigen, sondern sein Leben trotz aller Widrigkeiten und Gefährdungen aktiv und selbstbewusst zu gestalten.

Auch wenn unser Alltag nicht so bedrängend ist wie der Bonhoeffers: Es ist hilfreich und unabdingbar, sich an gewissen Regeln, Formen, Konventionen und Verhaltensmustern zu orientieren. Wir befolgen sie in der Regel, ohne sie zu reflektieren. Gerade so erleichtern sie uns die alltägliche Lebensführung. Kindererziehung lebt wesentlich von dieser Art Sozialisation, die die Kontingenz des Alltäglichen abdunkelt und ein mehr oder weniger re-

---

26 Fulbert Steffensky, Wo der Glaube wohnen kann, Stuttgart 1989, 51.

27 Dietrich Bonhoeffer, Widerstand und Ergebung. Briefe und Aufzeichnungen aus der Haft, 18. Aufl. Gütersloh 2005, 95.

flexionsfreies Mitlaufen erlaubt, ohne Stellung beziehen, ohne ja oder nein sagen zu müssen.[28]

Rituelle Verhaltensabläufe klammern die Fragen nach Sinn und Bedeutung weitgehend aus. »Rasch werden sie zu einer Gewohnheit, bei der das richtige und angemessene Verhalten nicht jedes Mal neu überlegt oder ausgehandelt werden muss.«[29] Sie sind deshalb keineswegs starr oder sinnentleert, sondern stellen lebendige Ereignisse dar, »in denen sich eine Gemeinschaft immer wieder neu findet und an denen sie arbeitet.«[30] Auch die Liturgie im Gottesdienst ist – im Gegensatz zur Predigt, die explizit zu einer Antwort herausfordert – tendenziell auf diese Art Teilnahme und Gemeinschaft hin angelegt. Die Liturgie der Gebete, der Lieder, der Lesungen verlangt von den Gottesdienstteilnehmerinnen und -teilnehmern nicht, jeden Satz, der gesprochen wird, oder jede Liedzeile, die gesungen wird, von Herzen und mit großer individueller Überzeugung mitzusprechen und mitzubeten. Die Teilnahmeschwelle ist niedriger. Verlangt wird nicht unbedingt Glaube, Akzeptanz genügt.[31] Deshalb sind unter den kirchendistanzierten Kirchenmitgliedern die Segenshandlungen der Kasualien auch so beliebt. Sie setzen die Bereitschaft zur Teilnahme, aber keinen individuell zum Ausdruck gebrachten Glauben voraus, mit dem die meisten überfordert wären. Und selbst wenn in die Liturgie eine Frage eingebaut ist, die auf die offene Bezeugung des Willens der Beteiligten abzielt, wie dies bei der Taufe, der Konfirmation und der Trauung der Fall ist, wird die bejahende Antwort sogleich mit- und

---

[28] Vgl. Niklas Luhmann, Sozialisation und Erziehung, in: Ders., Soziologische Aufklärung, Bd. 4. Beiträge zur funktionalen Differenzierung der Gesellschaft, Opladen 1987, 173–181 und Isolde Karle, Evangelium und Erziehung. Eine systemtheoretische Perspektive auf die evangelische Schule, in: Martina Kumlehn / Thomas Klie (Hrsg.), Protestantische Schulkulturen, Stuttgart 2011, 164–175.

[29] Axel Michaelis, Wozu Rituale?, in: Spektrum der Wissenschaft Spezial 1/2011, 6–13, 9.

[30] A. a. O., 10.

[31] Die Unterscheidung von Akzeptanz und Glaube geht auf Rappaport zurück, vgl. Roy Abraham Rappaport, The Obvious Aspects of Ritual, in: Ders., Ecology, meaning and religion, 2. Aufl. Berkley 1979, 173–221, 194. Rappaport schreibt: »[…] ›acceptance‹ is not synonymous with belief. Belief I take to be some sort of inward state knowable subjectively if at all. Acceptance, in contrast, is not a private state but a *public act,* visible to both the witnesses and the performer himself. […] participation in ritual marks a boundary, so to speak, between public and private processes. Liturgical orders are public, and participation in them constitutes a public acceptance of a public order, regardless of the private state of belief. Acceptance is, thus, a fundamental social act and it forms a basis for public orders, which unknowable and volatile belief or conviction cannot.« Ebd.

vorgegeben: Das »Ja und Gott helfe mir« muss nur noch nachgesprochen werden, individuelle Färbungen oder Relativierungen sind nicht vorgesehen. Erst recht käme niemand auf die Idee, dass die Antwort verneint werden könnte. Das kommt nur in Filmen am Traualtar vor, nicht aber in der Realität.

In der späten Moderne, in der alles ständig in Frage gestellt, reflektiert und dauerthematisiert wird, ist es eine Entlastung, in gewissen Teilbereichen religiöser Praxis auf Reflexion weitgehend verzichten zu können, sich an einer vorgegebenen Struktur zu orientieren und sich dem gemeinsamen Sprechen eines Textes, dem Singen eines Liedes oder dem gemeinsam gesprochenen Gebet zu widmen. Die gemeinsam gesprochenen oder gesungenen Texte mögen in der Gegenwart des jeweiligen Sprechers existentiell nicht von Belang sein, aber sie können zu einem späteren biografischen Zeitpunkt erinnert werden und dann eine große Artikulationskraft entfalten. Der 23. Psalm, das Gedicht »Von guten Mächten« von Dietrich Bonhoeffer oder das gemeinsam gesprochene »Vater unser« sind solche Texte. Die fremde und zugleich vertraute Sprache eines bekannten Psalms oder eines Liedes stellt eine Form dar, die es dem Gegenüber freistellt, sich darin einzufinden oder nicht. Sie lässt eine wohltuende Distanz. Gerade dadurch ermöglicht sie es, sich auf sie einzulassen, sie nachzusprechen und dabei Halt und Geborgenheit zu erfahren.[32]

Es ist ein wesentlicher Teil christlicher Lebenskunst, in bewährte Formen christlicher Frömmigkeitspraxis einzuüben, seien es Gebete, Lieder oder andere zentrale Formen christlicher Frömmigkeit. Sie sind gleichsam ein Geländer, an dem sich der oder die Einzelne orientieren kann. Sie lassen uns einstimmen in einen überindividuellen Glauben, den schon viele Menschen vor uns geteilt haben und den nach uns noch viele Menschen mit denselben Worten zum Ausdruck bringen werden. Das reduziert Unsicherheit, entlastet heilsam von der eigenen Person, der eigenen Ambivalenz, der Bezogenheit auf sich selbst und gibt dem Leben Struktur und Orientierung.

[32] Es ist deshalb sinnvoll, die wichtigsten Texte und Lieder der christlichen Tradition auswendig zu lernen. Das »learning by heart« lässt die Worte ins Herz wandern und gibt der Seele genau dann Sprache und Orientierung, wenn man selbst sprachlos ist und individuelle Trostversuche zum Scheitern verurteilt sind. Vgl. dazu ausführlich: Christoph Dinkel, Gedächtnis des Glaubens. Über Sinn und Zweck des Auswendiglernens, in: EvTh 62 (2002), 430–445.

6 Der Rat in der Seelsorge

Die Seelsorge hat mit der Seelsorgebewegung und der Pastoralpsychologie die Anpassung an die Beratungsgesellschaft längst vollzogen. Zugleich lehrt uns die Pastoralpsychologie äußerste Zurückhaltung im Hinblick auf das Erteilen eines Rates in der Seelsorge. Sie hat viel Sensibilität dafür entwickelt, wie prekär und autoritär das Ratgeben sein kann und sich dementsprechend lange Zeit fast ausschließlich auf Empathie, Zuhören und das Spiegeln des Gehörten beschränkt. In den letzten Jahren deutet sich hier eine vorsichtige Selbstkorrektur an, die dem Bedürfnis der Menschen Rechnung trägt, in der Seelsorge eine Kommunikation auf Augenhöhe zu führen, eine Kommunikation, in der die Seelsorgerin kenntlich wird – sowohl als religiöse Figur als auch als Mensch – und in der Impulse für einen Schritt aus der Sackgasse erwartet werden können.

Timm Lohse hat diesen Ansatz einer systemisch orientierten und praxisnahen Seelsorge als Kurzgespräch zwischen Tür und Angel weiter entwickelt. Lohse nimmt dabei Abschied von einer Seelsorge, die psychische Defizite und Fehlentwicklungen diagnostiziert, um sie therapieren zu können. Er konzentriert die Seelsorge vielmehr auf die Gegenwart und den Handlungsspielraum, den es in ihr gemeinsam zu erkunden und zu entdecken gilt: »Im Kurzgespräch begegnen sich zwei Menschen entsprechend ihrer individuellen einzigartigen Begabungen, Fähigkeiten und Ressourcen: sie stellen sich Fragen und suchen Antworten; sie versuchen, sich zu verstehen und erkennen Unterschiede; sie geraten an Grenzen und Ausweglosigkeiten und erleben den Reiz kreativer Lösungen.«[33] Mit vielen klugen kommunikativen Impulsen und Ideen zeigt Lohse, wie hilfreich – und gleichzeitig nicht-autoritär – eine solche beratende Seelsorge sein kann. Es geht dabei nicht zuletzt auch darum, dem oder der anderen zu helfen, sich von deformierenden Zwängen und Beziehungen zu befreien, den Mut zu neuen Aufbrüchen zu finden und das eigene Leben aktiv zu gestalten.

Seelsorge kann in der Beratungsgesellschaft nicht auf Beratung verzichten. Der Rat in der Seelsorge bleibt freilich riskant und hat bei aller guten Absicht der Unverfügbarkeit menschlichen Lebens Rechnung zu tragen. Wichtig scheint mir zu sein, dass Seelsorge dabei nicht auf ein bestimmtes Ziel fixiert ist. Die vertraglichen Verhältnisse liegen insofern anders

---

33 Timm Lohse, Das Kurzgespräch in Seelsorge und Beratung. Eine methodische Anleitung, 3. Aufl. Göttingen 2005, 35.

als in der Beratungssituation. Menschen erwarten von Seelsorge einen Freiraum, in dem sie wohlwollende Unterstützung erfahren. In der Seelsorge »muss nichts erreicht werden, es muss nichts verändert werden, man muss nicht an Problemen arbeiten. Seelsorge stellt Zeit zur Verfügung […]. Man darf sein. Der Raum des Möglichen ist unabsehbar groß und wird nur eingeschränkt durch Takt, Würdigung und Religion.«[34] Dass ich mich in der Seelsorge nicht verändern *muss*, kann insofern auch entlastend sein in einer Gesellschaft, die mir die ständige Arbeit an mir selbst abverlangt und mich kontinuierlich mit dem Imperativ der Selbstoptimierung und -steigerung konfrontiert.

7 Lebensberatung als Aufgabe der Predigt

Vor ein paar Jahren besuchte ich im Rahmen einer wissenschaftlichen Konferenz die Trinity United Church of Christ im Süden Chicagos, das ist die Kirche, in der Barack Obama Mitglied war, eine Black Church, die sich selbst als »Unashamedly Black and Unapologetically Christian« beschreibt. Ich war mit einer Kollegin und einem Kollegen dort, wir waren die einzigen Weißen in einem Gottesdienst mit ca. 2000 Gottesdienstbesuchern. Der Gottesdienst war nicht nur außerordentlich lebendig und vielfältig, sondern hatte auch ein Element, das in unseren volkskirchlichen Gottesdienstfeiern nahezu gänzlich verloren gegangen ist: das der Lebensberatung. Der Pfarrer klärte in einer kleinen Rede, die vor der Predigt platziert war, seine Gemeinde anlässlich der Eröffnung eines schwarzen Farmermarktes über gesunde Ernährung auf. Ausführlich sprach er über Essverhalten und Familienpraxis in seiner Gemeinde. Auch die Predigt, die von einem anderen Prediger gehalten wurde, war gespickt mit Hinweisen für die Lebensführung. Sehr konkret forderte der Prediger seine Hörerinnen und Hörer dazu auf, ihre Haltung zum Leben zu überprüfen, sich nicht selbst zum Opfer zu stilisieren, sondern das Leben aktiv in die Hand zu nehmen und seine Freiheitsräume zu erkunden. Erstaunlicherweise klangen die damit verknüpften Appelle nicht gesetzlich. Es schien vielmehr so, dass die black community, die begeistert mitging, dankbar war für den konkreten Lebensbezug der Predigt und deren befreiungstheologische Implikationen.

---

34 Günther Emlein, Die Eigenheiten der Seelsorge. Systemtheoretische Überlegungen, in: Familiendynamik 31, 2006, 216–239, 234.

Selbstverständlich lassen sich amerikanische Gottesdienstsitten nicht einfach auf Deutschland übertragen. Doch seit Karl Barth den Pfarrer als Dorfweisen verspottet hat, trauen sich die Pfarrerinnen und Pfarrer hierzulande nur noch höchst selten, das Evangelium auf den Kanzeln so konkret und anschaulich zu verkünden, dass deutlich wird, was es für die konkrete Lebensführung bedeutet. Viele Predigten sind von einer Vagheit und Abstraktheit, dass die Menschen nichts oder doch kaum etwas damit anfangen können. Problemverschärfend hat in dieser Hinsicht sicherlich die rezeptionsästhetische Wende in der Homiletik gewirkt, die dahingehend missverstanden wurde, möglichst offen, abstrakt und vieldeutig zu predigen. Wilfried Engemann hat in seiner Homiletik[35] klar gemacht, dass diese Rezeption einem grundlegenden Irrtum aufsitzt: Leere Abstraktionsformeln langweilen und vages Predigen erzeugt lediglich Rauschen, keine Resonanz. Nur wenn der Prediger oder die Predigerin *konkret* wird und den Glauben mit dem Leben, seinen Höhen und Tiefen, seinen Gefühlen und Sehnsüchten unmittelbar zu verbinden weiß, sind Hörende in der Lage, ein eigenes »Auredit« zu »schreiben« und das Gehörte individuell auf das eigene Leben anzuwenden. Eine große Herausforderung für die Kirche sehe ich deshalb darin, die katechetische Predigt und damit die Predigt, die sich mit konkreten Lebensproblemen und deren Bearbeitung befasst, wiederzuentdecken.

Ich denke, ein Geheimnis des enormen Erfolgs der Bücher von Margot Käßmann ist, dass ihr genau dies gelingt. In ihrem im April 2011 erschienenen Bestseller »Sehnsucht nach Leben«[36] würdigt und reflektiert Margot Käßmann mit großer Sprachkraft verschiedene menschliche Sehnsüchte in all ihrer Ambivalenz und bringt sie zugleich mit großer Selbstverständlichkeit mit biblischen Erzählungen in Verbindung, so dass keinerlei Zweiteilung von Religion und Welt, von Geschichte und Gegenwart entsteht. Dabei gibt Käßmann wie in einer guten Predigt dem Hörer bzw. der Leserin viel zu sehen – jeder Gedankengang wird bebildert oder mit gegenwärtiger oder biblischer Literatur in Beziehung gesetzt. Auch die autobiografischen Erzählungen und Reflexionen dienen der Verkündigung: Sie machen Lebensgeschichte und Lebenserfahrung erzählbar, bieten Identifikationsflächen für das eigene Er-

---

35 Vgl. Wilfried Engemann, Einführung in die Homiletik, 2., vollständig überarbeitete und erweiterte Auflage 2011.

36 Margot Käßmann, Sehnsucht nach Leben. Mit Bildern von Eberhard Münch, 6. Aufl. Asslar 2011.

leben an und vermitteln auf diese Weise religiöse Orientierung und weiterführende Perspektiven.[37]

8 Realitätsvermiesung oder Freude am Dasein?

An der Abwertung menschlichen Lebens hat sich das Christentum bis in die Gegenwart hinein immer wieder beteiligt. Die Leibfeindlichkeit weiter Teile der christlichen Tradition und die lutherische Sündentheologie, die die menschliche Unwürdigkeit und Gestaltungsunfähigkeit in den Vordergrund stellte, aber auch perfektionistische Sollforderungen, die zu einer »Realitätsvermiesung«[38] führen, haben unsere Gottesdienste, Predigten und Liturgien zutiefst imprägniert und führen nicht zu Unrecht zu einer Außenwahrnehmung, die das Christentum nicht eben mit Lebenslust, mit Freude an den Gaben der Schöpfung, insbesondere der der Sexualität und der Genussfähigkeit, assoziiert. Die Herausforderung der Ratgeberliteratur ernstnehmen heißt deshalb auch: die leibliche Dimension menschlichen Lebens würdigen und aufhören mit der prinzipiellen Diffamierung der conditio humana.

Wilfried Engemann weist darauf hin, dass man in vielen Gottesdiensten den Eindruck gewinnen könne, den Menschen werde ihr Menschsein als Makel vorgeworfen. Doch nicht nur die Behaftung auf Defizite, auch die stereotyp geforderte ständige Hilfsbereitschaft und prinzipielle Offenheit für alles und jeden sind keine zumutbaren Lösungen für die Probleme, die Menschen heute in ihrem Alltag zu lösen haben, wenn sie Angehörige pflegen oder Kinder erziehen oder in ihren Berufen unter Druck Entscheidungen treffen müssen. »Dass wir uns nicht auf jeden Menschen gleich gut einstellen können und uns gelegentlich zurückziehen, dass wir nicht immer auf Verstehen und Helfen programmiert sind, sondern uns auch absichtlich verweigern, dass wir uns nicht nur lieb zeigen, sondern auch aggressiv sein können usw., das sind keine Rückfälle in die Sünde, die der Vergebung harrten. So *müssen* und so

---

37 Damit schließt Margot Käßmann an weisheitliche Traditionen des Alten Testaments unmittelbar an, vgl. die Beiträge von Jan-Dirk Döhling und Beate Ego in diesem Band.

38 Odo Marquard, Zukunft braucht Herkunft. Philosophische Essays, Stuttgart 2003, 212. »Perfektionistische Sollforderungen wirken als Realitätsvermiesung. Dieser Negativierungsmechanismus ist bei uns heute am Werk: weil die vorhandene Wirklichkeit der Himmel auf Erden sein soll und nicht ist, gilt sie als Hölle auf Erden, als ob es dazwischen nichts gäbe, um dessen Bestand zu zittern und den zu verteidigen sich lohnte: die Erde auf Erden.« (Ebd.)

wollen wir sein: Nämlich wie Menschen. Etwas anderes als Mensch zu sein können wir nicht wollen. So zu sein gehört zu dem Menschen, der wir geworden sind. Und diesen Menschen wollen wir nicht nur ertragen, sondern lieben.«[39]

Dazu gehört, nicht nur das Misslingen, sondern auch das Gelingen christlichen Lebens in Gottesdienst und Predigt wahrzunehmen, zu würdigen und zur Darstellung zu bringen – das Leben, dem die Gnade des Augenblicks widerfährt, die Gnade der Selbstakzeptanz und der verschwenderischen Liebe zur Welt. So sitzen in den Gottesdiensten nicht nur Gescheiterte und Depressionsgeplagte, sondern auch Menschen, die sich darüber freuen, dass ihnen in der letzten Woche etwas gelungen ist, dass sich eine neue Perspektive für sie aufgetan hat, dass ihr Partner ihnen immer noch von Herzen zugetan ist usw. Ralf Miggelbrink betont, dass die biblische Leitidee, unter der das Leben zu deuten ist, nicht der Mangel, sondern die geschenkte und schenkende *Fülle, das Überströmende, Verschwenderische* sei. In einer ökonomisierten Gesellschaft, die von einer *Mangelobsession* geprägt ist, ist es Aufgabe der Kirche, auf diese österliche Lebensfülle hinzuweisen. Denn »manchmal gelingt es Menschen, sich beglücken zu lassen von Gott in seiner beschenkenden Gegenwart. Manchmal gelingt es Menschen, fremde Gaben ohne Hintergedanken anzunehmen.« Dann ragt Gottes Gegenwart in unser Leben hinein. »Solche glücklichen Momente lassen sich nicht festhalten oder wiederholen. Sie wollen vielmehr sensibel wahrgenommen und als glückliche Gelegenheiten ergriffen werden.«[40]

9 Die Unverfügbarkeit des Glücks

Trotz aller Weisheit und Lebenskunst liegt es nicht einfach in unserer Hand, glücklich zu sein oder zu bleiben. »[…] Glück übersteigt die Reichweite menschlicher Selbstbestimmung, weil seine Voraussetzungen und Bedingungen nie genau auszumachen sind, weil sie wenigstens teilweise ›unzugänglich und unverfügbar sind‹. In dieser Unverfügbarkeit liegt […] gerade

39 Engemann, Einführung in die Homiletik, 423f.

40 Ralf Miggelbrink, Können Christen von Glück reden? Theologische Überlegungen im Anschluss an eine Wiederentdeckung der Kategorie Lebensfülle, in: Heinrich Bedford-Strohm (Hrsg.), Glück-Seligkeit. Theologische Rede von Glück in einer bedrohten Welt, Neukirchen-Vluyn, 181.

der besondere Reiz und Charme des Augenblicksglücks.«[41] Unverfügbarkeit wird aus der Perspektive des Glaubens deshalb nicht als Bedrohung oder als Ohnmacht erlebt und interpretiert, sondern als Glück, weil die Kausalität von Absicht und Ziel hier heilsam durchbrochen und transzendiert wird. Kann sich der Mensch auf die Unverfügbarkeit der Lebenserfüllung einlassen, wird er entlastet von dem Druck, das Leben ständig weiter optimieren und immer mehr Güter und Erlebnisse anhäufen zu müssen. Er nimmt das Leben vielmehr dankbar an und wird gerade dadurch frei, sich der Gegenwärtigkeit der Welt, ihrem Reichtum und ihrem Schmerz zu öffnen und nicht nur auf Zukunft hin zu leben.

Die Botschaft des Evangeliums ist in diesem Sinn von höchster Aktualität. Weiß der Mensch sein Dasein aufgehoben und getragen von einer ihm wohlwollend zugewandten und ihn tragenden Macht,[42] wird er entlastet von dem Druck, sich ständig beweisen zu müssen. Weiß sich der Mensch geborgen von guten Mächten, die er nicht selbst bestimmt, von denen er sich aber umgeben, gehalten und getragen weiß, wird seine Seele gestärkt und der Verunsicherung entgegen gewirkt, die die moderne, fragmentierende Lebensweise mit sich bringt. Diese Form der Geborgenheit und »der Selbstakzeptanz entsteht aus der Erfahrung, dass die Erfüllung des Lebens immer schon das übersteigt, was der Mensch selbst dazu beitragen kann.«[43] Dass ich mein Leben nicht vollständig im Griff habe, ist aus dieser Perspektive nichts Bedrohliches, sondern etwas Entlastendes. Der sich von Gott geliebt wissende Mensch muss nicht immer alles auf seinen eigenen Schultern tragen und kann Schwachheit, Gebrochenheit und Berührbarkeit zulassen. Im Vertrauen auf die Güte Gottes kann der glaubende Mensch darauf verzichten, das Leben herbeizuzwingen. Er kann sich der fatalen Logik des Immer-mehr entziehen, sich dem Jetzt zuwenden und weiß, dass er das Wesentliche im Leben empfängt und nicht selbst erarbeiten oder verdienen kann.

---

41 Jörg Lauster, Gott und das Glück. Das Schicksal des guten Lebens im Christentum, Gütersloh 2004, 151.

42 Vgl. a. a. O., 166.

43 Jörg Lauster, Glück als Gnade? Theologische Anmerkungen zur aktuellen Diskussion um das Glück des Augenblicks, in: rhs 50 (2007), Heft 3, 138–145, 143.

LITERATURVERZEICHNIS

Beck, Ulrich: Risikogesellschaft. Auf dem Weg in eine andere Moderne, Frankfurt a. M. 1986

Bonhoeffer, Dietrich: Widerstand und Ergebung. Briefe und Aufzeichnungen aus der Haft, 18. Aufl. Gütersloh 2005

Brose, Hanns-Georg / Hildenbrand, Bruno: Biographisierung von Erleben und Handeln, in: Brose (Hrsg.), Vom Ende des Individuums zur Individualität ohne Ende, Opladen 1988, 11–30

Claussen, Johann Hinrich: Ein theologischer Blick auf die gegenwärtige Suche nach dem Glück, in: PrTh 45 (2010), Heft 1, 11–17

Dinkel, Christoph: Gedächtnis des Glaubens. Über Sinn und Zweck des Auswendiglernens, in: EvTh 62 (2002), 430–445

Duttweiler, Stefanie: Sein Glück machen. Arbeit am Glück als neoliberale Regierungstechnologie, Konstanz 2007

Duttweiler, Stefanie: Vom wahren und falschen Leben. Glücksratgeber als Lebenshelfer im Neoliberalismus, in: PrTh 45 (2010), Heft 1, 6–11

Emlein, Günther: Die Eigenheiten der Seelsorge. Systemtheoretische Überlegungen, in: Familiendynamik 31 (2006), 216–239

Engemann, Wilfried: Einführung in die Homiletik, 2., vollständig überarbeitete und erweiterte Auflage 2011

Fuchs, Peter: Blindheit und Sicht. Vorüberlegungen zu einer Schemarevision, in: Peter Fuchs / Niklas Luhmann: Reden und Schweigen, Frankfurt a. M. 1992, 178–208

Fuchs, Peter: Die magische Welt der Beratung, in: Rainer Schützeichel / Thomas Brüsemeister (Hrsg.), Die beratene Gesellschaft. Zur gesellschaftlichen Bedeutung von Beratung, Wiesbaden 2004, 239–257

Fuchs, Peter / Pankoke, Eckart: Beratungsgesellschaft (Hrsg. Gerhard Krems), Veröffentlichungen der Katholischen Akademie Schwerte 42, Schwerte 1994

Gergen, Kenneth J.: Das übersättigte Selbst. Identitätsprobleme im heutigen Leben, Heidelberg 1996

Gross, Peter: Die Multioptionsgesellschaft, Frankfurt a. M. 1994

von Hirschhausen, Eckart: Glück kommt selten allein, Reinbek 2009

Karle, Isolde: Evangelium und Erziehung. Eine systemtheoretische Perspektive auf die evangelische Schule, in: Martina Kumlehn / Thomas Klie (Hrsg.), Protestantische Schulkulturen, Stuttgart 2011, 164–175

Karle, Isolde: Sinnlosigkeit aushalten! Ein Plädoyer gegen die Spiritualisierung von Krankheit, in: WzM 61 (2009), Heft 1, 19–34

Karle, Isolde: Das Streben nach Glück. Eine Auseinandersetzung mit der Beratungsgesellschaft, in: Heinrich Bedford-Strohm (Hrsg.), Glück-Seligkeit. Theologische Rede von Glück in einer bedrohten Welt, Neukirchen-Vluyn 2011, 51–69

Käßmann, Margot: Sehnsucht nach Leben. Mit Bildern von Eberhard Münch, 6. Aufl. Asslar 2011

Lauster, Jörg: Glück als Gnade? Theologische Anmerkungen zur aktuellen Diskussion um das Glück des Augenblicks, in: rhs 50 (2007), Heft 3, 138–145

Lauster, Jörg: Gott und das Glück. Das Schicksal des guten Lebens im Christentum, Gütersloh 2004

Lohse, Timm: Das Kurzgespräch in Seelsorge und Beratung. Eine methodische Anleitung, 3. Aufl. Göttingen 2005

Luhmann, Niklas: Die Autopoiesis des Bewußtseins, in: Alois Hahn / Volker Kapp (Hrsg.), Selbstthematisierung und Selbstzeugnis: Bekenntnis und Geständnis, Frankfurt a. M. 1987, 25–94

Luhmann, Niklas: Individuum, Individualität, Individualismus, in: Ders., Gesellschaftsstruktur und Semantik. Studien zur Wissenssoziologie der Moderne, Bd. 3, Frankfurt a. M. 1989, 149–258

Luhmann, Niklas: Sozialisation und Erziehung, in: Ders., Soziologische Aufklärung, Bd. 4. Beiträge zur funktionalen Differenzierung der Gesellschaft, Opladen 1987, 173–181

Marquard, Odo: Zukunft braucht Herkunft. Philosophische Essays, Stuttgart 2003

Michaelis, Axel: Wozu Rituale?, in: Spektrum der Wissenschaft Spezial 1/2011, 6–13

Miggelbrink, Ralf: Können Christen von Glück reden? Theologische Überlegungen im Anschluss an eine Wiederentdeckung der Kategorie Lebensfülle, in: Heinrich Bedford-Strohm (Hrsg.), Glück-Seligkeit. Theologische Rede von Glück in einer bedrohten Welt, Neukirchen-Vluyn 2011, 91–101

Prisching, Manfred: Die Ratgeber-Gesellschaft, in: ThPQ 154 (2006), Heft 2, 115–126

Rappaport, Roy Abraham: The Obvious Aspects of Ritual, in: Ders., Ecology, meaning and religion, 2. Aufl. Berkley 1979, 173–221

Schnabel, Ulrich: Muße. Vom Glück des Nichtstuns, München 2010

Schulze, Gerhard: Die Erlebnisgesellschaft. Kultursoziologie der Gegenwart, 8. Aufl. Frankfurt a. M. 2000 (1992)

Sontag, Susan: Krankheit als Metapher. Aids und seine Metaphern, 2. Aufl. Frankfurt a. M. 2005

Steffensky, Fulbert: Wo der Glaube wohnen kann, Stuttgart 1989

Der grosse Wunsch, aus dem Leben eine Kunst zu machen. Eine pastoraltheologische Phänomenanalyse[1]

Matthias Sellmann

Zusammenfassung:

Der Text identifiziert die kulturelle Suchbewegung hin zu einer Lebenskunst als Kompensationsstrategie, über die Subjekte Erfahrungen generieren, die ihnen die funktional differenzierte ›Gesellschaft‹ programmatisch versagt: volle Inklusion. Über eine Lebenskunst kann die Wichtigkeit und Unaustauschbarkeit der eigenen Biografie-Erzählung errungen, versprachlicht und sozial präsentiert werden. So gesehen bietet der Lebenskunstdiskurs enorme Relevanzmöglichkeiten für religiöse Akteure. Allerdings ist für das Christsein zu beachten, dass es Glück nicht als direkt erzielbare Lebensdimension ansieht, sondern eine ›Logik des Umwegs‹ propagiert. Diese wird zum Schluss des Textes näher konturiert.

In diesen Tagen, rechtzeitig vor dem Einkauf anspruchsvoller Urlaubslektüre, bewirbt ein Prospekt des Regensburger Pustet-Verlages ein interessantes Buch. Es heißt »Christliche Lebenskunst« und wird mit dem Versprechen beworben, wertvolles »Lebenswissen« christlich aufzubereiten. Die Überschriften gehen in sechs Sektionen den Alltag in Zweierpaaren durch – z. B. »spüren & berühren« oder »krank sein & gesund werden«. Dazu bringt der Prospekt ein Zitat aus der biblischen Weisheitsliteratur des Kohelet: »Für alles gibt es eine Stunde, und Zeit gibt es für jedes Vorhaben.« Daneben steht die Bewerbung eines Buches über »Christliche Mystiker«, für deren

[1] Dieser Text ist die am Ende erweiterte Fassung eines Aufsatzes aus dem Heft 4 ›Christliche Lebenskunst‹ der Zeitschrift ›Theologisch-Praktische Quartalsschrift‹ 157 (2009). Ich danke der Redaktion und dem Regensburger Verlag Friedrich Pustet für die Abdruckrechte.

Bekanntschaft Faszination versprochen wird, Geheimnis und Bedeutsamkeit für den Glauben heute. Ganz nebenbei werden die großen Mystiker des Christseins also zu Kronzeugen heutigen Nachdenkens über Lebenskunst.[2]

Keine Frage: Der Diskurs über so etwas wie Lebenskunst hat die Pastoral erreicht. Die Regalmeter der Buchhandlungen zur »Sinnsuche und Lebenshilfe« werden ständig erweitert; die BILD-Zeitung bot dem Mönch Anselm Grün eine eigene Glücks-Kolumne; und bis heute ist der Philosoph Wilhelm Schmid als maßgeblicher Initiator der Lebenskunstphilosophie ein prominenter Gast vieler katholischer und evangelischer Akademien. Mit dem Wunsch nach Lebenskunst ist definitiv ein sensibler Nerv modernen Selbstverhältnisses getroffen. Was also steckt dahinter?

1 Der Problemhintergrund: Inklusion in die moderne Gesellschaft

Das folgende Thesenangebot lautet: Das Bedürfnis nach Lebenskunst ist eine Form der auf Dauer gestellten Selbstbeobachtung, die in funktional ausdifferenzierten Gesellschaften notwendig wird, weil diese die Subjekte nur fragmentarisch und nie als die Ganzheit inkludieren, als die das Subjekt sich selbst erfährt. Das Signal, nicht nur ein funktionaler Leistungsträger, sondern eine Ganzheit zu sein, kommt dem modernen Subjekt nicht von außen durch Gesellschaftssignale zu, sondern muss von ihm selbst organisiert werden – zum Beispiel durch die Praxis einer Lebenskunst.

Diese These entsteht durch systemtheoretisches Nachdenken, und das ist erst einmal erstaunlich. Denn eigentlich untersucht die soziologische Systemtheorie vor allem Makrostrukturen. Menschen, die etwa an Lebenskunst interessiert sind, gelten im Theoriedesign der Systemtheorie nur als ›psychische Systeme‹, die für die ›sozialen Systeme‹ nicht im Fokus, sondern in ihrer Umwelt auftauchen und daher für sie nicht konstitutiv sind. Diese Randstellung des ›Menschen‹ in einer Theorie über Gesellschaft hat etwa Niklas Luhmann aus dem Raum der Theologie viel Unverständnis eingebracht. Trotzdem, so wird hier behauptet, kommt man dem Kulturtrend des Lebenskunst-Diskurses am präzisesten auf die Spur, wenn man ihn in genau dieses Theo-

---

2 Vgl. Peter Bubmann / Bernhard Sill (Hrsg.), Christliche Lebenskunst, Regensburg 2008; Gerhard Wehr, Christliche Mystiker, Regensburg 2008.

riedesign einspannt.[3] Nur so wird deutlich, dass der Diskurs über Lebenskunst seine kognitive wie ökonomische Vitalität direkt aus eben dieser postulierten Randstellung des ›Menschen‹ angesichts der systemischen Organisation der ganzen ›Gesellschaft‹ bezieht.

1.1 Lebenskunst als Produkt und als Kompensation funktionaler Differenzierung

Es kann als das Grundaxiom der Lebenskunst-Idee angesehen werden, dass dem Menschen ein Möglichkeitsraum seiner Selbstgestaltung zugänglich ist, dass er also sowohl Freiheit als auch Gelegenheit zur Ausübung seiner Freiheit hat.[4] Das durch die Aufklärung und die verschiedenen Emanzipationsprozesse gewonnene moderne Subjektbewusstsein ist eines der Autonomie. Die ganze Moderne kann gelesen werden als das Echo jenes Freiheits-, Gleichheits- und Fortschrittsversprechens, mit dem die religiöse Weltdeutung der Vormoderne zugunsten der säkularen Weltdeutung der Moderne verabschiedet wurde. Das Schleifen der Privilegien, vor allem der Geburtsrechte, musste darum auch einen ganz neuen Typus von Inklusion hervorbringen, mit dem die Gesellschaftsmitglieder in das Ganze der Gesellschaft einbezogen werden.

Dieser Typus wird als »Rollen-Inklusion« gefasst. Die Teilsysteme wie Wirtschaft, Recht oder Politik definieren Leistungs- und Publikumsrollen, in die die Subjekte zeitweise hineinschlüpfen und so die Effizienz des Systems aufrechterhalten. Beispiele sind die Leistungsrolle des Arztes und die Publikumsrolle des Patienten im Gesundheitssystem oder die Dyaden Produzent – Konsument (Wirtschaftssystem), Gesetzgeber – Wähler (Politiksystem) oder Richter – Kläger (Rechtssystem). Das moderne Subjekt formuliert Ansprüche an die Systeme und bekommt von diesen rollenspezifische Partizi-

---

3 Vgl. zum Folgenden Rudolf Stichweh, Inklusion in Funktionssysteme der modernen Gesellschaft, in: Renate Mayntz u. a. (Hrsg.), Differenzierung und Verselbständigung, Frankfurt a. M. / New York 1997, 261–293; Uwe Schimank, Funktionale Differenzierung und soziale Ungleichheit. Die zwei Gesellschaftstheorien und ihre konflikttheoretische Verknüpfung, in: Hans-Joachim Giegel (Hrsg.), Konflikt in modernen Gesellschaften, Frankfurt a. M. 1998, 61–88. Zu Luhmanns Theorie von Inklusion/Exklusion vgl. ders., Die Gesellschaft der Gesellschaft, Frankfurt a. M. 1997, 595–634.

4 Vgl. Wilhelm Schmid, Schönes Leben? Einführung in die Lebenskunst, Frankfurt a. M. 2000,178: »Vor diesem Hintergrund kann der grundlegende Imperativ der Lebenskunst formuliert werden, […], ein *existentieller Imperativ*: Gestalte Dein Leben so, dass es bejahenswert ist.« (Hervorhebung im Text)

pationsrechte, deren Vollzug die Anspruchserfüllung für alle sicherstellt. Dieses Arrangement organisiert also durchaus Identität und Integration – man unterschätze nicht den Lokalisierungsgewinn einer Inklusion durch Rollen.[5] Dabei greifen die Systeme nie auf die gesamte Biografie eines Subjektes zu, sondern inkludieren es immer nur im Fragment. Dies geschieht über sogenannte ›symbolische Kommunikationsmedien‹: Geld, Quoten, Wählerstimmen, Anträge usw. Auch der Zugang zu diesen Medien wird, mindestens im Prinzip, ohne Ansehen der Person gewährt. Im Supermarkt etwa wird ja nicht der systemisch beachtet, der ein guter Mensch ist, sondern der, der zahlt. Auf dem Amt zählt auch nicht, ob gerade jemand glücklich oder verzweifelt ist, sondern ob er oder sie ein Antragsformular ausgefüllt hat. In der Wissenschaft zählen Publikationen, im Mediensystem zählen Quoten. Soziale Systeme arbeiten a-personal. Sie sind gänzlich uninteressiert an den personalen oder biografischen Voraussetzungen der Rollen-Erfüllung.

Genau dies ist Freiheit und genau diese ist Voraussetzung für Lebenskunst-Diskurse. Denn durch den Typus der Rollen-Inklusion werden zwei für den Lebenskunst-Diskurs unverzichtbare Voraussetzungen geschaffen: Erstens sorgt die Organisationslogik der funktionalen Differenzierung für die Ausbildung eines bisher so nicht gekannten materiellen wie geistigen Möglichkeitsraumes individueller wie sozialer Entwicklungen. Und zweitens wird gerade durch die Tatsache, dass die Systeme niemals das Ganze der Person inkludieren – wie das vormoderne Gesellschaften getan haben – ein Freiraum eröffnet, den wir als In-Dividualität bezeichnen und zelebrieren.

1.2 Biografisierung als Megamythos

Allerdings: Diese Freiheit ist kalt. Die Bettdecke der ausdifferenzierten Gesellschaft ist, was komplette Identitätsbergung angeht, immer zu kurz. Wer wissen will, wer er ist und was der Sinn ist, und wer von der Gesellschaft auf diese Fragen mehr erwartet als funktionale Anspruchserfüllung – Krankenversicherung als Antwort auf Kontingenzprobleme; Rechtsprechung als Antwort auf Integrationsprobleme usw. –, der bleibt ohne Echo.

Auf diesen Befund reagiert die moderne Kultur mit Kompensationsformeln. Parallel zur strukturellen Differenzierung entstehen semantische Ope-

---

5 So wird aus therapeutischen Kontexten berichtet, dass eine Teilnahme am Wirtschaftsleben durch Konsum – etwa durch sogenanntes ›Frust-Shopping‹ – durchaus identitätsstabilisierende Funktionen übernehmen kann. »I shop so I am« – das mag keine religiös oder moralisch befriedigende Identitätsformel sein. Wichtig ist aber hier: Es ist eine.

rationen der Homogenisierung. Pointiert gesagt: Je globaler die internationalen Wirtschaftsbeziehungen, desto attraktiver wird der Wochenmarkt vor der Haustür; je virtueller die alltägliche Kommunikation, desto identitätsverbürgender wird Sex; je komplizierter Kirchenpolitik und wissenschaftliche Theologie, desto dringender benötigt werden magische Rituale. Ein großer Stromarm der Kultur der späten Moderne, ihre Literatur oder ihre Musik kann gelesen werden als großes Behauptungsmanöver menschlicher Artikulationsfähigkeit angesichts einer amoralischen[6] systemischen Perfektion, in der das ›Menschliche‹ gerade nicht benötigt wird.[7]

Der Diskurs um Lebenskunst hat hier seinen Platz. Er sattelt dabei auf einem größeren Begriff auf und präzisiert ihn auf eine bestimmte Art: dem Begriff der Biografisierung. Die Mehrheit der Menschen in ausdifferenzierten Gesellschaften codiert den Freiraum der Individualität über das Ziel, vor sich selbst und vor den relevanten Anderen eine konsistente, geschlossene und relevante Form der Lebensführung zu präsentieren und dies als ›eigene Biografie‹ zu bezeichnen. Es handelt sich um einen durchaus neuartigen kulturellen ›Bewährungsmythos‹, wie Ulrich Oevermann in der Tradition der Weberschen Soziologie das nennt; ein Mythos, der nötig wird, wo Identität nicht mehr über religiöse, ideologische oder gesamtgesellschaftliche Fremdbezüge gewonnen und missverständnisfrei signalisiert werden kann. Diesen Mythos nennt er die »Klarheit und Kohärenz der biografischen Rekonstruktion eines Lebens«.[8] Er ist ein Mythos, weil er sich zugleich normativ wie narrativ in Erscheinung bringt. Das moderne Subjekt auf der Suche nach einem Ort seiner Gesamtintegration wechselt in die Zeitdimension und versucht, die je fragmentierten Anteile seiner selbst im Rollenhandeln wie Module einer in sich konsistenten Geschichte zu erzählen: Es entwirft sich biografisch. Diese Narration ist notwendig sozial und ästhetisch ausgerichtet, sie muss so erzählt werden, dass andere sie verstehen. Charles Taylor nennt dies »expressive Individualisierung«[9]: Das Subjekt erzählt von sich selbst wie vor Publi-

---

6 Nicht: un-moralischen!

7 Vgl. eindrücklich etwa Jochen Hörings Interpretationen zu Georg Trakl in: Brot und Wein. Frankfurt a. M. 1992, 228–246; oder Cornelia Klinger, Flucht – Trost – Revolte, München/Wien 1995.

8 Ulrich Oevermann, Ein Modell der Struktur von Religiosität, in: Monika Wohlrab-Sahr (Hrsg.), Biographie und Religion: zwischen Ritual und Selbstsuche, Frankfurt a. M. / New York 1995, 27–102, 95.

9 Vgl. Charles Taylor, Die Formen des Religiösen in der Gegenwart, Frankfurt a. M. 2002, 71–96.

kum; es wird zum ersten Hörer seiner eigenen Ich-Erzählung, zum ersten Beobachter seiner selbst. »Biographische Perspektiven werden mehr und mehr zum funktionalen Äquivalent gesellschaftlicher Inklusion: sie sind der Ort, an dem *exkludierte* ganze Personen ihre Individualität mit den und gegen die Ansprüche gesellschaftlicher Funktionszentren in Form institutionalisierter Lebensläufe oder präskriptiver Rollen ausbilden. Biographische Perspektiven sind der Ort, an dem die Differenz von gesellschaftlich erforderter *Dividualität* und psychisch erlebter operativer *Individualität* individuell erfahren, erlitten und notgedrungen überwunden wird.«[10]

Hier, im Wechsel der modernen Identitätsbestimmung von der Sozial- in die individuelle Zeitdimension, liegt zum einen der Grund, warum der Lebenskunst-Diskurs so auffällig oft Einsichten für das eigene Zeit-Management bereithält – denn hier liegt die prekärste Konzeptstelle.[11] Zum zweiten wird deutlich, dass die Suche nach Lebenskunst ästhetisch und körperbezogen zu füllen ist: Sie findet ein deutliches Zentralmotiv in der Chiffre des »schönen Lebens« und versucht, diese Schönheit vor allem über Modi der Körperstimulation zu erweisen.[12]

1.3 Erstes Ergebnis

Der gesellschaftstheoretische Durchgang ergibt ein Doppeltes: Zum einen entsteht der Bedarf an Lebenskunst dadurch, dass dem modernen Menschen etwas fehlen kann, wo er, systemisch gesehen, alles hat. Lebenskunst wird er-

---

10 Armin Nassehi, Religion und Biographie, in: Karl Gabriel (Hrsg.), Religiöse Individualisierung oder Säkularisierung, Gütersloh 1996, 41–56, 50 (Hervorhebung im Text).

11 Beachte das Zitat aus Kohelet des in der Einführung genannten Verlagsflyers; vgl. auch bei Schmid, Schönes Leben, der Lebenskunst überhaupt erst im Bewusstsein der knappen Lebenszeit für konstruierbar hält (das so genannte finale Argument, a. a. O., 25–31.62–70) und der den Gebrauch von Zeit als »grundlegende Technik« der Lebenskunst ansieht (a. a. O., 71–78). Vgl. aber auch Andreas Brenner / Jörg Zirfas, die ihr »Lexikon der Lebenskunst« (Leipzig 2002) im Vorwort als »Entschleunigungsunternehmen« charakterisieren (a. a. O., 9); oder Anselm Grün, der sein »Buch der Lebenskunst« (Freiburg i. B. / Basel / Wien 2002) mit der Mahnung enden lässt: »Das Heute gut zu bewältigen, das ist genug Herausforderung für das Leben. Beim Buch der Lebenskunst ist jeder selbst der Autor.« – Eben: Jeder ist sein eigener Autobiograf!

12 Vgl. nur den Titel von Schmid, Schönes Leben, sowie die ausgewogenen Überlegungen a. a. O., 173–181; vgl. auch Brenner / Zirfas, Lexikon, 301–308; auch Bubmann / Sill, Lebenskunst, beginnen ihr Buch mit einem Zitat von Mutter Teresa zur Schönheit (a. a. O., 9). In allen drei genannten Werken dominieren die Ratschläge hin zu einem neuen, eben lebenskünstlerischen Körperbewusstsein.

kennbar als ein biografisches Projekt, dessen Notwendigkeit durch die Tatsache mangelnder Voll-Inklusion durch die gesellschaftlichen Teilsysteme entsteht. Insofern ist die Suche nach Lebenskunst auch charakteristisch geprägt durch eine bestimmte Melancholie,[13] eine »Ästhetik des Vermissens«, wie Hans-Joachim Höhn das nennt.[14] Das Nachdenken über Lebenskunst profitiert vom Mechanismus funktionaler Differenzierung. Zweitens aber fungiert der Diskurs als groß angelegter Kompensationsversuch, der seine eigenen Bestandsvoraussetzungen kulturpessimistisch kritisiert. In den anspruchsvollen Varianten gehen die Vorschläge zur Lebenskunst gerade nicht dahin, die systemisch geprägte Strukturrealität der Gegenwart zu akzeptieren und sich gewissermaßen als Training zu verstehen, wie man in den Nischen der Systeme privat gut zu leben weiß. Vielmehr wird die Moderne mit Vorwürfen überzogen.[15] In einem bestimmten Sinn beißt die Lebenskunst die Hand, die sie nährt.

2 Die Religionsproduktivität der Frage nach Biografie und Lebenskunst

Dort, wo Subjekte einen Ort ihrer moralischen Gesamtintegration suchen, dort wechselt ihr Thema schnell in den Modus religiöser Kommunikation. Nicht ohne Grund kommen Autoren von Lebenskunst-Büchern schnell in den Ruf von Weisheitslehrern[16] oder sie reformulieren – wie etwa Anselm Grün oder Bubmann/Sill – ihre eigene religiöse Tradition in lebenskünstlerischer Manier. Religionen sind exzellente Vehikel und inhaltsreiche The-

---

13 Vgl. die vorsichtige Sympathie für eine bestimmte Form der Melancholie bei Schmid, Schönes Leben, 111–119.

14 Vgl. Hans-Joachim Höhn, Zerstreuungen, Düsseldorf 1998, 140–157.

15 Vgl. nur folgende Formulierungen (alle aus Schmid, Schönes Leben, 7–31): Einsamkeit sei die zentrale Erfahrung der modernen Gesellschaft; die Individuen irrten orientierungslos durch den Raum (beide 16); die Gegenwart huldige dem Gott der universellen Kommunikation und Kopulation; den Menschen der Moderne werde nachgesagt, kalt zu sein, ohne Seele (21); das Signum der Moderne sei die fehlende Lebenskunst (23); es herrsche grassierendes Positivdenken (30). Dieser Kulturpessimismus erinnert auffällig an die Vielzahl pastoraltheologisch inspirierter Zeitdiagnosen, die erst aus einem Paradigma des externen Verfalls die Legitimation der eigenen Vorschläge zu beziehen scheinen.

16 Wobei etwa bei Schmid hervorsticht, dass er nicht normativ, sondern optativ argumentiert. Er will eben keine neue materiale Lehre des Lebens vorlegen, sondern motiviert zur je eigenen Aneignung des biografischen Möglichkeitsraums.

menspeicher für biografische Selbstbeschreibungen, weil sie Selbstbeobachtung über – göttliche oder wie auch immer transzendent behauptete – Fremdbeobachtung ermöglichen. Alois Hahn hat etwa für die Individualbeichte nachweisen können, dass sie ein einflussreicher Biografie-Generator der Massen war und ist und wie identitätsproduktiv die Vorstellung werden kann, ein ›eigenes Leben‹ vor ›seinem‹ Gott zu führen, der immer auch der Gott der ›Anderen‹ ist.[17]

Bis zu Emile Durkheim reicht zudem die Einsicht zurück, dass das letzte integrierende Kollektivsymbol der ausdifferenzierten Moderne das Individuum ist, dem religionsförmiger Status zuzusprechen ist. Gegenwärtig ist es Hans Joas, der mit der ›Sakralisierung der Person‹ diesen Theoriestrom aufnimmt und hierin gerade biblisch inspiriertem Denken eine neue und faszinierende Relevanz für moderne Vergesellschaftung zuweist.[18]

Ein dritter Grund, warum der Druck der individuell vorzunehmenden Identitätsdefinition gerade religiös ausagiert werden kann, liegt in der Feststellung, dass das Unternehmen der positiven Selbstbestimmung insofern kompliziert ist, als man das empirische Material hierfür vor allem negativ bezieht: Man muss sich selber sagen, dass man in den rollenspezifischen Leistungserfüllungen nicht restlos aufgeht, also mehr sein will als ›Wähler‹, ›Konsument‹ oder ›Antragsteller‹. Man behauptet ein Surplus, kann dieses aber nur mit dem privaten Selbsterleben begründen, welches wiederum schlecht mit anderen kommunizierbar ist.[19] Insofern wird Identität unbestimmbar. Genau auf die Bestimmung von Unbestimmbarkeit aber ist Religion spezialisiert, die hierfür kommunikative Formeln anbietet. Beispiele sind identitätssignalisierende Begriffe wie ›Erwählung‹ oder ›Seele‹. Religion fin-

---

17 Vgl., im Schrifttum nach wie vor vielbeachtet, den Aufsatz von Alois Hahn, Zur Soziologie der Beichte und anderer Formen institutionalisierter Bekenntnisse, in: Kölner Zeitschrift für Soziologie und Sozialpsychologie 34 (1982), 408–434.

18 Zu Durkheim und Joas vgl. Matthias Sellmann, Religion und soziale Ordnung, Frankfurt a. M. / New York 2007, 307–323. Hans Joas hat eine baldige Publikation zu diesem Thema angekündigt; erste Analysen liegen vor mit Hans Joas, Braucht der Mensch Religion?, Freiburg i. B. / Basel/ Wien 2004, 130-142.

19 Hier fehlt aus Platzgründen ein analytischer Zwischenschritt, der aber am Gesamtbefund nicht prinzipiell etwas ändert und der das System der Intimbeziehungen betrifft, in denen natürlich ganz prominent Identitätsentwürfe entstehen und zugeschrieben werden. Auch hier aber erlebt man, dass man Leistungs- und Publikumsrollen (etwa als ›Geliebter‹ oder als ›Mutter‹) zu übernehmen hat, die einen auch nicht vollständig beschreiben. Zum Ganzen vgl. Nassehi, Religion und Biographie, 50-52 sowie Gerhard Schulze: Die Erlebnisgesellschaft, Frankfurt a. M. / New York 1992, 48–52.197–209.

det damit ein neues Bezugsproblem innerhalb der modernen Gesellschaft: Sie wird zum semantischen Pool für Identitätsangebote, für die Suggestion von Voll-Inklusion.

3 Biografiegewinn als Hauptmuster für Kirchennutzung

All dies ist pastoralen Insidern bekannt. Längst weiß man, dass besonders jene pastoralen ›Angebote‹ auf große Resonanz stoßen, die das Material für identitätsstiftende Selbstthematisierung abgeben.[20] Die Kasualien sind hier zu nennen,[21] aber auch jener große und überaus öffentlich anerkannte Sektor, in dem das Christsein unter den Funktionen der Beratung oder der Therapie firmiert. Religiöse Bewegungen in Form von geistlichen Gemeinschaften haben Zulauf, wenn sie soziale Räume spiritueller Selbsterfahrung vermitteln können. Pastorale Events wie Wallfahrten oder Katholikentage beziehen ihre Attraktivität über die unverzichtbar körperlich erzeugte Erregungsdynamik von emotionalisierten Versammlungen. Jugendstudien arbeiten deutlich heraus, dass das Engagement in jugendpastoralen Settings biografische Verwertbarkeit – etwa in Form von identitären Aufwertungen oder Zugang zu förderlichen Netzwerken – bringen soll. Mit den sogenannten ›Pilgern‹ taucht ein neuer Religionstyp auf, der sich vom Christsein gerade biografische Inspiration verspricht. Kurz: Dort, wo Christsein als Lebenskunst und Biografiegewinn erkennbar wird, dort kann man mit guten Gründen Resonanz erhoffen.

---

20 Es wäre eigens zu überlegen, warum genau dies beim Bußsakrament – dem Paradebeispiel für Biografieproduktion – so gar nicht klappen will; vielleicht, weil dieses Sakrament ein so stark moralisches und nach wie vor ein so schwach biografisch-therapeutisches Image hat?

21 Vgl. die wichtige empirische Studie von Johannes Först / Joachim Kügler (Hrsg.) zu den sogenannten ›Kasualienfrommen‹: Die unbekannte Mehrheit, Berlin 2006, in der sich zeigt, dass der Zugang zu den Kasualien bei der großen Mehrheit der Katholiken über biografische und eben gar nicht über gemeindliche Motive verläuft – allen voran jene Familienreligiosität, die sich auch bei Weihnachtsliturgien, Einschulungsgottesdiensten oder Martinszügen ihren Ausdruck verschafft.

4 Christsein als Lebenskunst des Umwegs

Und trotzdem gibt es einen Haken, und hier wird der Grat schmal, auf dem zu argumentieren ist. Denn eine christlich inspirierte Lebenskunst ist eine ›Lebenskunst des Umweges‹. Hierin unterscheidet sie sich von allen Entwürfen einer ars vivendi, die das Lebensglück als direkt anstrebbares Ziel avisieren. Und das sind die meisten. Natürlich ist auch für das Christsein die Lebensfülle ein prominentes Ziel (vgl. nur Joh 10,10), und es wäre töricht, alle guten Gedanken der Lebenskunstliteratur nicht auch für ein attraktives Christsein zu nutzen. Aber viele biblischen Zeugnisse des Lebensgewinns unterstehen doch einer seltsamen ›Logik des Umwegs‹, wie ich es nennen möchte.[22] Die Bergpredigt etwa bringt das Diktum: »Euch aber muss es zuerst um sein Reich und um seine Gerechtigkeit gehen, dann wird euch alles andere dazugegeben.« (Mt 6,33) Gerade dem, der nicht hat, wird gegeben; und die Letzten werden die Ersten sein. Die Spitzenaussagen dieser Logik des Umwegs finden sich bei Paulus, stark intoniert etwa im Galaterbrief: »Nicht mehr ich lebe, sondern Christus lebt in mir.« (Gal 2,20) In den Kapiteln fünf bis acht des Römerbriefes wendet Paulus die Glaubenswahrheit hin und her, dass der ›neue Mensch‹ der ist, der gerade und ausschließlich in Christi Kreuzestod zu neuem Leben kam – und eben nicht aus sich selbst. »Sind wir nun mit Christus gestorben, so glauben wir auch, dass wir mit ihm leben werden. […] So sollt auch Ihr euch als Menschen begreifen, die […] für Gott leben in Christus Jesus.« (Röm 6,8.11) Bei denen, die Gott lieben, wird alles zum Guten geführt (Röm 8,28) – also die finden ihr Heil, die es über einen Umweg, hier: den Umweg über die Gottesliebe, erstreben.

Natürlich müsste dies alles exegetisch und systematisch sorgfältiger untersucht werden. Trotzdem wird ein Motivkomplex sichtbar, der eine einfache Übernahme christlich inspirierten Lebenswissens in die Fremdlogik des säkularen Diskurses verbietet. Dies ist nicht gleichbedeutend mit einer Abwertung. Man muss etwa Wilhelm Schmid nicht sofort eine Neigung zur Selbsterlösung vorwerfen, um die Andersartigkeit des eigenen Denkens zu profilieren. Wichtig ist aber, dass die biblischen Texte gerade keine Religiosität vorsehen, die in einer Kompensationsfunktion aufgeht. Vielmehr ist es christliche Lebenskunst, einen Ort der realsymbolischen Repräsentation zu

[22] Der Begriff ist abgelesen an Georg Simmels Kulturtheorie, in der er – ohne jede christliche Aussageabsicht – den Menschen treffend als »indirektes Wesen« bezeichnet hat; vgl. Sellmann, Religion und soziale Ordnung, 370–374.

schaffen und dies nicht trotz des Faktums von Tod und Vergehen, sondern offenbar in voller Akzeptanz, ja paulinisch sogar in nachgehender Wertschätzung des Ich-Todes: Das Leben der Christinnen und Christen will ein Ort sein, an dem das Versprechen Gottes ablesbar und erfahrbar wird, dass er die Menschen niemals einfach sich selbst überlassen wird. Christinnen und Christen leben für ihren Gott – was immer das genau heißt – und ihr erster Bewährungsmythos ist nicht das Gelingen ihrer Biografie, sondern das Repräsentieren des großen Gottes-Versprechens. Genau diese Stellvertretung, diese Platzhalterschaft, dieses Opfer aus Freiheit, diese Indirektheit eben, bewirkt für viele Christinnen und Christen echtes Glück. Ihr Glück ist wie ein Seiteneinsteiger ihrer Biografie[23] eher ein Widerfahrnis als eine Erfahrung, eher eine Frucht von Selbstvergessenheit als von Selbstbeobachtung, eher eine Begegnung mit einem Anderen als mit sich selbst.

Dieser Gedanke klingt kompliziert, ist es auch, bedeutet aber einen wirklich substantiellen Beitrag zur Frage der Lebenskunst. Christinnen und Christen sollten ihn in die gegenwärtigen kulturellen Suchbewegungen einbringen. Sie haben hier viel zu lernen, gemäß ihrer biblischen und weisheitlichen Tradition aber auch einiges zu geben. Der Vorschlag heißt: Das eigene Lebensglück nicht direkt ansteuern und sich die Ressourcen dieser Welt zu diesem Ziel zurüsten, sondern das eigene Lebensglück geschenkt bekommen, indem man es für die Lebenschancen anderer vorher riskiert hat. Leben wird gemäß christlicher Inspiration darum intensiv, weil man es gibt, riskiert und erst nach dem Durchgang durch die Risikopassage zurück erhält. Das ist anspruchsvoll und genau darin liegt der Wert des Vorschlages. Immerhin geht es um Leben und nicht um Nebensächlichkeiten.

In negativer Formulierung komprimiert man mit der Logik des Umwegs das Christsein auf den Kurzbegriff, der seine kulturelle Innovationskraft vielleicht am präzisesten beschreibt: Gewaltlosigkeit. Christlich inspirierte Existenz will gewaltlos sein, und dies auf allen Ebenen und in allen Ausdrucksweisen. Gemeint ist damit zum Beispiel die Abwehr des vor allem in jüngster Zeit – nach ›Nine Eleven‹ – so überdeutlich gewordenen Zusammenhangs von Religion und Gewalt. Denn Religion ist eine Form der Machtausübung, die ohne Korrektur sehr leicht und dann oft sehr brutal zu gewaltförmigem Ausdruck neigt.[24] Das jesuanische Lebensmodell bringt diese

---

23 Nach Höhn, Zerstreuungen, 168; vgl. a. a. O., 164–173.

24 Zu den hier theologisch virulenten Fragen vgl. Klaus Müller, Streit um Gott. Politik, Poetik und Philosophie im Ringen um das wahre Gottesbild, Regensburg 2006.

Selbstkorrektur, und es propagiert einen Lebensstil, der die Macht des Stärkeren an der eigenen Ohnmacht austrägt, um sie nicht eskalieren zu lassen. Viele große Figuren der christlichen Mystik erzählen solche Geschichten der Wehrlosigkeit, die paradoxerweise nicht in Kraftlosigkeit endet, sondern selber zum Machterweis wird.[25]

Aber man täusche sich nicht: Die jesuanische Forderung nach Gewaltverzicht ist zwar keine Aufforderung zur willenlosen Opferposition um ihrer selbst willen. Sie ist auch kreativ verbindbar mit Kampagnen zivilen Ungehorsams und symbolpolitischer Intelligenz. Aber sie ist alles andere als gemütlich zu leben. Sie ist eine ›Logik des Umwegs‹. Denn sie widersteht dem Drang, das eigene Lebensglück als Priorität der Lebensorganisation zu betrachten und damit potenziell andere und anderes zum Erfüllungsgehilfen des eigenen Glücks zu beanspruchen. Eine derartige Lebenskunst der Gewaltlosigkeit hat durchaus etwas von Entsagung, und sie kann sehr radikal sein. Sie verzichtet etwa auf noch so feine Manipulation von Personen oder Konstellationen zugunsten seiner selbst; sie verzichtet darauf, das letzte Wort zu haben; sie verzichtet auf das Urteil über andere; sie ist, gut paulinisch, langmütig, unreizbar, zäh, optimistisch wider alle Bedenken (vgl. 1 Kor 13). All das klingt, gerade in pastoralem Kontext, etwas ›soft‹ – wer aber auch nur einen Tag entschlossen gewaltlos zu leben versucht und diese Logik des Umwegs aktualisiert, merkt schnell, wie wenig diese Haltung mit onkelhaftem Nettsein und wie viel mit Leidenschaft zu tun hat.

Das semantische Problem der jesuanischen Forderung nach Gewaltlosigkeit liegt in seiner Negation. Man verzichtet – aber was soll man aktiv tun? Hierauf gibt ein Denker des 12. Jahrhunderts eine Antwort, die überrascht und die ebenfalls allen Wert hat, für den säkularen Diskurs um Lebenskunst entdeckt zu werden. Der Ordensmann Richard von St. Victor, »wohl der originellste Denker des 12. Jahrhunderts«,[26] denkt in einem Traktat über die Frage nach, wie man darauf kommen kann, Gott als drei Personen zu behaupten. Und er erklärt dies über das Wesen und die Lust (!) der Liebe. Dieses Stück Theologie ist ein Musterbeispiel für das, was hier ›Logik des Umwegs‹ genannt wird. Richard liest an menschlicher Liebe phänomenologisch zwei für unseren Zusammenhang wichtige Entdeckungen ab:[27]

---

25 Vgl. systematisch Hans-Joachim Sander, Macht in der Ohnmacht. Eine Theologie der Menschenrechte, Freiburg i. B. u. a. 1999.

26 K. Ruh (1953), zitiert bei Gisbert Greshake, statt: Der dreieine Gott. Eine trinitarische Theologie, Freiburg i. B. / Basel / Wien 1997, 104.

27 vgl. Richard von St. Victor, Die Dreieinigkeit, Einsiedeln 1980, v. a. 83–110; die fol-

Erstens, dass der Kern der Liebe darin liegt, höchste Lust gerade dann zu empfinden, wenn man sich verschenkt. Gerade die sexuelle Liebe ist ganz geprägt von dieser Einsicht. Denn »das Herrlichste, Großartigste [...] ist: nichts haben zu wollen, was man nicht mitteilt.« (90). Genau diese Lust aber soll auch jener erfahren, den man liebt. Daher liegt es in der Konsequenz der Liebe, »daß man von dem, den man sehr liebt, auch sehr geliebt werden will.« (87). Denn: »Es gehört [...] zum Wesen der Liebe selbst, daß der im Vollmaß Liebende nicht befriedigt ist, wenn der im Vollmaß Geliebte die Liebe nicht erwidert.« Liebe drängt also zu zwei einander entsprechenden Bewegungen: den anderen als Erster zu lieben, sich ihm ganz zu schenken; und ihn als Liebenden zu wecken, so dass auch er sich ganz mitteilt und schenkt.[28]

Hier liegt das verborgen, was eben als Risiko bezeichnet wurde. Am Anfang des Liebesaktes – als einem positiven Vollzug der jesuanischen Idee der Gewaltlosigkeit – steht das entschlossene Investment in den anderen. Ob er/sie mich zurücklieben wird, ist unbekannt. Von daher führen strategische Überlegungen hier nicht zum Ziel. Da Liebe eine Funktion von Freiheit ist, kann jedes Subjekt nur über die eigene Liebesbereitschaft verfügen. Und mehr als diese einzukalkulieren, wäre naiv. Gleichwohl kann man *in the long run* davon ausgehen, darin ist Richard rechtzugeben, dass ein frei Geliebter irgendwann in sich die Gegenliebe aktivieren wird. Liebe funktioniert so. Paulus formuliert: Die zähe (Feindes-)Liebe eines anderen sammelt ›Kohlen auf seinem Haupt‹ (Röm 12,20) – irgendwann wird das Böse durch das Gute besiegt.

Zweitens gehört es zum Zeichen höchster Liebesvollkommenheit, einen Mitgenossen der Liebe zuzulassen. Denn das Glück, sich zu verschenken und vom Beschenkten zurückgeliebt zu werden und so selber zum Beschenkten zu werden, möchte sich nach außen potenzieren und mitteilen. Richard argumentiert hier in der Kommunikationsdimension. Wenn zwei sich sehr und wechselseitig lieben, möchten sie, dass der jeweils Geliebte das Glück des Geliebtwerdens auch anderen Personen mitteilen und sich somit wiederum auch an sie verschenken kann. Außerdem möchten sie, dass der jeweils Geliebte das Glück erfahren kann, wiederum durch die Liebe des Dritten geliebt zu werden. Es geht also um die Freude an der Weitergabe der er-

genden Zahlen in Klammern verweisen auf dieses Werk; sekundär vgl. Greshake, Der dreieine Gott, 104–111.

[28] Spätestens hier ist anzumerken, dass Richard von ›Liebe‹ im allgemeinen Sinn spricht. Hier ist damit gemeint: seine eigene Freiheit zum Wohl des anderen zu investieren.

fahrenen Liebe als Inbegriff der Liebe. »Die Höchstliebenden und die Höchstgeliebten wollen also beide in gemeinsamem Wunsch einen Mitliebend-Mitgeliebten [›condilectus‹, MS], den sie wunschgemäß in Eintracht gemeinsam besitzen.« (96 f).[29] Und weiter: »Wo zwei in gegenseitiger Liebe einander in höchster Sehnsucht umarmen und jeder in der gegenseitigen Liebe höchstes Entzücken findet, da liegt der Gipfel der Freude des einen gerade in der innigsten Liebe des anderen, und umgekehrt: der Gipfel der Freude des andern in der Liebe des ersten. Solange nun dieser in Ausschließlichkeit vom andern geliebt wird, ist er, wie man sieht, der einzige Besitzer seines süßen Entzückens, und der andere desgleichen. Solange sie keine Mitgeliebten haben, kann das Beste der Freude eines jeden nicht vergemeinsamt werden.« (101).

In beiden Durchgängen entdecken wir die ›Logik des Umwegs‹: Christlich inspirierte Lebenskunst versteht Liebe und damit den Basisvollzug der Glückssuche und der Glücksfindung als einen genuin sozialen Vorgang. Die eigene Liebesfähigkeit sucht gemäß dieser Idee das eigene Glück erstens über den Umweg des geliebten anderen und zweitens über den Umweg des gemeinsam geliebten Dritten. Und dies nicht aus einer abstrakten Ethik heraus oder aus anstrengenden Überlegungen diakonischer *correctness*. Vielmehr liegt es in der Logik des Liebens – so die Christen –, dass dieses nur dann zum Glück führt, wenn man dieses Glück vorgängig riskiert hat.

Wie gesagt: Das alles ist hier nur sehr verkürzt formuliert. Aber man trifft doch immer wieder Christinnen und Christen, die einen auf solch eine Logik des Umweges stoßen und damit heilsam irritieren. Mit den paradoxen Worten des verstorbenen Aachener Bischofs Klaus Hemmerle: Manche Menschen leben aus einem Geheimnis, das sie in sich aufgenommen hat. Darum können manche von ihnen geben, was sie gar nicht haben, und können sein, was sie noch gar nicht sind.[30]

---

[29] Vgl. hierzu auch Georg Simmels Spekulationen über den ›Dritten‹ in: Soziologie, Frankfurt a. M. 1992, 124–159; sekundär dazu Sellmann, Religion und soziale Ordnung, 385–388.

[30] Vgl. Klaus Hemmerle, statt: Jeder hat, was er gibt, in: Karl Rahner / Bernhard Welte (Hrsg.), Mut zur Tugend, Freiburg i. B. u. a. 1979, 19–29.

LITERATURVERZEICHNIS:

Brenner, Andreas / Zirfas, Jörg: Lexikon der Lebenskunst, Leipzig 2002

Bubmann, Peter / Sill, Bernhard (Hrsg.): Christliche Lebenskunst, Regensburg 2008

Först, Johannes / Kügler, Joachim (Hrsg.): Die unbekannte Mehrheit, Berlin 2006

Greshake, Gisbert: Der dreieine Gott. Eine trinitarische Theologie, Freiburg i. B. / Basel / Wien 1997

Grün, Anselm: Buch der Lebenskunst, Freiburg i. B. / Basel / Wien 2002

Hahn, Alois: Zur Soziologie der Beichte und anderer Formen institutionalisierter Bekenntnisse, in: Kölner Zeitschrift für Soziologie und Sozialpsychologie 34 (1982), 408–434

Hemmerle, Klaus: Jeder hat, was er gibt, in: Karl Rahner / Bernhard Welte (Hrsg.), Mut zur Tugend, Freiburg i. B. u. a. 1979, 19–29

Höhn, Hans-Joachim: Zerstreuungen, Düsseldorf 1998, 140–157

Hörings, Jochen: Brot und Wein. Frankfurt a. M. 1992

Joas, Hans: Braucht der Mensch Religion?, Freiburg i. B. / Basel / Wien 2004

Klinger, Cornelia: Flucht – Trost – Revolte, München/Wien 1995

Luhmann, Niklas: Die Gesellschaft der Gesellschaft, Frankfurt a. M. 1997

Müller, Klaus: Streit um Gott. Politik, Poetik und Philosophie im Ringen um das wahre Gottesbild, Regensburg 2006

Nassehi, Armin: Religion und Biographie, in: Karl Gabriel (Hrsg.), Religiöse Individualisierung oder Säkularisierung, Gütersloh 1996, 41–56

Oevermann, Ulrich: Ein Modell der Struktur von Religiosität, in: Monika Wohlrab-Sahr (Hrsg.), Biographie und Religion: zwischen Ritual und Selbstsuche, Frankfurt a. M. / New York 1995, 27–102

Sander, Hans-Joachim: Macht in der Ohnmacht. Eine Theologie der Menschenrechte, Freiburg i. B. / Basel / Wien 1999

Schimank, Uwe: Funktionale Differenzierung und soziale Ungleichheit. Die zwei Gesellschaftstheorien und ihre konflikttheoretische Verknüpfung, in: Hans-Joachim Giegel (Hrsg.), Konflikt in modernen Gesellschaften, Frankfurt a. M. 1998, 61–88

Schmid, Wilhelm: Schönes Leben? Einführung in die Lebenskunst, Frankfurt a. M. 2000

Schulze, Gerhard: Die Erlebnisgesellschaft, Frankfurt a. M. / New York 1992

Sellmann, Matthias: Religion und soziale Ordnung, Frankfurt a. M. / New York 2007

Simmel, Georg: Soziologie. Untersuchungen über die Formen der Vergesellschaftung (GA 11), Frankfurt a. M. 1992

Stichweh, Rudolf: Inklusion in Funktionssysteme der modernen Gesellschaft, in: Renate Mayntz u. a. (Hrsg.), Differenzierung und Verselbständigung, Frankfurt a. M. / New York 1997, 261–293

von St. Victor, Richard: Die Dreieinigkeit, Einsiedeln 1980

Taylor, Charles: Die Formen des Religiösen in der Gegenwart, Frankfurt a. M. 2002

Wehr, Gerhard: Christliche Mystiker, Regensburg 2008

Heiliger Raum – heilsamer Raum?

Franz-Heinrich Beyer

Zusammenfassung:
Kirchengebäude und -räume als ›heilige Räume‹ sind zunehmend zu Touristenzielen geworden, mit deren Besuch besondere Gefühlsqualitäten verbunden werden. Das fordert dazu heraus, Sakralbauten aus Vergangenheit und Gegenwart nicht nur als Gottesdienstort der versammelten Gemeinde, sondern unter dem Gesichtspunkt der Ermöglichung einer Begegnung mit Religion wahrzunehmen.

1 Kirchengebäude und Kirchenräume als touristische Ziele

Seit reichlich zwei Jahrzehnten können wir beobachten, wie Kirchengebäude eine verstärkte Aufmerksamkeit und ein besonderes Interesse auf sich ziehen. Das gilt natürlich insbesondere dort, wo Kirchen für einen Ort oder eine Landschaft einen bestimmenden Identifikationsfaktor darstellen. In Köln etwa gibt es eine große Zahl interessanter Kirchengebäude. Aber was wäre die Stadt ohne den Kölner Dom? Erstaunlicherweise reicht das Interesse der Menschen aber weiter; es erstreckt sich auch auf die Innenräume, also auf den Kirchenraum. Die Touristen möchten nicht nur die beeindruckenden Dimensionen des Kirchenbaus, nicht nur den dominanten Doppelturm sowie die eindrucksvolle Westfassade des Kölner Doms betrachten und v. a. fotografieren. Das allein reicht nicht. Die Touristen möchten den Kirchenraum betreten, ihn besichtigen, den Kirchenraum erleben. Und nur schwer bringen sie Verständnis dafür auf, dass ein Schild ihnen manchmal den Zutritt verwehrt: »Gottesdienst! Keine Besichtigung«.

Für wen ist denn das Kirchengebäude, z. B. der Kölner Dom, da? Wem gehört die Kirche?[1] Für die vielleicht einige Dutzend Menschen, die sich hier zum Gottesdienst versammeln? Oder für tausende von Menschen, die täglich durch den Kirchenraum des Kölner Doms geführt werden? Natürlich kann die gestellte Frage schnell und theologisch einigermaßen korrekt beantwortet werden. Es reicht der Hinweis darauf, dass ein Kirchenraum zunächst die Funktion hat, die Feier des Gottesdienstes der Gemeinde zu ermöglichen. Dafür stellt er die äußeren Bedingungen bereit – ein nach außen abgegrenzter Raum, den Bedürfnissen der Liturgie entsprechend eingerichtet und ausgestattet.

Aber damit ist die aufgeworfene Frage ja keinesfalls zufriedenstellend beantwortet. Das Kirchengebäude, der Kirchenraum war nie nur ein Funktionsraum zur Feier von Gottesdiensten. Kirchen waren stets öffentliche und offene Gebäude. Sie waren der Ort, wo sich alle versammeln konnten, die zum Gemeinwesen gehörten. Hier wurden Akte vollzogen und Zeichen gesetzt, die für das Gemeinwesen in seiner Gesamtheit von Bedeutung waren. Zugleich waren sie Räume, in denen Menschen als Einzelne sich aufgehoben und geborgen erfahren haben.

Für wen ist die Kirche da? Für die Gottesdienstbesucher? Für die Touristin? Für den Flaneur, der nur einmal en passant, das alltägliche Besorgen und Gehen unterbrechend, den Kirchenraum betritt?

Nun ist hinsichtlich der Situation in Deutschland eine gleichsam gegenläufige Entwicklung zu beobachten: Auf der einen Seite eine zunehmende Distanz und Interesselosigkeit der einzelnen Menschen an den Kirchen als Organisationen, an den Formen ihrer Präsenz und an ihren Äußerungen. Auf der anderen Seite aber ein zunehmendes Interesse der Menschen an materialen Manifestationen von Religion in der Öffentlichkeit, auch gerade der christlichen Religion, etwa in Gestalt von Kirchengebäuden und -räumen. Und dabei ist die Beobachtung aufschlussreich, dass die Beschreibung des Kirchenraums als ›heiliger‹ Raum in der Öffentlichkeit stetig zunimmt, und zwar je ungewohnter und erfahrungsleerer für die Menschen der Umgang mit Kirchenräumen wird. Dazu tritt noch eine weitere Wahrnehmung: Worauf auch immer die Anziehungskraft solcher ›heiligen‹ Räume für die Menschen der Gegenwart zurückzuführen ist – der Architektur und Ausstattung, also der ästhetischen Wirkung des Kirchenraumes, kommt dabei

---

1 Vgl. Karl-Heinrich Bieritz, Wem gehört die Kirche? Unsere Kirchen und ihr kultureller Ort, in: Ders., Grenzgebiet. Praktische Theologie zwischen Kultur und Kirche, Münster 2005, 315–325.

eine sehr große Bedeutung zu. Aber auch das wird beobachtet: Das Interesse der Besucher gilt einem Raum, dessen Besonderheit neben der ästhetischen Wirkung auch durch die in ihm stattfindende religiöse, liturgische Praxis begründet ist.[2] Es gehört zu dem unbestimmten Vorwissen der Besucher dazu, dass in diesem Raum in Vergangenheit und Gegenwart Menschen Grundformen religiösen Verhaltens – Klage und Trauer, Lob und Dank, Bitte und Fürbitte – praktizierten und praktizieren. Nicht der ausschließlich museal genutzte Sakralraum, sondern nur der temporär religiös, liturgisch genutzte Kirchenraum erhält die Zuschreibung ›heiliger‹ Raum. Dafür wird dann auch in Kauf genommen, dass z. B. der Altarbereich der Kirche durch Abschrankungen gesperrt ist und nicht betreten werden kann.

2 ›Heiliger Raum‹

2.1 ›Heiliger Raum‹ im Kontext evangelisch-theologischer Reflexion

Martin Luther geht von dem selbstverständlichen Vorhandensein der Kirchengebäude aus. Ihr Vorhandensein hat keine Heilsbedeutung, wohl aber praktische Bedeutung. Es sind Räume, in denen Christen zusammenkommen und das Wort Gottes hören können. »Denn keyn ander ursach ist kirchenn zu bawenn, ßo yhe eyn ursach ist, denn nur, das die Christen mugen tzusammenkomen, betten, predigt horen und sacrament emphahen. Und wo dieselb ursach auffhoret, sollt man dieselben kirchen abbrechen, wie man allen andernn hewßern thutt, wenn sie nymmer nu(e)tz sind.«[3] »Nu mus ja der selbige hauffen etwo einen raum und sein tag oder stunde haben, so den zuho(e)rern bequem sey. Darumb hat es Gott wol geordnet und angericht, das er die heiligen Sacrament eingesetzt, zuhandlen in der Gemeine und an einem ort, da wir zusamen komen, beten und Gotte dancken.«[4] Luther hat keine Abhandlung zum Kirchengebäude verfasst und er gibt keinerlei Anweisung zur Gestaltung bzw. Umgestaltung des Kirchenraums. Aber er fordert auch nicht dazu auf, die steinernen Kirchen zu verlassen. Wohl aber leitet er zu einem freien Umgang mit dem (überkommenen) Kirchengebäude an.

---

[2] Vgl. Michael Stausberg, Tourismus, in: Michael Klöcker / Udo Tworuschka (Hrsg.), Praktische Religionswissenschaft, Köln/Weimar/Wien 2008, 189–206, 197.

[3] WA 10/1.1, 252.

[4] WA 49, 593.

Es ist dann ein Dokument der reformierten Tradition, in dem die Kirchenräume als ›heilige Orte‹ bezeichnet werden. In dem Zweiten Helvetischen Bekenntnis, 1566 von Heinrich Bullinger, heißt es dazu: »Wie wir aber glauben, dass Gott nicht wohne ›in Tempeln von Händen gemacht‹ so wissen wir doch aus Gottes Wort und aus den heiligen Gebräuchen, dass die Gott und seiner Anbetung gewidmeten Stätten nicht gewöhnliche, sondern heilige Orte sind, und wer sich darin aufhält, soll sich ehrerbietig und geziemend benehmen, da er ja an heiligem Orte ist, vor Gottes und seiner heiligen Engel Angesicht.«[5]

Beinahe fünf Jahrhunderte später, in den zwei Jahrzehnten seit 1990, wird der Begriff ›heiliger Raum‹ bzw. ›heiliger Ort‹ innerhalb der Praktischen Theologie erstaunlich selbstverständlich verwendet. Ein knapper, notwendigerweise unvollständiger Überblick mag das veranschaulichen.

1991 behandelt Manfred Josuttis bei der phänomenologischen Beschreibung des Gottesdienstes »den umfriedeten Raum des heiligen Ortes«, in dem göttliche Atmosphären residieren. »Wenn dieser Raum [...] sachgemäß gestaltet und ausgestattet ist, dann ist er mit einer Atmosphäre erfüllt, die unabhängig von liturgischen Handlungen und psychologischen Stimmungen bestimmte Erlebnisqualitäten auslöst. Menschen fühlen sich in einem solchen Raum von der Übermacht des Göttlichen angerührt, betroffen, ergriffen.«[6] Mitte der neunziger Jahre hat Wolf-Eckart Failing die Forderung bekräftigt, den ›Raum‹ als ein Thema der Praktischen Theologie zu sehen, unter Beachtung sowohl früherer religiöser Raumkonzepte und deren gebrochener Wirkung in der Gegenwart als auch unter der Einbeziehung von Einsichten aus der Phänomenologie. So möchte er Veränderungen religiöser Raumvorstellungen und religiöser Raumnutzung von Seiten der Nutzer nachspüren.[7] Wolfgang Huber behandelt in seinem Buch »Kirche in der Zeitenwende« von

---

5 Zit. n. David Plüss, Kirchenräume zwischen Leiblichkeit und Heiligkeit, in: Christoph Sigrist (Hrsg.), Kirchen Macht Raum. Beiträge zu einer kontroversen Debatte, Zürich 2010, 39–44, 43 (ohne Hervorhebungen).

6 Manfred Josuttis, Der Weg in das Leben. Eine Einführung in den Gottesdienst auf verhaltenswissenschaftlicher Grundlage, München 1991, 75. – 1997 begegnet bei diesem Verfasser prononciert der Begriff ›heiliger Raum‹: Manfred Josuttis, Vom Umgang mit heiligen Räumen, in: Albrecht Grözinger / Jürgen Lott (Hrsg.), Gelebte Religion. Im Brennpunkt praktisch-theologischen Denkens und Handelns, Rheinbach 1997, 241–251.

7 Vgl. Wolf-Eckart Failing, Die eingeräumte Welt und die Transzendenzen Gottes, in: Wolf-Eckart Failing / Hans-Günter Heimbrock, Gelebte Religion wahrnehmen. Lebenswelt – Alltagskultur – Religionspraxis, Stuttgart 1998, 91–122, 106.

1999 auch ausführlich das Kirchengebäude und überschreibt ein Unterkapitel mit »Heilige Räume in der Diesseitigkeit des Lebens«[8], ohne dass der Begriff irgendwo näher erläutert würde.

Ebenfalls 1999 erscheint der Beitrag eines katholischen Liturgiewissenschaftlers, in dem er die Charakterisierung des Kirchenraums als ›heiligen Raum‹ zurückweist: »Nach dem in der Bibel grundgelegten Verständnis von Heiligkeit hat ein Ort oder Raum [...] nicht aus sich selbst heraus sakrale Bedeutung.«[9] Eine kritische Position gegenüber der Bezeichnung des Kirchenraums als ›heiligen Raum‹ wird sehr prononciert von Horst Schwebel vertreten, der sich dabei auf das Neue Testament, auf die Frühgeschichte des Kirchenbaus und auf Luthers Äußerungen zu einem funktionalen Verständnis des Kirchengebäudes beruft.[10]

Im Jahr 2002 stand dann der 24. Evangelische Kirchenbautag in Leipzig unter dem Thema: »Sehnsucht nach heiligen Räumen – Messe in der Messe«. Fulbert Steffensky hielt ein Referat zum Thema »Der heilige Raum, der die Sehnsucht birgt«[11]. Der heilige Raum ist hier der Kirchenraum in seiner gänzlichen Andersartigkeit, dessen hilfreiche, unverzichtbare Wirkungen beschrieben werden. Eine Begriffsklärung findet sich hier nicht. Ebenfalls selbstverständlich und unerklärt wird der Begriff »Heilige Orte« von Ralf Hoburg in Bezug auf das Kirchengebäude verwendet – »Heilige Orte als Markenzeichen«[12].

Insbesondere ist nun aber auf den Sammelband »Kirchen Macht Raum« hinzuweisen, wo in zahlreichen Beiträgen die Angemessenheit der Rede von

---

8 Wolfgang Huber, Kirche in der Zeitenwende. Gesellschaftlicher Wandel und Erneuerung der Kirche, Gütersloh 1999, 285.

9 Klemens Richter, Heilige Räume. Eine Kritik aus theologischer Perspektive, in: Dirk Ansorge u. a. (Hrsg.), Raumerfahrungen. Raum und Transzendenz, Münster 1999, 82–101, 85.

10 Vgl. Horst Schwebel, Die Kirche und ihr Raum. Aspekte der Wahrnehmung, in: Sigrun Glockzin-Bever / Horst Schwebel (Hrsg.), Kirchen – Raum – Pädagogik, Münster 2002, 9–30, 22.

11 Vgl. Fulbert Steffensky, Der heilige Raum, der die Sehnsucht birgt, in: Rainer Bürgel / Andreas Nohr (Hrsg.), Spuren hinterlassen. 25 Kirchbautage seit 1946, Hamburg 2005, 194–209.

12 Ralf Hoburg, Imagefaktor Kirche. Zum produktiven Verhältnis von Tourismus und Kirche oder: Wahrnehmbarkeit der Religion im öffentlichen Raum, in: Ralf Hoburg (Hrsg.), Zwischen Ortsgemeinde und Tourismus. Der Markt der Kirchenführungen als Herausforderung für die Kirche, Hannover 2009, 9–17, 14.

heiligen Räumen in Bezug auf Kirchenräume differenziert vor dem Hintergrund reformierter Tradition erörtert wird. Hier wird häufig auf die o.g. zweite Helvetische Konfession Bezug genommen. Die sich dort findende Bezeichnung der Kirchenräume als ›heilige Orte‹ resümierend stellt David Plüss fest: »Auch wir Reformierten haben heilige Räume. Aber ihre Heiligkeit ist nicht räumlich dingfest zu machen, sondern auf die Liturgie bezogen. [...] Reformierte Kirchenräume sind auf das körperliche Verhalten von Menschen in der Liturgie bezogene Möglichkeitsräume des Heiligen.«[13]

In dem jüngsten Beitrag zu der Thematik aus dem Jahr 2011 skizziert Carola Jäggi die Geschichte dieser Zuschreibung aus kritisch distanzierter Sicht.[14]

2.2 Das Besondere des Sakralraums aus der Sicht von Architekten

Es mag aufschlussreich sein, in diesem Zusammenhang einmal danach zu schauen, wie Architekturtheoretiker und Architekten das Phänomen »Sakralraum« sehen.

Nach Auffassung des Architekturtheoretikers Christian Norberg-Schulz soll das Kirchengebäude, der Kirchenraum, eine »verstandene Welt« manifestieren. »Wenn der Mensch die komplexe und vergängliche Alltagswelt hinter sich läßt und die Kirche betritt, sollte er das Innere als eine Erklärung erfahren, die ein Gefühl von Bedeutung und Zugehörigkeit vermittelt. [...] Offensichtlich muss eine Kirche eine umfassendere ›Erklärung‹ bieten als andere Bauten. Während ein Haus oder eine Fabrik mit bestimmten Aspekten des Lebens verbunden sind, sollte die Kirche die Gesamtheit der menschlichen Existenz umgreifen. [...] Deshalb sollte die Kirche die wichtigen Eigenschaften von Mittelpunkt und Weg, Vertikalität und Licht in Bezug auf die tatsächliche Situation visualisieren.«[15] Und der Stadtplaner Dieter Hoffmann-Axthelm sieht das Besondere des Kirchbaus in der Freiheit des Architekten von jeder Nutzungsökonomie. Im Unterschied zu allen anderen Bauten, auch zu anderen Gesellschaftsbauten, wo es um Raum für Menschenmengen geht, im Unterschied dazu gehe es im Kirchbau »nur um den Raum. Der Architekt

---

13 Plüss, Kirchenräume, 44.

14 Vgl. Carola Jäggi, »Heilige Räume«. Architektur und Sakralität – Geschichte einer Zuschreibung, in: Angelika Nollert u.a. (Hrsg.), Kirchenbauten in der Gegenwart. Architektur zwischen Sakralität und sozialer Wirklichkeit, Regensburg 2011, 23–30.

15 Christian Norberg-Schulz, Ein bildhafter Ort, in: Kunst und Kirche 47 (1984), 9–14, 11.

entwirft einen Raum, in dem er sich selber wohlfühlen möchte, seinen eigenen Sehnsuchtsraum.«[16]

Für den bekannten Schweizer Architekten Mario Botta, der auch zahlreiche Kirchen gebaut hat, ist das Phänomen des Sakralen »ein Phänomen der Umsetzung einer Spannung, einer Verbindung, die uns über die Fakten, die technischen Nutzungsfunktionen hinausführt und uns dazu bringt, etwas wiederzuerleben, das eine vordergründige Wahrnehmung übersteigt«[17].

Und Peter Böhm, nach dessen Plänen gerade die große Moschee in Köln-Ehrenberg errichtet wird, formuliert: »Ich denke, das Besondere an einem Kirchenraum besteht darin, dass der Raum selbst die Funktion, der Inhalt ist. Also das stille Betrachten dieses Raumes ist stets schon so etwas, wie ein abstraktes Gebet, es vermittelt eine Nähe zur Existenz, zur eigenen Existenz. Der Raum selbst ist zunächst einmal nicht Hülle für die Meßfeier, die darin stattfinden soll, sondern er ist schon der eigentliche Inhalt.«[18] Meinhard von Gerkan schließlich, Architekt u. a. des Christuspavillons auf der EXPO in Hannover, plädiert bei der Gestaltung eines Sakralraumes dafür, einen besinnlichen Raum zu schaffen. Das gewährleiste eine erlebbare Stille sowie das Kontemplative – beides einerseits eine Voraussetzung für den Gottesdienst, anderseits aber auch – Beispiel Christuspavillon – ein Gegenstück zum ›Jahrmarkt der Eitelkeiten‹.[19]

2.3 »Ich möchte nicht in einer Welt ohne Kathedralen leben ...« – Annäherungen an den ›heiligen Raum‹ mit literarischen Texten

In dem Roman »Nachtzug nach Lissabon« von Pascale Mercier beginnt ein Siebzehnjähriger seine Rede zur Abschlussfeier in der Schule mit diesen Sätzen: »Ich möchte nicht in einer Welt ohne Kathedralen leben. Ich brauche ihre Schönheit und Erhabenheit. Ich brauche sie gegen die Gewöhnlichkeit

---

16 Dieter Hoffmann-Axthelm, Was ist zwischen Stadt und Kirche?, in: Angelika Nollert u. a. (Hrsg.), Kirchenbauten in der Gegenwart. Architektur zwischen Sakralität und sozialer Wirklichkeit, Regensburg 2011, 166–173, 169.

17 Mario Botta, Räume des Übergangs, in: Sakralität und Aura in der Architektur, Architekturvorträge der ETH Zürich, Zürich 2010, 10–51, 13.

18 Gottfried Böhm / Peter Böhm, Das Sakrale in der Architektur, in: Sakralität und Aura in der Architektur, Architekturvorträge der ETH Zürich, Zürich 2010, 52–83, 64.

19 Vgl. Meinhard von Gerkan, Gedanken zur Gestaltung zeitgenössischer sakraler Räume, in: Thomas Erne (Hrsg.), KBI 02 / Protestantischer Kirchenbau mit Zukunft, Darmstadt 2010, 29–34, 30.

der Welt. Ich will zu leuchtenden Kirchenfenstern hinaufsehen und mich blenden lassen von den unirdischen Farben. Ich brauche ihren Glanz. […] Ich liebe betende Menschen. Ich brauche ihren Anblick.«[20] Die Schönheit und Erhabenheit der Kirchengebäude wird hier als lebensnotwendiger Kontrast zu der Alltäglichkeit, zu der Gewöhnlichkeit der Welt, wie sie der Protagonist empfindet, betont. Sie sind das Andere, auf dessen Präsenz und auf dessen Symbolhaftigkeit für Transzendenz vertraut werden kann. Dazu gehört aber ebenso das Wissen um den Vollzug religiöser Praxis in ihnen (betende Menschen), ohne dass die eigene Partizipation dabei von Belang wäre.

In einer Erzählung des russischen Schriftstellers Wassili Schukschin aus dem Jahr 1970 geht es darum, dass eine zuletzt als Stall genutzte, ehemalige Kirche abgerissen werden soll. Da heißt es: Gleich »würde etwas Unerhörtes im Dorf geschehen – die Kirche würde einstürzen. Die älteren Leute waren allesamt dort getauft worden, dort waren die Totenmessen gelesen worden, für die Großväter und Urgroßväter, die Kirche hatte man jeden Tag gesehen, wie den Himmel, und jetzt […]«[21]. Und eine Frau aus dem Dorf sinniert: »Kamst du irgendwo her, gleich sahst du sie, die Kirche. Mochtest noch so marode sein, sahst du sie – warst du zu Hause, schöpftest wieder Kraft […]«[22]. Eine ästhetische Wirkung ist bei diesem Torso von Kirche ausgeschlossen. Aber er gibt die Veranlassung dazu, dass längst verloren geglaubtes Wissen wieder erinnert wird. Die Fremdnutzung des früheren Kirchengebäudes hat das nicht auszulöschen vermocht. Der Kirchentorso, den es bald nicht mehr geben wird, erscheint hier als umfassendes Symbol für Beheimatung und für Kontinuität.

In diesen Textpassagen werden wohl Momente angesprochen, die Menschen unserer Zeit mit der Zuschreibung des Kirchenraums als heiligem Raum verbinden und die auch noch ergänzt werden können: Ein aus der Alltagswelt ausgegrenzter Raum; ein Raum, der sich deutlich und charakteristisch von anderen Funktionsräumen unterscheidet; ein Raum, der nur aus besonderer Veranlassung betreten wird; ein Raum, der nicht von jedem/jeder und nicht jederzeit betreten werden kann; ein Raum, dem eine besondere ›Anmutungsqualität‹ zugeschrieben wird – sei sie aus eigenem Erleben oder, häufiger, aus unbegründetem ›Vorurteil‹ gespeist; ein Raum, in dem Menschen lebensbedeutsame Einschnitte und Zäsuren rituell begangen haben

---

20 Pascal Mercier, Nachtzug nach Lissabon, 11. Aufl. München 2006, 198.

21 Wassili Schukschin, Ein kerniger Bursche, in: Wassili Schukschin, Null null Kopeken. Erzählungen, 2. Aufl. Leipzig 1988 (1981), 21–28, 22.

22 A. a. O., 26.

und noch begehen. Dazu gehört die Vorstellung von einem Raum, in dem Menschen agieren, die einer Kraft vertrauen, die ihr Wollen und Vollbringen überschreitet. Aber auch als ein Asyl-Raum; ein Bewahrungs-Raum, einer Arche vergleichbar, wird er vorgestellt und zugleich aber auch als ein Raum, der Freiraum gewährt.

3 ›Heiliger Raum‹ – Heterotopos – ›Gestimmter Raum‹

Bei Mircea Eliade ist zu lesen: »Der Begriff ›heiliger Raum‹ schließt in sich die Idee der Wiederholung der ursprünglichen Hierophanie, die diesen Raum geweiht hat, indem sie ihn transfigurierte, absonderte, gegen die profane Umgebung isolierte. [...] Die Bedeutung eines heiligen Raumes kommt von dem Andauern der Hierophanie, die ihn einmal geweiht hat. [...] Auf diese Weise wandelt sich der Ort in eine unversiegliche Quelle der Macht und der Heiligkeit, und der Mensch kann, wenn er nur in den Raum gelangt, an dieser Macht und dieser Heiligkeit teilhaben.«[23] Durch Jahrhunderte hindurch lässt sich die Errichtung von christlichen Kirchengebäuden vor diesem Hintergrund erklären.[24] Für die Gegenwart erscheint ein solches substanzontologisches Verständnis von der Heiligkeit eines Ortes bzw. eines Raumes nicht mehr nachvollziehbar. Das ›Heilige‹ wird nicht im Gegenüber zum ›Profanen‹, sondern im Gegenüber zum Alltäglichen, zum Vertrauten gesehen. Auf zwei unterschiedlichen Ebenen kann dem nachgegangen werden:

Von Michel Foucault wurde das Theorem der Heterotopie ausgeführt. Es gehört seit Failing zum praktisch-theologischen Raumdiskurs dazu. Nach Foucault gibt es in der modernen Gesellschaft Räume, an denen erkannt

---

[23] Mircea Eliade, Die Religionen und das Heilige. Elemente der Religionsgeschichte, 3. Aufl. Frankfurt a. M. 1994 (1986), 424.

[24] Es soll wenigstens angemerkt werden, dass in der Gegenwart selbstverständlich von ›heiligen Räumen‹ im Zusammenhang esoterischer Literatur die Rede ist. Dabei werden sowohl aus der religionsphänomenologischen Tradition als auch aus der Symbolik des Kirchengebäudes diejenigen Aspekte herausgegriffen, für die die Absicht, den Leser zur Errichtung eines ›eigenen heiligen Raumes‹ zu animieren, in Verbindung mit weiteren geomantischen Determinanten förderlich erscheint. Geomantie wird hier als die Kunst beschrieben, Lebensräume nach den Bedürfnissen der menschlichen Seele und im Einklang mit der Ortskraft zu gestalten. Vgl. Stefan Brönnle, Heiliger Raum. Sakrale Architektur und die Schaffung »heiliger Räume« heute, Saarbrücken 2010, 11.

werden kann, dass der Raum sich nicht als ein rein funktionaler erklären lässt – Gegen-Orte, Widerlager. »Entweder haben sie [die Heterotopien; F.-H. B.] einen Illusionsraum zu schaffen, der den gesamten Realraum, alle Plazierungen, in die das menschliche Leben gesperrt ist, als noch illusorischer denunziert. [...] Oder man schafft einen anderen Raum, einen anderen wirklichen Raum, der so vollkommen, so sorgfältig, so wohlgeordnet ist wie der unsere ungeordnet, mißraten und wirr ist.«[25] Es legt sich nun nahe, in der Gegenwart in Kirchengebäuden und -räumen ›Heterotopien‹ zu sehen, »ganz eigene, andere Orte, die eine Gesellschaft braucht, um sich Auszeiten nehmen zu können«[26].

Aus der Perspektive der Phänomenologie kann mit Failing auf die mit Räumen verbundenen Atmosphären hingewiesen werden; auch der Begriff ›gestimmter Raum‹ wird hier verwendet. Vor allem mit besonders ästhetisch gestalteten Räumen wird eine solche Gestimmtheit verbunden. Dabei geht es aber nicht um ein Überwältigtwerden des Individuums durch den Raumeindruck. Vielmehr ist von einer Interdependenz zwischen Individuum und gestimmtem Raum auszugehen. Auf Seiten des erlebenden Subjekts ist dabei ein gewisses Maß an Passivität im Sinne von Aufgeschlossenheit vorauszusetzen, auf Seiten des Raumes eine wahrnehmbare Gestimmtheit. Die »Ausdrucksfülle des gestimmten Raumes löst im erlebenden Subjekt ›Innewerden‹, ›Angesprochensein‹, ›Zugemutetsein‹ aus.«[27] Kirchenräume können solche gestimmten Räume sein. Architektursprache, Ausstattungsgegenstände, eine außerordentliche Lichtkonstellation, auch die olfaktorische Wahrnehmung im Raum spielen hier zusammen. Aber ebenso das Wahrnehmen bestimmter Artefakte und Symbolisierungen, die unalltäglich sind, von den Besuchenden aber mit einer ansozialisierten Vorstellung von Sakralbauten verbunden und in ihrer Wirkung als wohltuend empfunden werden.

25 Michel Foucault, Andere Räume, in: Karlheinz Barck u. a. (Hrsg.), Aisthesis. Wahrnehmung heute oder Perspektiven einer anderen Ästhetik, Leipzig 1992, 34–46, 45.

26 Lutz Friedrichs, »Auff dem Felde, inn der Kirchen, oder auff dem meer«. Gottesdienst an anderen Orten feiern, in: DtPfBl 111 (2011), 357–361, 361.

27 Failing, Die eingeräumte Welt, 101.

4 ›Heilsame Räume‹ – Überlegungen zu einer ›Religion des Raumes‹

4.1 Überkommene Kirchenräume als Reservoir

Hinsichtlich der Besonderheit von überkommenen Kirchenräumen ist zu verweisen

- auf die Grundrissform Rechteck, Quadrat, Kreuz, Kreis, Oktogon und das jeweils damit verbundene Empfinden des Menschen, der sich in einem solchen Raum befindet;
- auf die Raumgestalt – der ungegliederte Kubus, der in mehrere Schiffe unterteilte, gerichtete Raum, der Zentralraum;
- auf die Wandgestaltung – lastende und zugleich bergende Wandflächen mit nur kleinen Fensteröffnungen in der Romanik; die Auflösung der Wände durch große, verglaste Fensterflächen, die nur durch Maßwerk gegliedert und auch stabilisiert werden, in der Gotik; die geraden und die geschwungenen Wände der Barockkirchen, die mit ihren Naturglasfenstern alle Aufmerksamkeit auf die innere Ausgestaltung des Kirchenraumes lenken wollen.

Bei all diesen Ausgestaltungen der Wände des Kirchenraums ist, so unterschiedlich sie auch sein mögen, doch deren Hauptfunktion, nämlich die Schaffung eines umschlossenen Raumes innerhalb der Weite des Landschaftsraumes, erkennbar. Ein Raum wird abgegrenzt, der Übersicht und Orientierung ermöglicht, der menschliche Maße setzt. Von dieser erkennbaren Funktion der Wände in den unterschiedlichen Gestaltungsformen ist nun noch einmal getrennt die Abgrenzung des durch Wände begrenzten Raumes nach oben hin zu betrachten. Da ist zunächst der offen sichtbare Dachstuhl bei frühchristlichen Basiliken, der die Funktion des Abschlusses nach oben deutlich sichtbar werden lässt, aber dadurch eben auch diesen Raum nach oben hin ›offen‹ lässt. Erst die Verkleidung des funktionalen Dachstuhls nach unten hin durch Holzbohlen und deren Bemalung lässt einen in der Vertikalen und in der Horizontalen umschlossenen Raum entstehen. In der weiteren Entwicklung variieren Tonnen-, Kreuzgrat- und Rippengewölbe, aber auch die von Brunelleschi in den Kirchenbauten von Florenz zur Vollendung gesteigerte konzentrische Kuppel bei der Gestaltung des Abschlusses von Kirchenräumen in der Höhe.

Insbesondere aber ist es die Größendimension, und hier noch einmal die vertikale Ausdehnung überkommener Kirchenräume, die das Besondere, das

Andere, das diesen Räumen eigen ist, vermitteln. Die Besonderheit des Kirchenraumes wird zwar zunächst durch die architektonische Struktur unterstrichen. Es ist dann aber vor allem die Art und Weise von dessen Gestaltung und Ausstattung, die für die Wirkung prägend ist. Und hier ist es insbesondere die Spannung zwischen den menschlichen Maßen des Raumes einerseits und der Repräsentation der universalen Heilsgeschichte in und durch den gestalteten Raum andererseits, die auf den heutigen Besucher eines Kirchenraumes aus vergangenen Epochen wirkt. Die Besucherin kann mit ihren Augen die Wände und die Decken des Kirchenraumes gleichsam abtasten. Fresken, Glasmalereien und die zahlreichen anderen ›Kunstwerke‹ können den Besucher als Einzelnen zur Positionsbestimmung motivieren – in Distanz zu verbleiben oder sich einbezogen zu sehen in den ihn umgebenden symbolischen Kosmos. Kirchenräume »speichern in räumlicher Konfiguration die nicht mehr oder noch nicht entdeckten Möglichkeiten, um Transzendenz im Alltag zu artikulieren.«[28]

4.2 Kirchenraum und Individualität

Im Kirchenraum gibt es architektonische Elemente, Inventarien sowie Lichtwirkungen, die durch die Besucher subjektiv in jeweils ganz unterschiedlicher Weise zu einem Ganzen zusammengefügt werden. Die Zeit steht oder sie verfliegt in einem solchen Raum; die Uhr ist ohne Bedeutung. Die alltägliche Welt verlässt die Besucher unter der Voraussetzung, dass diese hier ihre eigene Welt schaffen, wobei der Raum, die Inventarien und die Lichtwirkung Vorgaben bereitstellen.

Der Kirchenraum ermöglicht dem Besucher die Erfahrung des Anderen, der anderen Zeit, des anderen Raumes. Damit einher geht die Wahrnehmung, dass in diesem Raum kein Zweckzusammenhang vorherrscht. Die allem Zweckdenken widersprechende vertikale Ausrichtung des Kirchenraums führt dazu, dass die Blicke des Besuchers förmlich nach oben gezogen werden, er also – temporär – der Beschäftigung mit sich selbst entzogen wird. Der Kirchenraum ermöglicht der Besucherin ein Frei-Sein von alltäglichen Routinen, ein Sich-Einlassen-Können auf ein anderes Programm. Mit dem Verlassen kann der Besucher jenes Programm zurücklassen und zwar in dem Bewusstsein, dass dieses Programm an den konkreten Raum ge-

---

[28] Thomas Erne, Zu viele Räume – zu wenig Ideen. Wie Kirche sich wandelt in der Umwandlung ihrer Räume, in: Isolde Karle (Hrsg.), Kirchenreform. Interdisziplinäre Perspektiven, Leipzig 2009, 57–66, 63.

bunden ist, er es bei erneutem Besuch wieder vorfinden und aufnehmen kann.[29]

Aufschlussreich ist das wahrzunehmende Bedürfnis von Besuchern, in solchen beeindruckenden Kirchenräumen Spuren des individuellen, des gravierenden Hierseins zurückzulassen. So wird eine Beziehung zwischen dem eigenen – kleinen – Leben und dem grandiosen Raum dargestellt. Seinen Ausdruck kann das finden in dem Eintrag in das ausliegende Buch, im Anzünden einer Kerze, ja selbst in dem Einkerben der eigenen Initialen an versteckten Orten.

5 ›Räume der Begegnung mit Religion‹[30] – veränderte Anforderungen an Sakralbauten heute

Die überkommenen christlichen Kirchengebäude sind, sofern sie erhalten werden können, weiterhin Hinweis auf und Raum für das ›ganz Andere‹ jenseits des Alltags.[31] Kirchengebäude und -räume werden als Oasen der Ruhe inmitten der Geschäftigkeit der umgebenden City erlebt. Sie sind Orte und Räume, die das erinnernde Gedenken ermöglichen und die persönliche Besinnung fördern. Als Ausdrucksgestalt in Stein lassen sie Besucher und Besucherinnen sich in eine Generationenfolge eingeordnet erfahren, in eine Generationenfolge von Menschen, für die ein solcher Raum angemessen war in ihrer Situation, bestimmt von Freude, von Furcht oder auch von Hoffnung. In den christlichen Kirchenräumen manifestiert sich so ein einzigartiges Erfahrungswissen hinsichtlich solcher dem Menschen gemäßen und doch die Alltäglichkeit überschreitenden Raumgestaltungen.

---

29 Dass dabei der Kirchenraum von dem Besucher auch als Repräsentation des Todes und des ewigen Lebens erfahren wird, dass er sich da zwischen Erde und Himmel stehend erlebt – alles das ist möglich, vielleicht sogar wahrscheinlich, aber niemals zwingend.

30 Thomas Erne, Intelligent Shrinking – Kirchenbau und Kirchenreform im 21. Jahrhundert, in: Thomas Erne (Hrsg.), KBI 02 / Protestantischer Kirchenbau mit Zukunft, Darmstadt 2010, 50–64, 59.

31 Im Folgenden beziehe ich mich sowohl auf Überlegungen, die ich andernorts schon einmal veröffentlicht habe sowie auf die Ausführungen von Thomas Erne. Vgl. Franz-Heinrich Beyer, Geheiligte Räume. Theologie, Geschichte und Symbolik des Kirchengebäudes, 3. Aufl. Darmstadt 2011 (2008), 200f.; Erne, Intelligent Shrinking, 55ff.

Auch in der Gegenwart entstehen neue religiöse Räume, werden religiöse Bauten kleinerer Dimension errichtet. Dabei steht nicht die Schaffung eines Raumes für die Versammlung der Gemeinde und die Feier des Gottesdienstes im Vordergrund. Vielmehr schließen diese neuen Raumschöpfungen an die zahlreichen weiteren Bedeutungen an, die mit Kirchenbauten in der Vergangenheit verbunden waren oder die ihnen zugewachsen sind, die sich aber nun auch auf die Gegebenheiten der modernen Welt beziehen. »Es sind primär Räume der Begegnung mit Religion, die auf unterschiedliche Weise den Einzelnen in seinem Bedürfnis nach momentaner Transzendenz inspirieren.«[32] Solche Räume begegnen sowohl an den ›Achsen der mobilen Gesellschaft‹, an den Autobahnen (Autobahnkirchen), auf Flughäfen, in Bahnhöfen, in Einkaufszentren sowie in Fußballstadien. Sie begegnen ebenso an ›Orten temporären Verweilens‹, im Bundestagsgebäude in Berlin, in mehreren Universitäten und in beinahe allen Krankenhäusern. Oft werden solche Raumschöpfungen mit der Bezeichnung »Raum der Stille« belegt.

Solche Kirchen, Kapellen, Räume der Stille u. a. m. verknüpfen außergottesdienstliche Bedeutungen, die mit einem Sakralbau verbunden werden, mit der Möglichkeit, in ihnen Gottesdienst zu feiern. Mit dieser Entwicklung ist eine deutliche Verschiebung gegenüber der Situation im 16. Jahrhundert und der in diesem Kontext von Luther formulierten Überlegungen zum Kirchengebäude zu konstatieren; Räume haben jetzt auch ohne die Anwesenheit der Gemeinde eine Bedeutung, werden sogar primär für die ›Andacht‹ des Einzelnen errichtet. Aber zugleich kann auch hinsichtlich der sakralen Räume mit Luther zwischen ihrer Bedeutung für das Heil und für das Wohl der Menschen unterschieden werden. Eine Bedeutung der sakralen Räume und ihrer Nutzung für das Heil des Menschen ist mit Luther zu verneinen. Wohl aber kann auf eine Bedeutung für das Wohl des Einzelnen und des Gemeinwesens verwiesen werden. So werden mit sakralen Raumschöpfungen der Gegenwart, oft in kritischem Gegenüber zur Gesellschaft, unverzichtbare Funktionen wahrgenommen – als Widerspruch und zugleich als Angebot durch Errichtung, Gestaltung und Nutzung ästhetisch überzeugender ‚heilsamer Räume‘: Das Angebot eines öffentlichen Raumes im Gegenüber zur zunehmenden Privatisierung der Öffentlichkeit, die Ermöglichung des Gedenkens in der schnelllebigen und vergesslichen Gegenwart, die Einladung zur Unterbrechung in den routinierten Wegen des Alltags. Für die Schaffung solcher ›Räume der Begegnung mit Religion‹ reicht das Streben nach archi-

---

32 Erne, Intelligent Shrinking, 60.

tektonischer Schönheit allein nicht aus; »sie muss sich auflösen lassen in Freundlichkeit der Aufnahme, in Geborgenheit und zugleich Durchsichtigkeit«[33].

Literaturverzeichnis

Beyer, Franz-Heinrich: Geheiligte Räume. Theologie, Geschichte und Symbolik des Kirchengebäudes, 3. Aufl. Darmstadt 2011 (2008)

Bieritz, Karl-Heinrich: Wem gehört die Kirche? Unsere Kirchen und ihr kultureller Ort, in: Ders., Grenzgebiet. Praktische Theologie zwischen Kultur und Kirche, Münster 2005, 315–325

Böhm, Gottfried / Peter Böhm: Das Sakrale in der Architektur, in: Sakralität und Aura in der Architektur, Architekturvorträge der ETH Zürich, Zürich 2010, 52–83

Botta, Mario: Räume des Übergangs, in: Sakralität und Aura in der Architektur, Architekturvorträge der ETH Zürich, Zürich 2010, 10–51

Brönnle, Stefan: Heiliger Raum. Sakrale Architektur und die Schaffung »heiliger Räume« heute, Saarbrücken 2010

Eliade, Mircea: Die Religionen und das Heilige. Elemente der Religionsgeschichte, 3. Aufl. Frankfurt a. M. 1994 (1986)

Erne, Thomas: Zu viele Räume – zu wenig Ideen. Wie Kirche sich wandelt in der Umwandlung ihrer Räume, in: Isolde Karle (Hrsg.), Kirchenreform. Interdisziplinäre Perspektiven, Leipzig 2009, 57–66

Erne, Thomas: Intelligent Shrinking – Kirchenbau und Kirchenreform im 21. Jahrhundert, in: Thomas Erne (Hrsg.), KBI 02 / Protestantischer Kirchenbau mit Zukunft, Darmstadt 2010, 50–64

Failing, Wolf-Eckart: Die eingeräumte Welt und die Transzendenzen Gottes, in: Wolf-Eckart Failing / Hans-Günter Heimbrock, Gelebte Religion wahrnehmen. Lebenswelt – Alltagskultur – Religionspraxis, Stuttgart 1998, 91–122

Foucault, Michel: Andere Räume, in: Karlheinz Barck u. a. (Hrsg.), Aisthesis. Wahrnehmung heute oder Perspektiven einer anderen Ästhetik, Leipzig 1992, 34–46

Friedrichs, Lutz: »Auff dem Felde, inn der Kirchen, oder auff dem meer«. Gottesdienst an anderen Orten feiern, in: DtPfBl 111 (2011), 357–361

von Gerkan, Meinhard: Gedanken zur Gestaltung zeitgenössischer sakraler Räume, in: Thomas Erne (Hrsg.), KBI 02 / Protestantischer Kirchenbau mit Zukunft, Darmstadt 2010, 29–34

Hoburg, Ralf: Imagefaktor Kirche. Zum produktiven Verhältnis von Tourismus und Kirche oder: Wahrnehmbarkeit der Religion im öffentlichen Raum, in: Ralf Hoburg (Hrsg.), Zwischen Ortsgemeinde und Tourismus. Der Markt der Kirchenführungen als Herausforderung für die Kirche, Hannover 2009, 9–17

33 Hoffmann-Axthelm, Was ist zwischen Stadt und Kirche?, 173.

Hoffmann-Axthelm, Dieter: Was ist zwischen Stadt und Kirche?, in: Angelika Nollert u. a. (Hrsg.), Kirchenbauten in der Gegenwart. Architektur zwischen Sakralität und sozialer Wirklichkeit, Regensburg 2011, 166–173

Huber, Wolfgang: Kirche in der Zeitenwende. Gesellschaftlicher Wandel und Erneuerung der Kirche, Gütersloh 1999

Jäggi, Carola: »Heilige Räume«. Architektur und Sakralität – Geschichte einer Zuschreibung, in: Angelika Nollert u. a. (Hrsg.), Kirchenbauten in der Gegenwart. Architektur zwischen Sakralität und sozialer Wirklichkeit, Regensburg 2011, 23–30

Josuttis, Manfred: Der Weg in das Leben. Eine Einführung in den Gottesdienst auf verhaltenswissenschaftlicher Grundlage, München 1991

Josuttis, Manfred: Vom Umgang mit heiligen Räumen, in: Albrecht Grözinger / Jürgen Lott (Hrsg.), Gelebte Religion. Im Brennpunkt praktisch-theologischen Denkens und Handelns, Rheinbach 1997, 241–251

Luther, Martin: Kritische Gesamtausgabe (WA), Weimar 1883ff.

Mercier, Pascal: Nachtzug nach Lissabon, 11. Aufl. München 2006

Norberg-Schulz, Christian: Ein bildhafter Ort, in: Kunst und Kirche 47 (1984), 9–14

Plüss, David: Kirchenräume zwischen Leiblichkeit und Heiligkeit, in: Christoph Sigrist (Hrsg.), Kirchen Macht Raum. Beiträge zu einer kontroversen Debatte, Zürich 2010, 39–44

Richter, Klemens: Heilige Räume. Eine Kritik aus theologischer Perspektive, in: Dirk Ansorge u. a. (Hrsg.), Raumerfahrungen. Raum und Transzendenz, Münster 1999, 82–101

Schwebel, Horst: Die Kirche und ihr Raum. Aspekte der Wahrnehmung, in: Sigrun Glockzin-Bever / Horst Schwebel (Hrsg.), Kirchen – Raum – Pädagogik, Münster 2002, 9–30

Schukschin, Wassili: Ein kerniger Bursche, in: Wassili Schukschin, Null null Kopeken. Erzählungen, 2. Aufl. Leipzig 1988 (1981), 21–28

Stausberg, Michael: Tourismus, in: Michael Klöcker / Udo Tworuschka (Hrsg.), Praktische Religionswissenschaft, Köln/Weimar/Wien 2008, 189–206

Steffensky, Fulbert: Der heilige Raum, der die Sehnsucht birgt, in: Rainer Bürgel / Andreas Nohr (Hrsg.), Spuren hinterlassen. 25 Kirchbautage seit 1946, Hamburg 2005, 194–209

Wüthrich, Mattias D.: Raumtheoretische Erwägungen zum Kirchenraum, in: Christoph Sigrist (Hrsg.), Kirchen Macht Raum. Beiträge zu einer kontroversen Debatte, Zürich 2010, 71–87

Die Autorinnen und Autoren

Prof. Dr. Reinhard von Bendemann, Lehrstuhl für Neues Testament und Judentumskunde an der Evangelisch-theologischen Fakultät der Ruhr-Universität Bochum
Forschungsschwerpunkte: Frühchristliche Evangelienliteratur, Paulus und Paulusrezeption, frühchristliche Anthropologie, Theologie des Neuen Testaments, Neues Testament und antike Medizin

Prof. Dr. Franz-Heinrich Beyer, Lehrstuhl für Praktische Theologie (Religionspädagogik) an der Evangelisch-theologischen Fakultät der Ruhr-Universität Bochum
Forschungsschwerpunkte: Kirchenbau, Religionslehrerberufsforschung

Jun.-Prof. Dr. Jan-Dirk Döhling, Juniorprofessor für Religion und Literatur des Alten Testaments an der Evangelisch-theologischen Fakultät der Ruhr-Universität Bochum
Schwerpunkte der Forschung: Strukturen narrativer Gottesbilder, Verhältnis von Bildlichkeit und Textlichkeit in alttestamentlicher Theologie, Körper in prophetischen Zeichenhandlungen

Prof. Dr. Beate Ego, Lehrstuhl für Exegese und Theologie des Alten Testaments an der Evangelisch-theologischen Fakultät der Ruhr-Universität Bochum
Forschungsschwerpunkte: Literatur, Theologie- und Religionsgeschichte in der Zeit des Zweiten Tempels, Schriftauslegung in der rabbinischen Literatur und im Targum, frühe jüdische Mystik

Prof. Dr. Ute Gause, Lehrstuhl für Reformation und neuere Kirchengeschichte an der Evangelisch-theologischen Fakultät der Ruhr-Universität Bochum
Forschungsschwerpunkte: Frauen- und Gendergeschichte seit der Reformation, Diakoniegeschichte

Prof. Dr. Katharina Greschat, Lehrstuhl für Kirchen- und Christentumsgeschichte (Alte Kirche und Mittelalter) an der Evangelisch-theologischen Fakultät der Ruhr-Universität Bochum
Forschungsschwerpunkte: Christentum im zweiten Jahrhundert (insbesondere Marcion), Hieronymus, Gregor der Große, Augustinrezeption, antike Körpergeschichte und antike nicht offizielle christliche Religiosität

Prof. Dr. Traugott Jähnichen, Lehrstuhl für christliche Gesellschaftslehre an der Evangelisch-theologischen Fakultät der Ruhr-Universität Bochum
Forschungsschwerpunkte: Geschichte der Sozialethik, Grundfragen der Sozialethik, Wirtschaftsethik, Geschichte der Diakonie nach 1945

Prof. Dr. Isolde Karle, Lehrstuhl für Praktische Theologie (insbesondere Homiletik, Poimenik und Liturgik) an der Evangelisch-theologischen Fakultät der Ruhr-Universität Bochum und von 2009-2011 Dekanin der Fakultät
Forschungsschwerpunkte: Kirchentheorie, Religionssoziologie, Theorie der Seelsorge und des Pfarrberufs, Gendertheorie

Prof. Dr. Dr. h. c. Margot Käßmann, Honorarprofessorin der Evangelisch-theologischen Fakultät der Ruhr-Universität, von 1. 1. 11 bis 31. 3. 12 Gastprofessorin an der Ruhr-Universität Bochum
Schwerpunkte der Forschung: Sozialethik, Ökumene

Jun.-Prof. Dr. Matthias Sellmann, Juniorprofessor für Pastoraltheologie an der Katholisch-theologischen Fakultät der Ruhr-Universität Bochum
Forschungsschwerpunkte: US-amerikanischer Katholizismus, Kirche und Popkultur, Religionssoziologie, Jugend- und Citypastoral, Fragen missionarischer Pastoral

Prof. Dr. Dr. Günter Thomas, Lehrstuhl für Systematische Theologie (Ethik und Fundamentaltheologie) an der Evangelisch-theologischen Fakultät der Ruhr-Universität Bochum
Forschungsschwerpunkte: Theologie des 20. Jahrhunderts; Theologie und Medientheorie; medizinische Anthropologie

Prof. Dr. Peter Wick, Lehrstuhl für Exegese und Theologie des Neuen Testaments, Geschichte des Urchristentums an der Evangelisch-theologischen Fakultät der Ruhr-Universität Bochum
Forschungsschwerpunkte: Paulus, Matthäus, Johannes, Jakobusbrief, Ethik des Neuen Testaments und deren Relevanz für ethische Diskurse heute, Beziehungen zwischen Neuem Testament und antiken Mysterien